清宮林則徐檔案匯編

8

中國第一歷史檔案館
福建省林則徐研究會 編

海峽出版發行集團
海峽文藝出版社

第八册　目録

江蘇巡撫林則徐題本　題請常熟縣知縣江之紀親老遵例終養

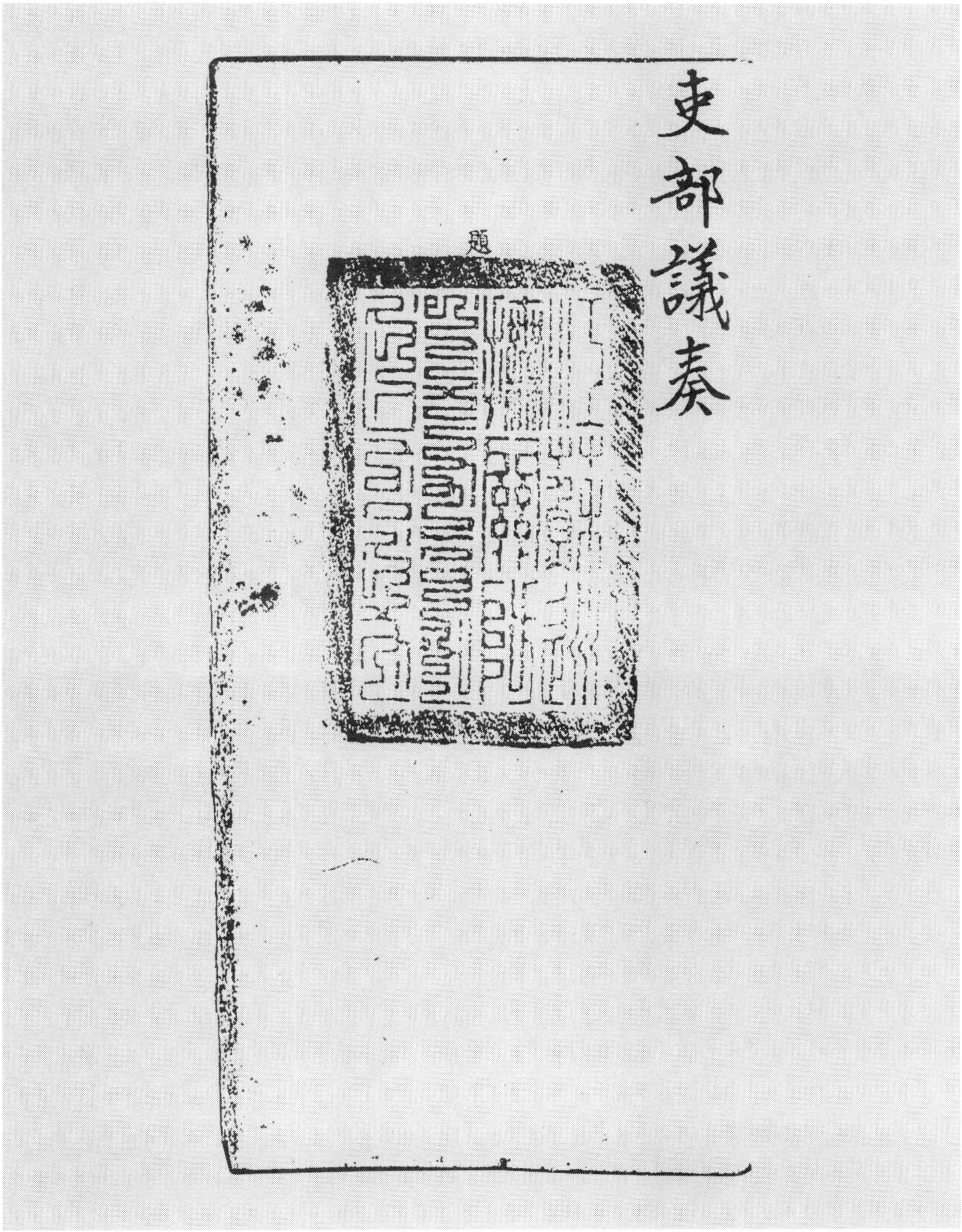

兵部侍郎兼都察院右副都御史巡撫江蘇等處地方提督軍務總理糧儲臣林則徐謹
題爲知縣母老陳請終養循例詳請具
題聞事。道光拾叁年玖月貳拾伍日據蘇州布
政使陳鑾會同江蘇按察使怡良詳稱：玖月拾
叁日據調補常熟縣知縣江之紀稟稱：竊職現
年伍拾貳歲，安徽婺源縣人，寄籍浙江仁和縣，
由增廣生中式嘉慶癸酉科舉人，改歸安徽原
籍。道光丙戌科會試中式進士，引
見，奉
旨以知縣即用，籤掣江蘇，
題補金匱縣知縣，道光捌年伍月拾捌日到任。捌
月貳拾柒日奉文准補，調補常熟縣知縣，業經

本部覆准拾叁年玖月初肆日卸金匱縣知縣
事尚未到常熟縣知縣調任並奉飭知以職在
金匱縣任內徵解錢糧肆載全完
奏奉
諭旨准加直隸州知州銜照例不論俸滿即陞等因
欽此自當力圖報效惟孀親母俞氏現年捌拾
肆歲前有胞弟信維在家侍奉曾經在部呈明
今接家信胞弟信維業已病故親母侍奉需人
伏查定例親年捌拾以上雖家有次丁亦准告
歸侍奉職係長子又與定例相符仰懇俯賜轉
請准回原籍養親等情到司該蘇州布政使陳
鑾等會查得定例官員親年捌拾以上雖家有

次丁准其回籍終養等語今准調常熟縣知縣
江之紀由金匱縣調補今職於道光拾叁年玖
月初肆日卸金匱縣事尚未到常熟縣知縣調
任有親母俞氏年逾捌拾胞弟信雜業已病故
親母侍奉需人懇請回籍養親與例相符除飭
查明該員任內政務有無怠忽倉庫錢糧有無
虧缺取具親供同鄉官印結另詳補咨外相應
照例詳候會
題開缺再所遺常熟縣知縣係繁疲難沿海要缺
例應在外揀選調補咨候遴員另詳請調合並
聲明等情到臣據此該臣查得准調常熟縣知
縣江之紀由金匱縣調補今職於道光拾叁年

玖月初肆日卸金匱縣事尚未到常熟縣知縣
調任因親母俞氏年逾捌拾胞弟信維業已病
故親母侍奉需人遵例陳請回籍養親據蘇州
布政使陳鑾等詳請會
題前來臣查江之紀樸誠老幹辦事實心既因母
老應請准其開缺回籍終養除飭查明該員任
內政務有無怠忽倉庫錢糧有無虧缺取具親
供同鄉官印結另行咨部外謹會同兩江總督
臣陶澍合詞具
題伏乞
皇上聖鑒勅部議覆施行再所遺常熟縣知縣係繁
疲難沿海要缺例應在外揀選調補容另遴員

江蘇巡撫林則徐題本　題請常熟縣知縣江之紀親老遵例終養

道光十三年十月十二日

請調合並陳明謹題請

旨

道光[illegible]兼提督軍務總理糧儲臣林則徐

江蘇巡撫林則徐題本　題請常熟縣知縣江之紀親老遵例終養
道光十三年十月十二日

兵部侍郎兼都察院右副都御史巡撫江蘇等處地方提督軍務總理糧儲臣林則徐謹
題為知縣母老陳請終養循例詳請具
題開缺事該臣查得准調常熟縣知縣江之紀由
金匱縣調補今職於道光拾叁年玖月初肆日
卸金匱縣事尚未到常熟縣知縣調任因親母
俞氏年逾捌拾胞弟信維業已病故親母侍奉
需人遵例陳請回籍養親據蘇州布政使陳鑾
等詳請會
題前來臣查江之紀樸誠老幹辦事實心既因母
老應請准其開缺回籍終養除飭查明該員任
內政務有無怠忽倉庫錢糧有無虧缺取具親
供同鄉官印結另行咨部外謹會
題請
旨

江蘇巡撫林則徐題本 題參署震澤縣知縣蕭翺等疎防竊案限滿贓犯無獲
道光十三年十月十二日

江蘇巡撫林則徐題本

題參署震澤縣知縣蕭翺等疎防竊案限滿贓犯無獲

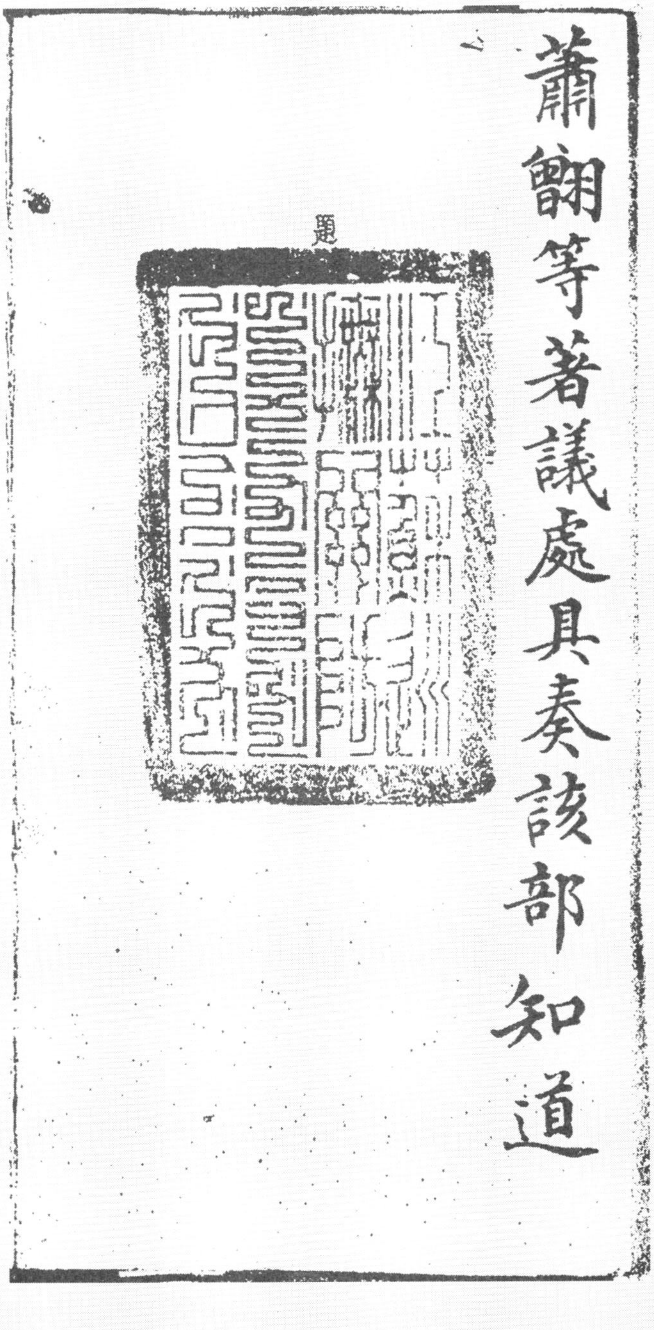
蕭翺等著議處具奏該部知道

題

江蘇巡撫林則徐題本　題參署震澤縣知縣蕭翽等疏防竊案限滿贓犯無獲

道光十三年十月十二日

兵部侍郎兼都察院右副都御史巡撫江蘇等處地方提督軍務總理糧儲臣林則徐謹
題爲詳參疏防文職事據江蘇按察使怡良詳稱
據署蘇州府知府陳經詳據署震澤縣知縣蕭
翽詳稱道光拾叁年叁月貳拾陸日據事主監
生沈浩然報叁月貳拾伍日夜被賊越牆進內
撬門上樓竊取衣服伊聞聲起捕被一賊用門
棍拒傷右臂伊奪獲門棍上前揪扭又被用刀
扎傷手背伊負痛鬆手賊即逃逸伊趕至樓梯
磕傷額角理合開單報候勘驗緝究等情並據
地保任茂榮禀同前由到縣據經會營前詣失
事處所勘明被竊情形提訊地鄰事主人等供
與報詞無異飭仵驗明沈浩然左額角磕傷壹

江蘇巡撫林則徐題本　題參署震澤縣知縣蕭翀等疎防竊案限滿贓犯無獲

道光十三年十月十二日

處右臂木器傷壹處左手背刃傷壹處填單附
卷檄醫調治飭牙估計失贓值銀叁拾肆兩壹
錢陸分造冊通詳蒙批緝叅在案茲查此案疎
防限屆飭查事主傷已平復合將印捕職名開
報等情由府開列督捕督緝職名到司據此除
飭勒緝贓匪務獲究報並移取兼轄職名另詳
外該江蘇按察使怡良查得震澤縣事主沈浩
然被竊拒傷壹案疎防例限肆箇月應以道光
拾叁年叁月貳拾伍失事之日起扣至柒月貳
拾伍日滿贓匪無獲所有文職疎防職名印官
係署震澤縣知縣蕭翀補官係震澤縣典史王
灝督捕係不同城署蘇州府總捕同知查德基

督緝係不同城署蘇州府知府陳經相應開報
詳候核參再失事處所離城汛均陸里並無墩
鋪防兵合并聲明等情到臣據此該臣查得震
澤縣事主沈浩然被竊布疋壹案疏防例限肆
箇月應以道光拾叁年叁月貳拾伍失事之日
起扣至柒月貳拾伍日滿贓匪無獲開列文職
疏防職名請參前來除飭勒緝贓匪務獲究報
並飭取兼轄職名另咨外所有文職疏防職名
印官係署震澤縣知縣蕭翽補官係震澤縣典
史王濂督補係不同城署蘇州府總捕同知查
德基督緝係不同城署蘇州府知府陳經相應
列參聽候部議再失事處所離城汛均陸里並

江蘇巡撫林則徐題本　題參署震澤縣知縣蕭翽等疎防竊案限滿賊犯無獲

道光十三年十月十二日

無致鋪防兵合並陳明臣謹具
題伏乞
皇上聖鑒勅部議覆施行謹題請
旨

道光[illegible]地方提督軍務總理糧儲臣林則徐

江蘇巡撫林則徐題本　題參署震澤縣知縣蕭翀等疏防竊案限滿贓犯無獲　道光十三年十月十二日

兵部侍郎兼都察院右副都御史巡撫江蘇等處地方提督軍務總理糧儲臣林則徐謹

題為詳參疏防文職事該臣查得震澤縣事主沈

浩然被竊拒傷壹案疏防例限肆箇月應以道

光拾叁年叁月貳拾伍失事之日起扣至柒月

貳拾伍日滿贓匪無獲開列疏防職名請參前

來除飭勒緝贓匪務獲究報並飭取兼轄職名

另咨外所有文職疏防職名印官係署震澤縣

知縣蕭翀捕官係震澤縣典史王灝督捕係不

同城署蘇州府總捕同知查德基督緝係不同

城署蘇州府知府陳經相應列參聽候部議謹

題請

旨

江蘇巡撫林則徐題本　**題參睢寧縣知縣劉與權等疎防命案屆滿兇犯無獲**

劉與權等著議處具奏該
部知道

江蘇巡撫林則徐題本　題參睢寧縣知縣劉與權等疎防命案屆滿兇犯無獲

道光十三年十月十二日

兵部侍郎兼都察院右副都御史巡撫江蘇等處地方提督軍務兼理糧儲臣林則徐謹

題爲詳參疎防文職事據江蘇按察使怡良詳稱

據徐州府知府善慶詳據睢寧縣知縣劉與權

詳稱道光拾貳年拾貳月貳拾柒日據地保李

任書報據民人李符投稱拾貳月貳拾陸日早

伊著工人許現赴井汲水見地內路旁死一無

名男子查看頭上有傷上身無衣等語往查屬

實理合報驗等情到縣隨經帶領刑仵前詣屍

所驗明該屍上身無衣左耳輪相連耳垂并腦

後各有刃傷壹處委係受傷身死錄供通詳奉

批緝參在案查此案無名男子上身無衣已有

失物情形應照雖盜未明例查參茲查疎防例

限已屆兇犯無獲合將印捕職名開報等情由
府道遞開督捕督緝兼轄各職名前來除飭
緝逃兇務獲究報外該江蘇按察使怡良查得
睢寧縣地保李任書報無名男子赤身受傷身
死壹案疏防例限肆箇月應以道光拾貳年拾
貳月貳拾柒報驗之日起扣至拾叁年肆月貳
拾柒日屆滿兇犯無獲所有文職疏防職名印
官係睢寧縣知縣劉與權捕官係睢寧縣典史
章德懋督捕係不同城銅沛同知陸楷督緝係
不同城前任徐州府知府劉鴻翺兼轄係不同
城分巡徐州道李國瑞查督緝知府劉鴻翺已
於拾叁年肆月拾玖日未經限滿之先陞任卸

事不復回任應請議結現任知府善慶係接督
緝之員例無庸分相應聲明伏候核叅再此案
見屍處所離城汛均肆拾里並無墩堡防兵台
并聲明等情到臣據此該臣查得睢寧縣地保
李任書報無名男子赤身受傷身死壹案疏防
例限肆箇月應以道光拾貳年拾貳月貳拾柒
報驗之日起扣至拾叁年肆月貳拾柒日屆滿
兇犯無獲開列疏防職名請叅前來除飭勒緝
逃兇務獲究報外所有文職疏防職名印官係
睢寧縣知縣劉與權捕官係睢寧縣典史章德
懋督捕係不同城銅沛同知陸楷督緝係不同
城前任徐州府知府劉鴻翱兼轄係不同城分

巡徐州道李國瑞查督緝知府劉鴻翱已於拾
叁年肆月拾玖日未經限滿之先陞任卸事不
復回任應行議結現任知府善慶係接督緝之
員例無處分相應聲明列叅再此案見屍處所
離城汛均肆拾里並無墩堡防兵台並陳明臣
謹具
題伏乞
皇上聖鑒勅部議覆施行謹題請
旨

江蘇巡撫林則徐題本　題參睢寧縣知縣劉與權等疏防命案屆滿兇犯無獲

道光十三年十月十二日

道光
處地方提督軍務總理糧餉臣林則徐

兵部侍郎兼都察院右副都御史巡撫江蘇等處地方提督軍務總理糧餉臣林則徐謹
題爲詳參疏防文職事該臣查得睢寧縣地保李
任書報無名男子赤身受傷身死壹案疏防例
限肆箇月應以道光拾貳年拾貳月貳拾柒報
驗之日起扣至拾叁年肆月貳拾柒日屆滿兇
犯無獲開列疏防職名請參前來除飭勒緝逃
兇務獲究報外所有文職疏防職名印官係睢
寧縣知縣劉與權捕官係睢寧縣典史章德懋
督捕係不同城銅沛同知陸楷督緝係不同城
前任徐州府知府劉鴻翱兼轄係不同城分巡
徐州道李國瑞相應列參謹題請
旨

江蘇巡撫林則徐題本　補參前任儀徵縣知縣王用賓等疎防泊船被劫於貳參限内獲犯

江蘇巡撫林則徐題本　補參前任儀徵縣知縣王用賓等疏防泊船被劫於貳參限內獲犯

道光十三年十月十二日

兵部侍郎兼都察院右副都御史巡撫江蘇等處地方提督軍務總理糧儲臣林則徐謹

題為補參疏防文職事據江蘇按察使怡良詳據

揚州府知府豫益詳據儀徵縣知縣孫炳煒詳

稱查接管卷內准丹徒縣移開道光拾貳年肆

月拾伍日據湖北黃陂縣民陶高發報稱伊由

漢口鎮用船載米至鎮江銷售本月拾叁日晚

船泊儀徵入洲江邊叁更時分被匪撬門進艙驚

覺喊捕賊匪持刀嚇禁刧去衣物米石而逸遺

下鐵手銃壹杆開單叩緝究追等情到縣查儀徵

入洲係儀徵縣地界移會勘辦等因經卑前縣

王用賓會營勘得儀徵入洲坐落大江與丹徒永

固洲毗連該洲向無居民牌保亦無墩鋪防兵

江蘇巡撫林則徐題本　補參前任儀徵縣知縣王用賓等疏防泊船被劫於貳參限內獲犯

道光十三年十月十二日

據事主陶高發指稱伊船係在該洲北岸灘邊
停泊被刼等語並據呈繳賊遺鐵手銃壹杆帶
回貯庫勘畢飭牙估計失贓值銀肆拾貳兩捌
錢伍分提訊事主人等供與報詞無異造冊詳
緝嗣疏防限滿贓盜無獲王用賓未及開參即
於玖月拾肆日卸事甲職到任正在開報間旋
於拾月貳拾捌及拾壹月貳拾壹月貳拾壹等日據兵役
先後稟獲賊犯顧三張德泰溪志瀧田有本李
三狗子汪標並准甘泉縣移解張二到縣訊係
溪志瀧起意糾夥顧三張德泰臨時行強溪志
瀧田有本張二知情在外接贓李三狗子汪標
畏懼先逃不知強情將顧三郎顧舉張德泰溪

志龍田有本張二依強盜已行而但得財者不
分首從皆斬律俱擬斬立決照例刺字張德泰
在監病故聲明顧三係法所難宥溪志龍田有
本張二係情有可原李三狗子汪標依竊盜計
贓擬杖由府司招解勘
題在案茲查此案獲犯係在貳參限內所有疏防
文武各職名仍應補參合將印捕職名開送等
情由府開列督補督緝職名到司並准淮揚道
移送兼轄職名前來除批飭催取武職職名另
參外該江蘇按察使怡良查得事主陶扃發被
竊臨時行強獲犯顧三等壹案獲犯在貳參限
內應補參疏防查疏防例限肆箇月以道光拾

貳年肆月拾叁失事之日起扣至捌月拾叁日
滿所有疏防文職職名印官係前任儀徵縣知
縣陞任海州知州王用賓補官係儀徵縣舊港
司巡檢查達督補係揚州府總捕同知趙廷熙
督緝係不同城前任揚州府知府王青蓮兼轄
係署淮揚道王貽象理合開報查督捕同知趙
廷熙先於伍月貳拾陸日委赴海州會勘沙地
公出至陸月貳拾玖日公回計公出壹箇月零
叁日應展至玖月拾陸日屆滿相應聲明伏候
核參再此案失事處所因儀徵、丹徒兩邑毗連
疊經委員詣勘今始勘明獲犯審定補參所有
遲延職名請邀免開合并聲明等情到臣據此

該臣查得儀徵縣事主陶高發被竊臨時行強
獲犯顧三等壹案獲犯在貳參限内應補參疎
防查疎防例限肆箇月以道光拾貳年肆月拾
叁失事之日起扣至捌月拾叁日滿所有文職
疎防職名印官係儀徵縣知縣陞任海州知州
王用賓補官係儀徵縣舊港司巡檢查達督捕
係揚州府總捕同知趙廷熙督緝係不同城前
任揚州府知府王青蓮兼轄係署淮揚道王貽
象相應列參聽候部議查督補同知趙廷熙先
於伍月貳拾陸日委赴海州會勘沙地公出至
陸月貳拾玖日公回計公出壹箇月零叁日應
展至玖月拾陸日屆滿再此案失事處所因儀

江蘇巡撫林則徐題本　補參前任儀徵縣知縣王用賓等疎防泊船被劫於貳參限內獲犯

道光十三年十月十二日

徵丹徒兩邑毗連疊經委員詰勘今始勘明獲
犯審究補參所有遲延職名請免開參合并陳
明除勘查離城離汛里數另行咨部外臣謹具
題伏乞
皇上聖鑒敕部議覆施行謹題請
旨

道光十三年十月拾貳日兵部侍郎兼都察院右副都御史巡撫江蘇等處地方提督軍務總理糧餉臣林則徐

江蘇巡撫林則徐題本　補參前任儀徵縣知縣王用賓等疎防泊船被劫於貳參限內獲犯

道光十三年十月十二日

兵部侍郎兼都察院右副都御史巡撫江蘇等處地方提督軍務總理糧儲臣林則徐謹
題
爲補參疎防文職事該臣查得儀徵縣事主陶
高發被竊臨時行強獲犯顧三等壹案獲犯在
貳參限內應補參疎防查疎防例限肆箇月以
道光拾貳年肆月拾叁失事之日起扣至捌月
拾叁日滿所有文職疎防職名印官係儀徵縣
知縣陞任海州知州王用賓補官係儀徵縣舊
港司巡檢查達督補係揚州府總補同知趙廷
熙督緝係不同城前任揚州府知府王青蓮兼
轄係署淮揚道王貽象相應列參聽候部議謹
題請
旨

江蘇巡撫林則徐題本

題參蕭縣知縣趙毓丹等疎防劫案屆滿贓犯無獲

題
該部議奏

江蘇巡撫林則徐題本　題參蕭縣知縣趙毓丹等疎防劫案屆滿賊犯無獲

道光十三年十月十二日

兵部侍郎兼都察院右副都御史巡撫江蘇等處地方提督軍務總理糧儲臣林則徐謹

題爲詳參疎防文職事。據江蘇按察使怡良詳稱：

查接管卷内，據徐州府知府善慶詳據蕭縣知

縣趙毓丹詳稱，道光拾叁年貳月貳拾玖日據

地保王魁報，據民人周士傑投稱，貳月貳拾陸

夜被匪持刀劈門進院，搶去衣錢，伊兄周士俊

弟周士儉奪護，被匪拒傷等語。往查屬實，報候

勘緝等情。到縣，據即會營前詣勘明事主周士

傑家門扇有刀劈痕跡，門檻撞斷，地上有燒焦

秫稭數根，提訊事主、保鄰人等供與報詞相同。

驗明周士儉右胳膊、右腿尖刃戳傷各壹處，周

士俊左額角拳傷壹處，右腿、右脚踝尖刃戳傷

江蘇巡撫林則徐題本　題參蕭縣知縣趙毓丹等疎防劫案屆滿贓犯無獲

道光十三年十月十二日

各壹處旗單飭醫估計失贓值銀貳拾兩肆錢
肆分取結附卷遴差勒緝錄供通詳奉批緝拏
在案茲查此案疎防限屆飭查周士俊等傷均
平復合將印捕職名開報等情由府道遞開督
捕督緝兼轄各職名到前司移交前來除飭勒
緝贓盜務獲究報外該江蘇按察使怡良查得
蕭縣事主周士傑家被刦衣錢拒傷周士俊等
平復查案疎防例限肆箇月應以道光拾叁年
貳月貳拾陸失事之日起扣至陸月貳拾陸日
屆滿贓盜無獲所有文職疎防職名印官係蕭
縣知縣趙毓丹捕官係蕭縣典史陳國柱督捕
係不同城銅沛同知陸楷督緝係不同城前任

徐州府知府劉鴻翱兼署徐州不同城分巡徐州
道李國端查捕官陳國柱於肆月初陸日未經
限滿之先赴省驗看卸事代理典史師泰章是
日到任旋於陸月拾壹日卸事計接緝兩箇月
零伍日陳國柱是日回任印官趙毓丹亦於叁
月貳拾柒日未經限滿之先因病請假卸事代
理縣張書紳是日到任於伍月拾叁日卸事計
接緝貳箇月零拾陸日該縣趙毓丹是日回任
所有疎防限內接緝壹月以上卸事職名捕官
係代理蕭縣典史師泰章印官係代理蕭縣知
縣張書紳均係代理人員不復回任應請議結
現任典史陳國柱知縣趙毓丹俱俟接扣限滿

有無獲犯另行詳參暫緩知府劉鴻翱已於肆
月拾玖日未經限滿之先陞任卸事不復回任
應請議結現任知府善慶是日到任係接暫緩
之員例無處分相應聲明伏候核參再此案失
事處所離城伍拾里離汛拾伍里並無墩堡防
兵合并聲明等情到臣據此該臣查得蕭縣事
主周士傑家被劫衣錢拒傷周士俊等平復壹
案疏防例限肆箇月應以道光拾叁年貳月貳
拾陸失事之日起扣至陸月貳拾陸日屆滿贓
盜無獲開列疏防職名請參前來除飭勒緝贓
盜務獲究報外所有文職疏防職名印官係蕭
縣知縣趙毓丹捕官係蕭縣典史陳國柱督捕

係不同城銅沛同知陸楷督緝係不同城前任
徐州府知府劉鴻翱兼轄係不同城分巡徐州
道李國瑞查捕官陳國柱於肆月初陸日未經
限滿之先赴省驗看，卸事代理典史師泰章是
日到任，旋於陸月拾壹日卸事，計接緝兩箇月
零伍日。陳國柱是日回任，印官趙毓丹亦於叁
月貳拾柒日未經限滿之先因病請假卸事，代
理縣張書紳是日到任，於伍月拾叁日卸事，計
接緝壹箇月零拾陸日。該縣趙毓丹是日回任，
所有疎防限内接緝壹月以上卸事職名，捕官
係代理蕭縣典史師泰章，印官係代理蕭縣知
縣張書紳，均係代理人員，不復回任，應行識結

現任典史陳國柱知縣趙毓丹俱俟接扣限滿
有無弋獲另行咨參督緝知府劉鴻翱已於肆
月拾玖日未經限滿之先陞任卸事不復回任
應行議結現任知府善慶係接督緝之員例無
處分相應聲明列參再此案失事處所離城伍
拾里離汛拾伍里並無設堡防兵合並陳明臣
謹具
題伏乞
皇上聖鑒勅部議覆施行謹題請
旨

道光拾叁年拾月拾貳日[illegible]處地方提督軍務總理糧儲臣林則徐

兵部侍郎兼都察院右副都御史巡撫江蘇等處地方提督軍務總理糧儲臣林則徐謹
題
為詳參疏防文職事該臣查得蕭縣事主周士
傑家被劫衣錢拒傷周士傑等平復壹案疏防
例限肆箇月應以道光拾叁年貳月貳拾陸失
事之日起扣至陸月貳拾陸日届滿贓盜無獲
開列疏防職名請參前來除飭勒緝贓盜務獲
究報外所有文職疏防職名印官係蕭縣知縣
趙毓丹捕官係蕭縣典史陳國柱督捕係不同
城銅沛同知陸楷督緝係不同城前任徐州府
知府劉鴻翱兼轄係不同城分巡徐州道李閬
瑞疏防限內接緝壹月以上卸事職名捕官係
代理蕭縣典史郎泰章印官係代理蕭縣知縣
袁書紳相應列參謹題請
旨

江蘇巡撫林則徐題本　**核銷蘇州織造衙門官員家口馬匹道光十二年份支過俸禀糧料**

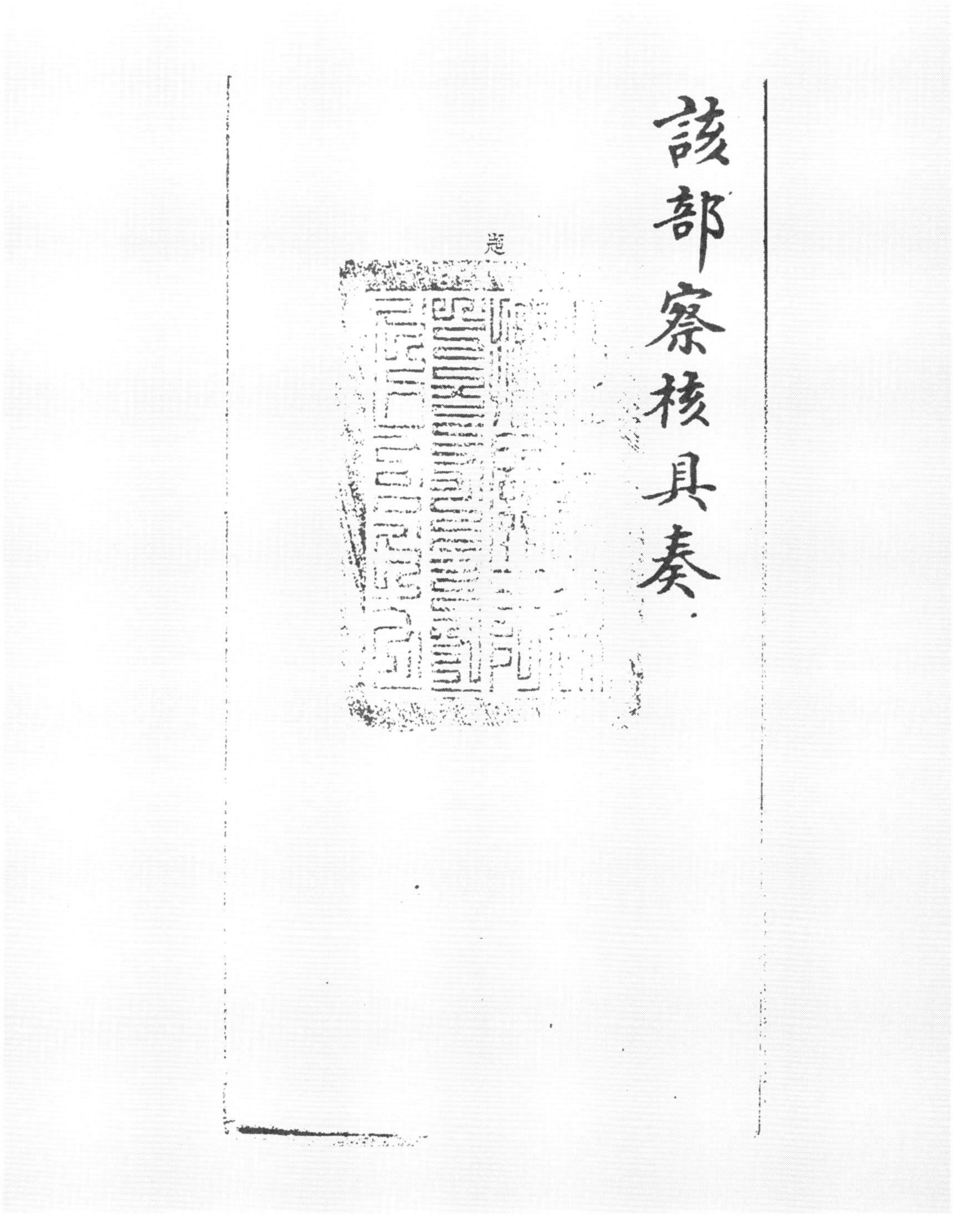

題

該部察核具奏

兵部侍郎兼都察院右副都御史巡撫江蘇等處地方提督軍務總理糧儲臣林則徐謹

題爲報銷織造支過俸禀糧料事據蘇州布政使

陳鑾詳稱案照蘇州織造糧料價值動用錢糧

款項例應造冊報部又於乾隆肆拾年報銷案

內奉准部文扣除小建核明實支銀數

題銷各等因歷經遵循在案今查蘇州織造衙門

各員道光拾貳年應支俸米豆草等項除扣小

建外共該放給銀陸百肆拾柒兩玖錢捌分玖

釐查於道光拾壹年地丁奏銷案內原撥拾壹

年地丁銀叁百貳拾肆兩叁錢捌分又於道光

拾貳年地丁奏銷案內續撥拾貳年地丁銀叁

百貳拾伍兩肆錢柒分陸釐共撥銀陸百肆拾

玖兩捌錢伍分陸釐內除前任織造倭楞額解還溢支俸米豆草折銀陸錢捌分捌釐又筆帖式九德溢支廪米豆草折銀壹兩壹錢柒分玖釐業經造入道光拾叁年春撥户屬事案估餉冊內報部撥用又除現任織造豫埜員下續奉行准部文該員在京俸銀已領至道光拾叁年正月底繳還支過道光拾貳年閏玖月貳拾柒日到任起至年底俸米豆草折銀肆拾肆兩肆錢陸分叁釐已造入道光拾叁年秋撥户屬事案估餉冊內報部即在冊開新收項下蘇州織造豫埜移解溢支俸銀伍拾捌兩柒錢玖分壹釐數中應請核銷外實該支給過銀陸百叁兩

伍錢貳分陸釐相應造冊詳送核
題等情據此該臣查得蘇州織造衙門官員幷家
口馬匹俸糧料等項案准部行扣除小建核
明實支銀數題銷等因在案今據蘇州布政使
陳鑾詳稱蘇州織造衙門各員道光拾貳年應
支俸米豆草等項除扣小建外共放給銀陸百
肆拾柒兩零查於道光拾壹年地丁奏銷案內
原撥拾壹年地丁銀叁百貳拾肆兩零又於道
光拾貳年地丁奏銷案內續撥拾貳年地丁銀
叁百貳拾伍兩零共撥銀陸百肆拾玖兩零內
除前任織造倭楞額解還溢支銀陸錢零又筆
帖式九德溢支銀壹兩零業經造入道光拾叁

年春撥冊內報部撥用又除現任織造孝堃繳
還銀肆拾肆兩零已造入道光拾叁年秋撥冊
內報部應請核銷外實支銀陸百叁兩零造冊
詳候核
題等情前來臣覆核無異除冊揭送部科外相應
具
題伏乞
皇上聖鑒勅部核覆施行謹題請
旨

江蘇巡撫林則徐題本　核銷蘇州織造衙門官員家口馬匹道光十二年份支過俸廩糧料

道光十三年十月十二日

道光[illegible]地方提督軍務總理糧餉臣林則徐

兵部侍郎兼都察院右副都御史巡撫江蘇等處地方提督軍務總理糧餉臣林則徐謹
題為報銷織造支過俸廩糧料事。該臣查得蘇州
織造衙門官員并家口馬匹俸廩糧料等項，案
准部行扣除小建核明實支銀數隨銷等因。在
案。今據蘇州布政使陳鑾詳稱，蘇州織造衙門
各員道光拾貳年應支俸米豆草等項，除扣小
建外，共放給銀陸百肆拾柒兩零。查於道光拾
壹年地丁奏銷案內原撥拾壹年地丁銀叁百
貳拾肆兩零，又於道光拾貳年地丁奏銷案內

江蘇巡撫林則徐題本　核銷蘇州織造衙門官員家口馬匹道光十二年份支過俸稟糧料

道光十三年十月十二日

積撥拾貳年地丁銀叁百貳拾伍兩零共撥銀
陸百肆拾玖兩零內除前任織造德順解還
溢支銀陸錢零又筆帖式九德溢支銀壹兩零
業經造入道光拾叁年春撥冊內報部撥用又
除現任織造務奎繳還銀肆拾肆兩零已造入
道光拾叁年秋撥冊內報部應請核銷外實支
銀陸百叁兩零造冊詳
請前來臣覆核無異除冊送部科外謹題請
旨

江蘇巡撫林則徐題本

題明阜寧縣民李幫磬索欠淹斃陶得山案擬絞監候（蟲蛀）

江蘇巡撫林則徐題本　題明阜寧縣民李幫磬索欠淹斃陶得山案擬絞監候

道光十三年十月十二日

兵部侍郎兼都察院右副都御史巡撫江蘇等處地方提督軍務總理糧儲臣林則徐謹

題爲報明事。據江蘇按察使額騰伊詳據淮安府

知府周焘詳據阜寧縣知縣處象曾詳稱：道光

拾叁年叁月貳拾壹日據地保邵恒稟稱：叁月

拾肆日民人李幇磬因向陶得山索欠爭吵，陶

得山逃跑，李幇磬追趕至角馬頭湖邊，陶得山

失跌落水，李幇磬救撈無着，向伊及陶得山之

弟陶玉山告知，於拾玖日撈獲屍身，並將李幇

磬拏獲，連合解究等情。並據屍弟陶玉山報同

前由，到縣。據即帶領吏仵前詣屍所，勘得該處

有通海射陽湖，查該湖寬叁丈餘，水深貳叁尺

及捌玖尺不等。勘畢，加法相驗。據仵作李琥喝

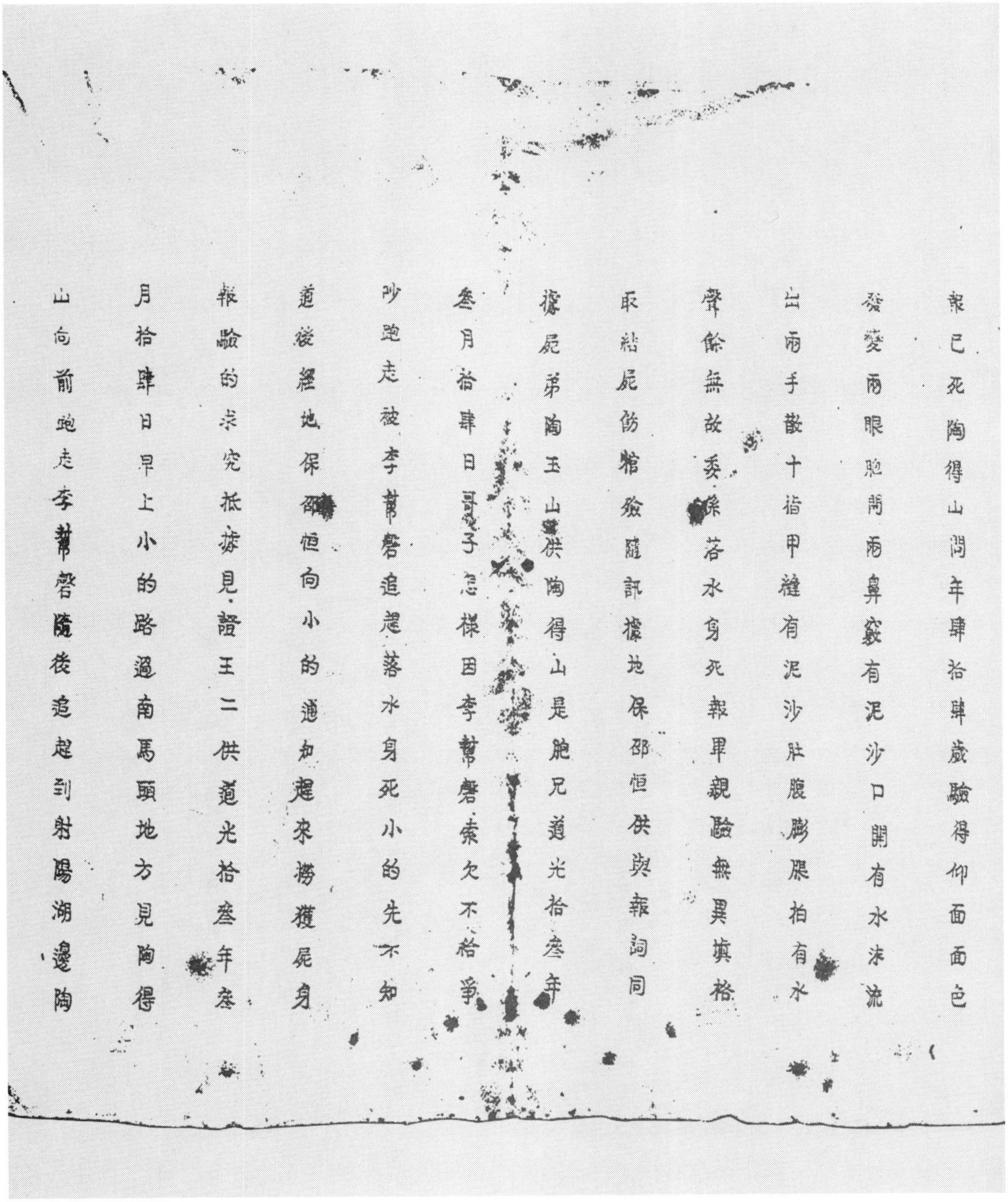
報已死陶得山問年肆拾肆歲驗得仰面面色
發變兩眼胞閉兩鼻竅有泥沙口開有水沫流
出兩手散十指甲縫有泥沙肚腹膨脹拍有水
聲餘無故委係落水身死報畢親驗無異填格
取結屍傷棺殮飭訊據地保邵恒供與報詞同
據屍弟陶玉山供陶得山是胞兄道光拾叁年
叁月拾肆日哥子怎樣因李幫磬索欠不給爭
吵跑走被李幫磬追趕落水身死小的先不知
道後經地保邵恒向小的通知趕來撈獲屍身
報驗的求究抵據見證王二供道光拾叁年叁
月拾肆日早上小的路過南馬頭地方見陶得
山向前跑走李幫磬隨後追趕到射陽湖邊陶

得山失跌落水小的連忙幫同李幫磬撈救不
著就通知地保邵恒及屍弟陶玉山撈獲屍身
報驗的至李幫磬與陶得山因何起釁追趕小
的不知道是實據見證孫蘭供小的向在東海
鎮開茶館生理離射陽湖約有半里道光拾叁
年叁月拾肆日早上有李幫磬在小的茶館喫
茶適陶得山從門首走過李幫磬看見向陶得
山索欠不給彼此爭吵陶得山斥說李幫磬如
此催逼休想還錢就轉身跑走李幫磬上前追
趕後來陶得山如何被追落水身死小的沒有
看見當時因照顧生意故此也不及趕勸是實
據凶犯李幫磬供阜寧縣人年叁拾歲父親已

故母親王氏年柒拾歲兩目已瞽並沒弟兄妻
子與陶得山鄰莊居住素識無嫌道光拾貳年
拾壹月裏陶得山向小的借錢叁百文屢討不
還拾叁年叁月拾肆日早上小的在孫蘭茶館
喫茶適陶得山從門前走過小的出去向他討
錢陶得山回覆沒有小的不依彼此爭吵陶得
山斥說小的如此逼索休想還錢就轉身跑走
小的生氣要扯住他講理隨後追趕到射陽湖
邊不料陶得山被追失跌落湖當有路過的王
二看見幫同小的撈救無着小的害怕逃避後
經地保邵恒們撈獲屍身報驗的小的實因向
陶得山索欠爭吵追趕落水身死並非有心欲

殺也沒怎麽別故及幇同追趕的人是實各等
供據此將犯收禁餘人保釋錄供通詳奉批飭
審遵提犯證覆訊各供均與前審無異不敘外
該阜寧縣知縣邊象曾審看得民人李幇磬追
趕陶得山失跌落水身死壹案緣李幇磬籍隸
阜寧縣與陶得山鄰莊居住素識無嫌道光拾
貳年拾壹月間陶得山向李幇磬借錢叁百文
屢索未償拾叁年叁月拾肆日早李幇磬在孫
爾茶館喫茶適陶得山經過李幇磬向索前欠
陶得山覆以無錢李幇磬不依彼此爭鬧陶得
山聲言李幇磬如此逼索休想還錢即轉身跑
走李幇磬氣忿欲拉住評理隨後尾追至射陽

江蘇巡撫林則徐題本 題明阜寧縣民李幫磬索欠淹斃陶得山案擬絞監候

道光十三年十月十二日

湖邊詐陶得山被追失跌落水淹斃當有路過
之王二幫同李幫磬撈救無著通知地保屍親
撈獲屍身報驗訊詳奉批飭審遵提犯研鞫
據供前情不諱詰非有心欲殺亦無起釁別故
及幫同追趕之人案無遁飾查律載鬬毆殺人
者不問手足他物金刃並絞監候等語此案李〻〻
幫磬追趕陶得山落水身死其於索欠爭吵時
已有爭鬬情形應按律問擬李幫磬合依鬬毆
殺人者不問手足他物金刃並絞律擬絞監候
秋後處決據供有母王氏年已柒拾雙目成瞽
家無次丁是否屬實俟秋審時再行查辦陶得
山所欠李幫磬錢文身死勿徵孫蘭等趕勸不

及應無庸議無干省釋屍棺飭屬領埋等情由
府審解到司該江蘇按察使額騰伊提犯親訊
核擬無異解候勘
題等情招解到臣提犯親審無異該臣看得阜寧
縣民李幫磬追趕陶得山失跌落水身死壹案
緣李幫磬籍隸阜寧縣與陶得山鄰莊居住素
識無嫌道光拾貳年拾壹月間陶得山向李幫
磬借錢叁百文屢索未償拾叁年叁月拾肆日
早李幫磬在孫蘭茶館喫茶適陶得山經過李
幫磬向索前欠陶得山復以無錢李幫磬不依
彼此爭鬧陶得山聲言李幫磬如此逼索休想
還錢即轉身跑走李幫磬氣忿欲扯往評理隨

後尾追至射陽湖邊，詎陶得山被追失跌落水
淹斃。當有路遇之王二幫同李幫磬撈救無着，
通知地保，屍親撈獲屍身，報驗詳審，供不諱。
詰非有心欲殺，亦無起釁別故及幫同追趕之
人，案無遁飾。查律載鬬毆殺人者，不問手足他
物金刃，並絞監候等語。此案李幫磬追趕陶得
山落水身死，其於索欠爭吵時已有爭鬬情形，
應按律問擬。李幫磬合依鬬毆殺人者不問手
足他物金刃，並絞律，擬絞監候，秋後處決。據供
有母王氏，年已柒拾，雙目成瞽，家無次丁，是否
屬實，俟秋審時照例查辦。陶得山所欠李幫磬
錢文，身死勿徵。孫蘭等起勸不及，應無庸議。無

江蘇巡撫林則徐題本　題明阜寧縣民李幇磬索欠淹斃陶得山案擬絞監候　道光十三年十月十二日

干省犯屍棺飭埋臣謹具
題伏乞
皇上聖鑒勅下三法司核覆施行再此案審限陸個
月應以道光拾叁年叁月貳拾壹日報驗之日起
除自縣由府解司程限拾捌日統應扣至拾月
初玖日全限屆滿合並陳明謹題請
旨

江蘇巡撫林則徐題本　題明阜寧縣民李幫磬索欠淹斃陶得山案擬絞監候

道光十三年十月十二日

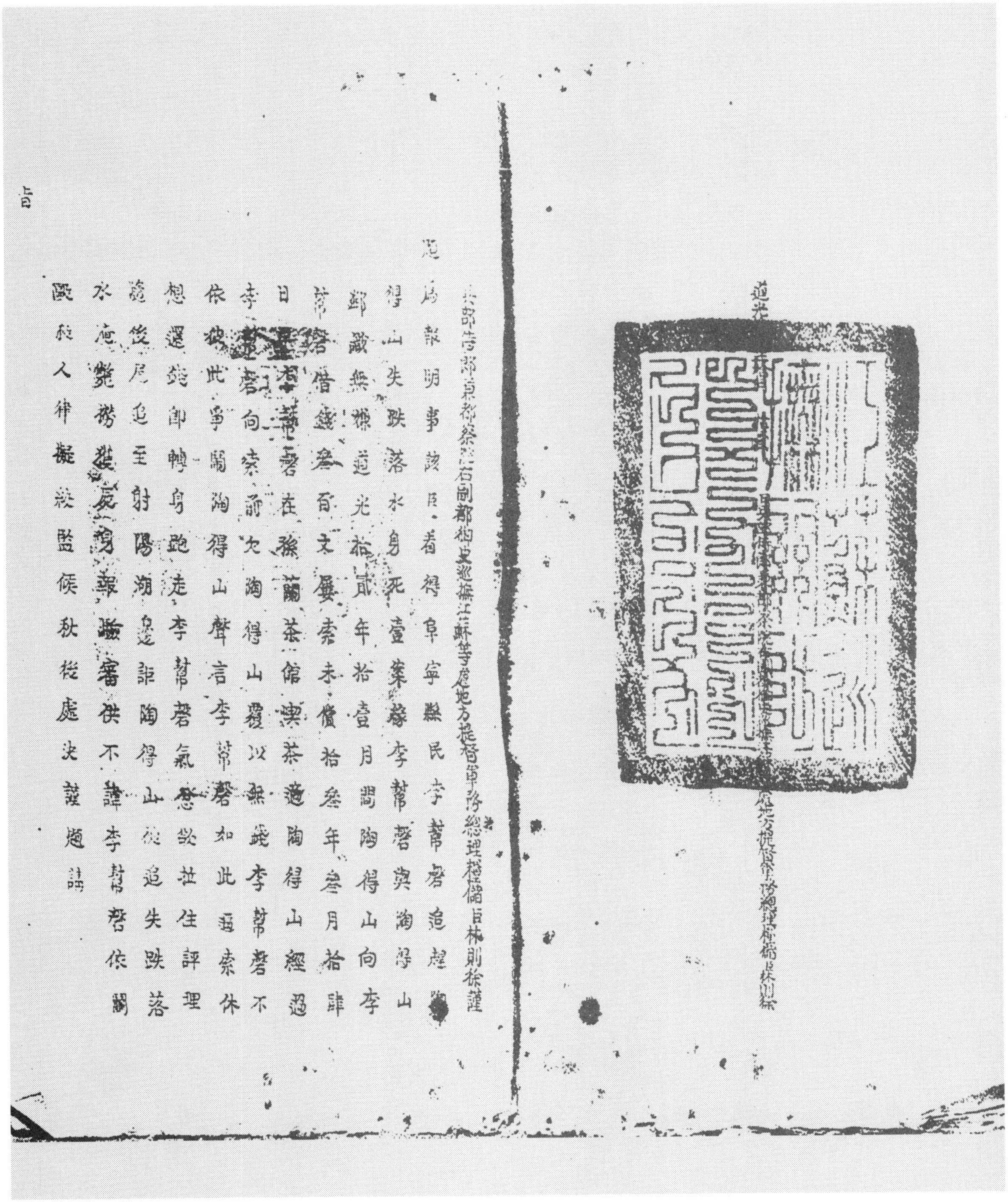

兵部侍郎兼都察院右副都御史巡撫江蘇等處地方提督軍務總理糧儲臣林則徐謹
題為報明事該臣看得阜寧縣民李幫磬追趕陶
得山失跌落水身死壹案緣李幫磬與陶得山
鄰識無嫌道光拾貳年拾壹月間陶得山向李
幫磬借錢叁百文屢索未償拾叁年叁月拾肆
日李幫磬在孫蘭茶館喫茶適陶得山經過
李幫磬向索前欠陶得山聲以無錢李幫磬不
依彼此爭鬧陶得山聲言李幫磬如此逼索休
想還錢即轉身跑走李幫磬氣忿欲扯住評理
隨後尾追至射陽湖邊詎陶得山從追失跌落
水淹斃務獲犯解報驗審供不諱李幫磬依
毆殺人律擬絞監候秋後處決謹題請
旨

道光……處地方提督軍務總理糧儲臣林則徐

江蘇巡撫林則徐題本　拏獲傷斃吳和榮丁大觀之昭文縣在配流犯秦南廝擬絞監候

道光十三年十月十二日

江蘇巡撫林則徐題本　**拏獲傷斃吳和榮丁大觀之昭文縣在配流犯秦南廝擬絞監候**

江蘇巡撫林則徐題本　拏獲傷斃吳和榮丁大觀之昭文縣在配流犯秦南廝擬絞監候
道光十三年十月十二日

兵部侍郎兼都察院右副都御史巡撫江蘇等處地方提督軍務總理糧儲臣林則徐謹
題為訪拏獲解事據江蘇按察使額騰伊詳據署
蘇州府知府陳經詳據昭文縣知縣張穀組詳
稱道光拾叁年叁月初捌日卑職訪聞毛家橋
地方有安置流犯秦南廝鬭毆生事正在飭差
查拏間據典史姚詩煥申稱案蒙飭發安置軍
流各犯朔望稽點時加訪察茲於初捌日早聞
得流犯秦南廝在毛家橋茶館滋事當即帶同
縣役陳開等前往查拏見吳和榮丁大觀俱已
受傷詢係流犯秦南廝向吳和榮索欠爭毆丁
大觀幫護俱被該犯用刀戳傷隨將秦南廝拏
獲起出兇刀兩把解候驗究等情到縣據此卷

江蘇巡撫林則徐題本　拏獲傷斃吳和榮丁大觀之昭文縣在配流犯秦南廝擬絞監候
道光十三年十月十二日

查該犯秦南廝係山西徐溝縣人於道光柒年
叁月因戳傷姚大名身死依鬭殺律問擬絞候
緩決叁次恭逢道光拾壹年正月拾貳日
恩旨減流於拾貳年伍月拾柒日到配發交典史姚
詩煥轉發地保袁順祥收管在卷正在訊供詣
驗間據地保王大榮報據顧奎投稱鄰人吳和
榮在伊茶館喫茶被流犯秦南廝因索欠爭毆
用刀戳傷左脇丁大觀幫護亦被戳傷左臂等
處往看屬實當將吳和榮等送回醫治不料吳
和榮到家後旋即因傷身死報候驗究等情據
即帶領吏仵押犯前詣屍所如法相驗據仵作
王容喝報已死吳和榮問年叁拾貳歲驗得仰

面致命左脇刃傷壹處闊壹寸叁分斜深透內
皮肉捲縮腸肚凸出血污餘俱無故委係受傷
身死報畢親驗無異查驗兇刀一樣兩把係民
間宰羊所用比對屍傷相符塡格取結屍飭棺
殮又驗得丁大觀左右臂左右腿穀道各有刃
傷皮破血污用藥敷蓋塡單一并附卷問據丁
大觀供稱伊於上冬代吳和榮作保向流犯秦
南廝借錢肆千文吳和榮陸續還過錢貳千捌
百文餘欠屢討無還叁月初捌日早伊同吳和
榮在顧奎店內喫茶秦南廝往向索討吳和榮
斥其過逼撲向毆打秦南廝襪統內掖出刀子
戳傷吳和榮左脇伊趕上將刀奪獲擲地揪住

江蘇巡撫林則徐題本　拏獲傷斃吳和榮丁大觀之昭文縣在配流犯秦南廝擬絞監候
道光十三年十月十二日

秦南廝髮辮按捺不料秦南廝將伊左腿摟住
又拔壹刀亂戳致傷伊左右臀腿穀道等供質
之兇犯秦南廝及地保王大榮見證徐發顧奎
等各供相同將犯帶回收禁兇刀貯庫飭差將
丁大觀傷痕趕緊醫治旋於是月拾貳日又據
地保王大榮稟報丁大觀於拾貳日因傷身死
等情隨又帶同吏仵前詣屍所如法相驗據仵
作王容喝報已死丁大觀問年肆拾叁歲驗得
合面不致命左臀刃傷兩處上壹處長叁分深
壹分下壹處長貳分深壹分右臀刃傷叁處上
壹處長貳分深壹分中壹處長貳分深壹分下
壹處長貳分深壹分俱皮破血污不致命穀道

右刃傷壹處斜長壹寸捌分斜深透內皮肉卷
縮血污不致命左腿刃傷兩處上壹處長叁分
深壹分下壹處長肆分深貳分右腿刃傷兩處
上壹處長壹分深壹分下壹處長叁分深壹分
俱皮破血污餘俱無故委係受傷身死報畢親
驗無異飭將兇刀比對傷痕相符填格取結屍
飭棺殮隨訊據地保王大榮供與報詞同據鄰
佑陳繼良葉恒觀同供小的們是顧奎茶館鄰
佑道光拾叁年叁月初捌日早聽得顧奎茶館
裏爭鬧趕去查看見吳和榮丁大觀受傷在地
經典史帶同差役把流犯秦南廝拏獲問說秦
南廝因向吳和榮索欠爭鬧把吳和榮丁大觀

江蘇巡撫林則徐題本　拏獲傷斃吳和榮丁大觀之昭文縣在配流犯秦南廝擬絞監候

道光十三年十月十二日

戳傷的話顧奎就邀同地保王大榮把吳和榮們扶回醫治不料吳和榮丁大觀先後因傷身死並無別故是實據店主顧奎供小的在毛家橋開張茶館道光拾叁年叁月初捌日小的出外買物回歸見流犯秦南廝把吳和榮丁大觀戳傷問據店夥徐發說秦南廝吳和榮丁大觀先後到小的店內喫茶秦南廝向吳和榮索欠吳和榮斥他逼追撲向毆打被秦南廝用刀戳傷左脇丁大觀奪刀幫護也被戳傷的話經典史帶同差役前來把秦南廝拏獲小的就邀同地保王大榮看明把吳和榮們扶回醫治不料吳和榮丁大觀傷重先後身死並沒別故是實

江蘇巡撫林則徐題本　拏獲傷斃吳和榮丁大觀之昭文縣在配流犯秦南廝擬絞監候　道光十三年十月十二日

廖見證徐發供小的是顧奎茶館幫夥道光拾
叁年叁月初捌日早顧奎外出買物有近鄰吳
和榮同丁大觀到店喫茶後有流犯秦南廝走
來向吳和榮索討欠錢吳和榮斥他逼迫撲向
毆打秦南廝拔出襪內刀子嚇戳致傷吳和榮
左脇丁大觀趕攏幫護把刀子奪獲撩地揪住
秦南廝髮辮滾跌秦南廝又拔出刀子壹把戳
傷丁大觀臀腿等處小的連忙趕攏拉開經典
史帶同差役趕來把秦南廝連刀拏獲隨後店
主顧奎買物回歸邀同地保看明把吳和榮們
扶回調治不料吳和榮丁大觀傷重先後因傷
死了並沒起釁別故小的勸阻不及是實據屍

江蘇巡撫林則徐題本　拏獲傷斃吳和榮丁大觀之昭文縣在配流犯秦南廝擬絞監候

道光十三年十月十二日

母吳張氏供已死吳和榮是婦人兒子上年拾
貳月裏兒子乏錢用度倩丁大觀作保向流犯
秦南廝票借錢肆千文兒子已還過錢貳千捌
百文餘欠沒有歸還道光拾叁年叁月初陸日
秦南廝來家索討兒子欲賴秦南廝不依口角
經包南海勸散不料初捌日兒子同丁大觀在
顧奎茶館喫茶被秦南廝索欠爭毆用刀戳傷
兒子左脇丁大觀幫護也被秦南廝戳傷顧奎
們把兒子扶回那知兒子就因傷身死後來丁
大觀也傷重死了求究抵據屍叔丁紹文供已
死丁大觀是長子上年拾貳月裏吳和榮央兒
子作保向流犯秦南廝票借錢肆千文吳和榮

已還過錢貳千捌百文餘欠未還道光拾叁年
叁月初捌日兒子同吳和榮在顧奎茶館喫茶
適秦南廝去向吳和榮索欠吳和榮斥他逼迫
撲向毆打被秦南廝用刀戳傷左脇兒子上前
奪刀幫護也被戳傷左右臂腿等處顧奎們把
兒子扶回吳和榮當日身死兒子蒙案下驗傷
訊供飭醫那知兒子傷重到拾貳日也死了求
究祇據應訊包南海供已死吳和榮是妻姪上
冬吳和榮如何央丁大觀作保向流犯秦南廝
借錢小的先不知道道光拾叁年叁月初陸日
秦南廝到吳和榮家索欠口角小的路過勸散
不料初捌日吳和榮同丁大觀在顧奎茶館喫

江蘇巡撫林則徐題本 拏獲傷斃吳和榮丁大觀之昭文縣在配流犯秦南廝擬絞監候

道光十三年十月十二日

茶秦南廝又向索討彼此爭鬧吳和榮丁大觀
部被秦南廝、戳傷先後因傷身死只求訊究是
實據同配流犯李進供小的原籍山西榆次縣
犯罪問流發配昭文縣地方交保闞明德們收
管安置與流犯秦南廝同鄉熟識各自收買舊
貨度日道光拾叁年叁月初捌日早秦南廝如
何在顧奎茶館向吳和榮索欠爭鬬把吳和榮
丁大觀先後戳傷身死小的實沒在場刀子他
從何處買來小的也不知道是實據收管、地保
袁順祥供流犯秦南廝豢發小的收管平日收
買舊貨過活道光拾叁年叁月初捌日秦南廝
如何在顧奎茶館內向吳和榮索欠爭毆用刀

戳傷吳和榮丁大觀身死小的那時患病臥牀
先不知道實是失於覺察並沒知情故縱的事
是實據兇犯秦南廝供年貳拾伍歲原籍山西
徐溝縣小的因孔傷姚大名身死問擬絞罪遇
赦減流發配昭文縣地方交地保袁順祥收管安置
收買舊貨度日與民人吳和榮丁大觀認識無
嫌道光拾貳年拾貳月裏吳和榮央丁大觀作
保向小的借去制錢肆千文立有票據吳和榮
陸續還過錢貳千捌百文餘欠屢討不還拾叁
年叁月初陸日小的到吳和榮家索討吳和榮
圖賴小的不依是包南海路過勸散初捌日早
小的出外收買舊貨向不識姓名人買了兩把

宰羊舊刀插在襪統內想要轉賣獲利走到毛
家橋顧奎茶館門首見吳和榮同丁大觀在內
喫茶小的進去催討前欠吳和榮斥說小的當
衆逼索使他沒臉把小的混罵小的回詈吳和
榮撲向小的毆打小的順拔刀子壹把嚇戳不
期吳和榮撲攏勢猛小的收手不及致戳傷他
左脇丁大觀趕攏把刀子奪去撩地揪住小的
髮辮往下捺捺小的被揪情急用左手摟住丁
大觀左腿右手又拔刀子壹把把他兩腿亂戳
想他鬆放致傷丁大觀左右腿左右臂穀道等
處經店夥徐發拉開小的見他們傷重心裏害
怕正要逃跑就被典史帶同差役趕到把小的

連刀獲解的不料吳和榮丁大觀先後因傷身
死並非有心欲殺也沒起釁別故及在場幫毆
的人是實各等供據此將犯收禁飭弔借票核
與犯供年月錢數相符將票附卷錄供通詳蒙
批飭審道光拾叁年肆月拾捌日據禁卒稟報
秦南廝在監患病醫治詳咨於伍月拾捌日報
痊隨提覆訊供與原審無異不敘外該昭文縣
知縣張錢組審看得在配流犯秦南廝戳傷吳
和榮丁大觀身死壹案緣秦南廝籍隸山西徐
溝縣於道光柒年因戳傷姚大名身死依鬪殺
律擬絞秋審緩決恭逢道光拾壹年正月拾貳
日

江蘇巡撫林則徐題本　拏獲傷斃吴和榮丁大觀之昭文縣在配流犯秦南廝擬絞監候

道光十三年十月十二日

恩旨减流發配昭文縣於拾貳年伍月拾柒日到配
發交甲縣典史姚詩焕轉發地保袁順祥收管
安置該犯在配收賣舊貨度日與民人吴和榮
丁大觀認識無嫌是年拾貳月吴和榮央丁大
觀作保向秦南廝借錢肆千文立有票據嗣吴
和榮陸續還過錢貳千捌百文餘欠屢索無償
拾叁年叁月初陸日秦南廝前往吴和榮家索
討吴和榮欲賴秦南廝不依口角經包南海勸
散初捌日早秦南廝外出收買舊貨向不識姓
名之買得宰羊舊刀兩把掖入襪統欲圖轉賣
獲利行至顧奎茶館門首見吴和榮同丁大觀
在内飲茶秦南廝走進向索前欠吴和榮因其

江蘇巡撫林則徐題本 拏獲傷斃吳和榮丁大觀之昭文縣在配流犯秦南廝擬絞監候

道光十三年十月十二日

當衆逼索出言混罵秦南廝回詈吳和榮撲向
毆打秦南廝順拔刀子嚇戳不期吳和榮撲攏
勢猛秦南廝收手不及致傷吳和榮左脇丁大
觀趕攏幫護奪刀撩地揪往秦南廝髮辮往下
捺按秦南廝被揪情急用左手摟住丁大觀左
腿右手又拔刀子壹把向丁大觀腿上亂戳冀
其鬆放致傷丁大觀兩腿兩臂穀道等處經顧
奎店夥徐發扯開秦南廝見吳和榮等傷重正
欲逃跑經甲縣訪聞飭差查拏典史姚詩煥亦
聞知帶役前往將該犯拏獲解縣訊供飭醫詎
吳和榮即於是日因傷殞命丁大觀旋於是月
拾貳日亦因傷身死先後報驗訊詳奉批飭審

江蘇巡撫林則徐題本　拏獲傷斃吳和榮丁大觀之昭文縣在配流犯秦南廝擬絞監候

道光十三年十月十二日

遵復提犯研鞫據供前情不諱詰非有心欲殺
亦無起釁別故及在場幫毆之人案無遁飾查
律載鬪毆殺人者不問手足他物金刃並絞監
候又例載平常人犯在配殺人仍分別謀故鬪
毆按律定擬各等語此案秦南廝因向吳和榮
索欠爭毆用刀戳傷吳和榮丁大觀身死均係
鬪殺貳罪相等死者並非一家應從一科斷秦
南廝合依鬪毆殺人者不問手足他物金刃並
絞律擬絞監候秋後處決地保秦順祥失於約
束應照不應重律杖捌拾折責發落徐發被阻
不及應無庸議賣刀不識姓名人請免查提無
干省釋吳和榮所欠錢文身死勿徵借票塗銷

江蘇巡撫林則徐題本 拏獲傷斃吳和榮丁大觀之昭文縣在配流犯秦南廝擬絞監候

道光十三年十月十二日

兇刀解驗所有失察在配流犯逞事釀命職名

係甲縣自行查出典史姚詩煥即時拏獲究辦

應請免議等情由府審解到司該江蘇按察使

額騰伊提犯親審核擬無異解候勘

題等情招解到臣提犯親審無異該臣看得昭文

縣在配流犯秦南廝戳傷吳和榮丁大觀身死

壹案緣秦南廝籍隸山西徐溝縣於道光柒年

因戳傷姚大名身死依鬭殺律擬絞秋審緩決

恭逢道光拾壹年正月拾貳日

恩旨減流發配昭文縣於拾貳年伍月拾柒日到配

發交該縣典史姚詩煥轉發地保袁順祥收管

安置該犯在配收賣舊貨度日與民人吳和榮

江蘇巡撫林則徐題本　拏獲傷斃吳和榮丁大觀之昭文縣在配流犯秦南廝擬絞監候

道光十三年十月十二日

丁大觀認識無嫌是年拾貳月吳和榮央丁大觀作保向秦南廝借錢肆千文立有票據嗣吳和榮陸續還過錢貳千捌百文餘欠屢索無償拾叁年叁月初陸日秦南廝前往吳和榮家索討吳和榮欲賴秦南廝不依口角經包南海勸散初捌日早秦南廝外出收買舊貨向不識姓名人買得宰羊舊刀兩把被入襪統欲圖轉賣獲利行至顧奎茶館門首見吳和榮同丁大觀在內飲茶秦南廝走進向索前欠吳和榮因該犯當衆逼索出言混罵秦南廝回詈吳和榮撲向毆打秦南廝順拔刀子嚇戳不期吳和榮撲攏勢猛秦南廝收手不及致傷吳和榮左脇丁

大觀趕攏幫護奪刀撩地揪住秦南廝髮辮往
下捺。秦南廝被揪情急，用左手摟住丁大觀
左腿，右手又抜刀子壹把向丁大觀腿上亂戳，
冀其鬆放，致傷丁大觀兩腿兩臀殺道等處。經
顧查店夥徐發拉開，秦南廝見吳和榮等傷重，
正欲逃跑，經該縣訪聞，飭差查拏典史姚詩煥
亦聞知帶役前往，將該犯拏獲解縣訊供，飭醫
診。吳和榮即於是日因傷殞命，丁大觀亦於是
月拾貳日因傷身死，先後報驗訊詳審供不諱。
究非有心欲殺，亦無起釁别故及在場幫毆之
人，案無遁飾。查律載：鬭毆殺人者，不問手足他
物金刃，並絞監候。又例載：平常人犯在配殺人

江蘇巡撫林則徐題本　拏獲傷斃吳和榮丁大觀之昭文縣在配流犯秦南廝擬絞監候

道光十三年十月十二日

仍分別謀故鬬毆按律定擬各等語此案秦南
廝因向吳和榮索欠爭毆用刀戳傷吳和榮丁
大觀身死均係鬬殺貳罪相等死者並非一家
應從一科斷秦南廝合依鬬毆殺人者不問手
足他物金刃並絞律擬絞監候秋後處決地保
袁順祥失於約束應照不應重律杖捌拾折責
發落徐發滋阻不及應無庸議賣刀不識姓名
人應免查提無干省釋吳和榮所欠錢文身死
勿徵借票塗銷兇刀發回貯庫所有失察在配
流犯滋事釀命職名係該縣自行查出與史姚
詩煥即時拏獲究辦應請免議臣謹具
題伏乞

江蘇巡撫林則徐題本　拏獲傷斃吳和榮丁大觀之昭文縣在配流犯秦南廝擬絞監候
道光十三年十月十二日

皇上聖鑒勅下三法司核覆施行再此案審限陸箇
月應以道光拾叁年叁月初捌日獲犯之日起除
犯病壹月趲應扣至拾月初捌日全限屆滿合
並陳明謹題請
旨

道光拾叁年拾月拾貳日兵部侍郎兼都察院右副都御史巡撫江蘇等處地方提督軍務總理糧餉臣林則徐

江蘇巡撫林則徐題本 拏獲傷斃吳和榮丁大觀之昭文縣在配流犯秦南廝擬絞監候

道光十三年十月十二日

兵部侍郎兼都察院右副都御史巡撫江蘇等處地方提督軍務總理糧儲臣林則徐謹
題為訪拏獲解事該臣看得昭文縣在配流犯秦
南廝戳傷吳和榮丁大觀身死壹案緣秦南廝
籍隸山西徐溝縣於道光柒年因戳傷姚大名
身死依鬭殺律擬絞緩決減流發配昭文縣於
拾貳年伍月拾柒日到配該犯在配收賣舊貨
度日與民人吳和榮丁大觀認識無嫌是年拾
貳月吳和榮央丁大觀作保向秦南廝借錢肆
千文嗣吳和榮陸續還過錢貳千捌百文餘欠
屢索無償拾叁年叁月初陸日秦南廝前往吳
和榮家索討口角經包南海勸散初捌日早秦
南廝向不識姓名人收買宰羊舊刀兩把被入
襪統欲圖轉賣獲利行至顧奎茶館門首見吳
和榮同丁大觀在內飲茶秦南廝走進向索前
欠吳和榮因該犯當衆逼索出言混罵秦南廝
回詈吳和榮撲向毆打秦南廝順拔刀子嚇戳
致傷吳和榮左脇丁大觀趕攏幫護奪刀擲地
揪住秦南廝髮辮搖摔秦南廝被揪情急又拔
刀子壹把戳傷丁大觀兩腿兩臂穀道等處秦
南廝正欲逃跑經典史姚詩煥帶役前往拏獲
解縣訊供飭醫吳和榮丁大觀先後因傷身死
報驗審供不諱查秦南廝戳傷吳和榮丁大觀
殞命均係鬭殺貳罪相等死者並非一家應從
一科斷秦南廝依鬭毆殺人律擬絞監候秋後
處決謹題請
旨

上諭　岳廷杰所告案著交林則徐秉公嚴審定擬具奏

道光十三年十月十四日奉
旨此案著交林則徐親提人證卷宗秉公嚴審按律
定擬具奏原告民人岳廷杰該部照例解往備質
欽此

江蘇巡撫林則徐題本

佛山同知崔炘在途染患腿疾難痊請准其開缺調理

吏部議奏

題

江蘇巡撫林則徐題本　佛山同知崔炘在途染患腿疾難痊請准其開缺調理

道光十三年十月二十二日

兵部侍郎兼都察院右副都御史巡撫江蘇等處地方提督軍務總理糧儲臣林則徐謹

題爲患病繳照開缺事。據江寧布政使趙盛奎詳

稱，據徐州府申，據銅山縣申稱，據廣東廣州府

佛山同知崔炘呈稱：竊職現年肆拾叁歲，係江

蘇銅山縣府學增生，於嘉慶拾玖年遵豫東例

報捐通判，道光肆年選授廣東高州府通判，拾

叁年柒月陞補廣州府佛山同知，赴部引

見後領照起程赴任，因沿途雨水阻滯，於捌月貳拾

柒日行至銅山利國地方，染患腿疾，步履遲苯，

回籍醫治，現在病難速痊，合將執照呈請轉詳

開缺調理等情到縣，相應將呈到執照具文轉

詳核轉等情，由府呈司。據此，除飭照例委驗該

員所患腿疾果否屬實將來病痊能否堪以起
用取具醫驗印加各結另行詳咨外相應具文
轉詳伏候具
題開缺等情到臣據此該臣查得現任廣東廣州
府佛山同知崔炘係江蘇銅山縣人因陞補引
見後在部領照赴任行至銅山縣境染患腿疾一時
未能就痊繳照呈請開缺由江寧布政使趙盛
奎詳請具
題前來臣覆查無異應請准其開缺調理除飭照
例委驗取結另行詳咨并將執照揭送吏部並
移吏科暨廣東撫臣外臣謹具
題伏乞

江蘇巡撫林則徐題本　佛山同知崔炘在途染患腿疾難痊請准其開缺調理　道光十三年十月二十二日

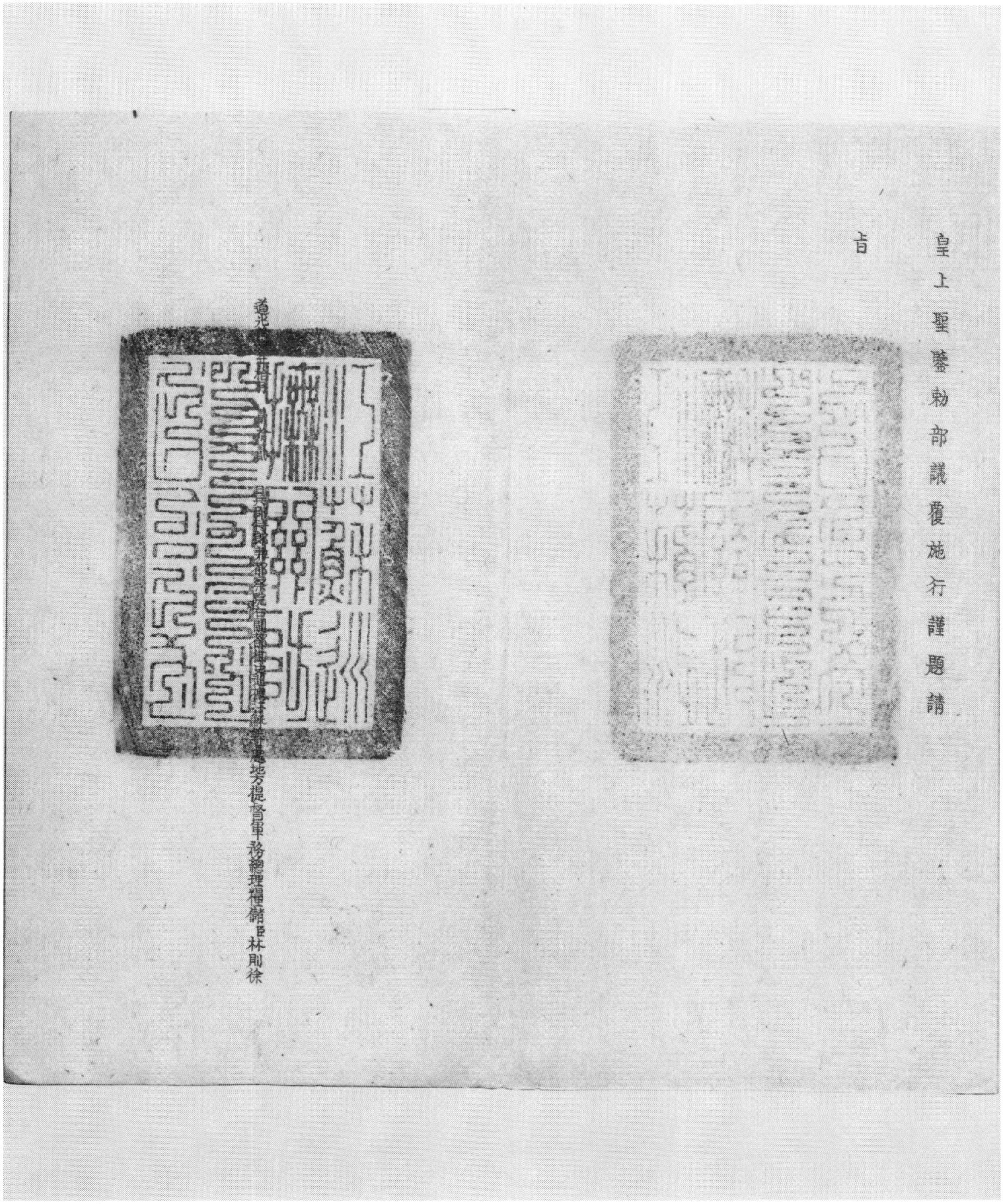
皇上聖鑒勅部議覆施行謹題請
旨

道光十三年十月二十二日兵部侍郎兼都察院右副都御史巡撫江蘇等處地方提督軍務總理糧儲臣林則徐

江蘇巡撫林則徐題本　佛山同知崔炘在途染患腿疾難痊請准其開缺調理

道光十三年十月二十二日

兵部侍郎兼都察院右副都御史巡撫江蘇等處地方提督軍務總理糧儲臣林則徐謹

題爲患病緩照開缺事該臣查得現任廣東廣州

府佛山同知崔炘係江蘇銅山縣人因陞補引

見後在部領照赴任行至銅山縣境染患腿疾一時

未能就痊緩照呈請開缺由江寧布政使趙盛

奎詳請具

題前來臣覆查無異應請准其開缺調理除飭照

例委驗取結另行詳咨并將執照揭送吏部並

移吏科暨廣東撫臣外謹題請

旨

江蘇巡撫林則徐題本

題參蕭縣知縣趙毓丹等疎防命案限滿兇犯無獲

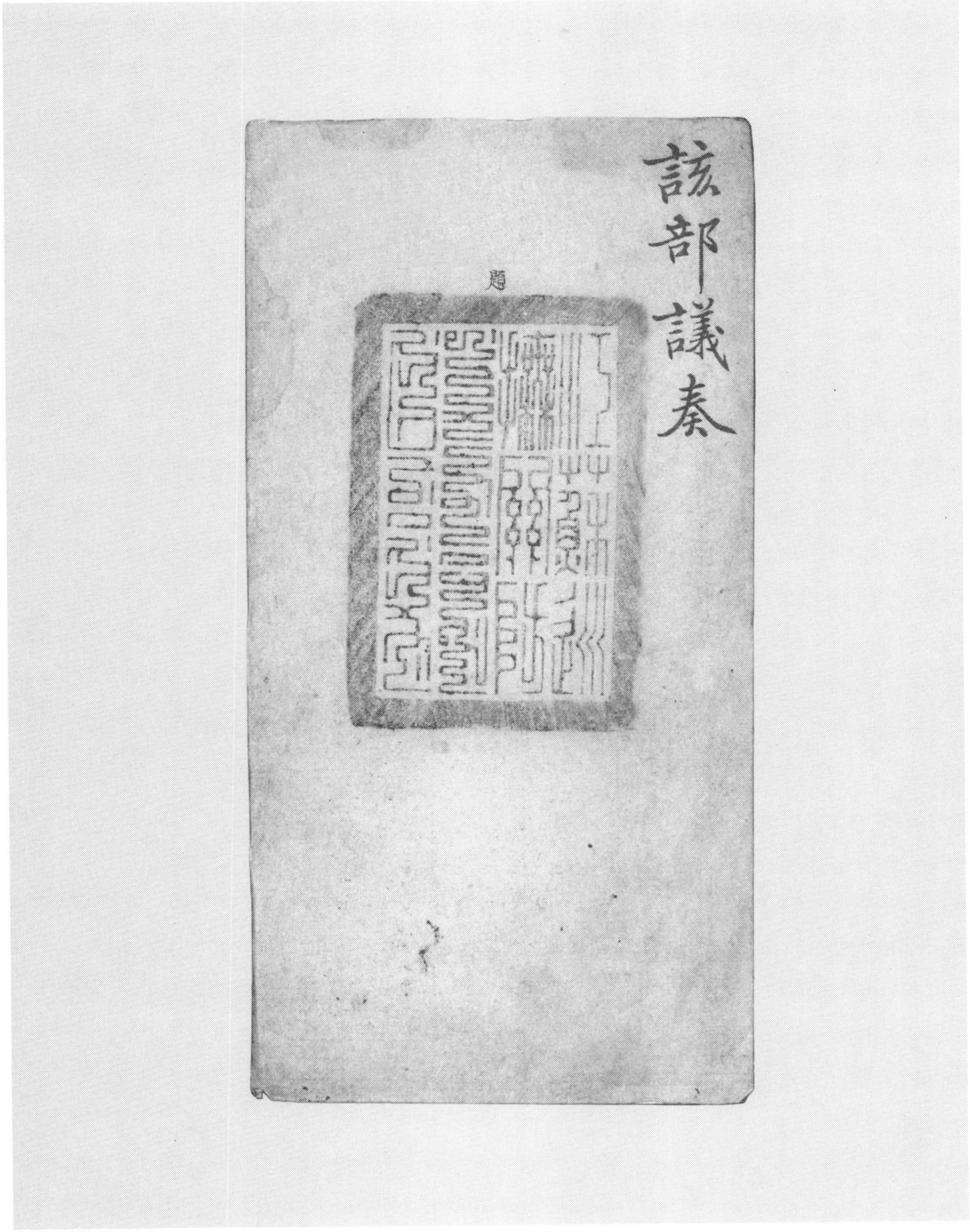

江蘇巡撫林則徐題本　題參蕭縣知縣趙毓丹等疎防命案限滿兇犯無獲

道光十三年十月二十二日

兵部侍郎兼都察院右副都御史巡撫江蘇等處地方提督軍務總理糧儲臣林則徐謹

題爲詳參疎防文職事據江蘇按察使怡良詳稱

據徐州府知府善慶詳據蕭縣知縣趙毓丹詳

稱道光拾叁年叁月貳拾肆日據地保孫秉超

報據監生王彦文投稱叁月貳拾壹日伊見褚

蘭集大路有一無名男屍赤體受傷等語往查

屬實正在報驗間有銅山縣民人楊元會走至

認係伊弟楊沅壯屍身報候驗緝等情到縣時

値單縣趙毓丹因病請假未及詣驗於叁月貳

拾柒日卸事代理縣張書紳到任傳帶吏仵前

詣勘得褚蘭集有南北通行大路壹道該屍仰

臥地上赤體無衣勘畢飭仵驗得已死楊沅壯

仰面致命顖門鐵器傷壹處偏左鐵器傷壹處
又刃傷壹處委係受傷身死塡圖取結屍飭棺
殮訊據屍兄楊元會供稱銅山縣人道光拾叁
年叁月貳拾日伊弟楊沅壯因童養媳劉氏走
失偕同外孫薛義出外找尋無着貳拾壹日夜
薛義走回告稱伊弟遇一張姓邀去説話令其
先行回歸後因不見楊沅壯回歸伊聽聞褚蘭
集路斃男屍趕來查看認係伊弟屍身頭上受
傷身穿衣褲鞋帽俱已失去究被何人致死伊
不知道只求緝究等供訊之薛義及保鄰人等
各供相同當即勒限嚴拏逃兇一面錄供通詳
蒙批緝叅張書錦於伍月拾叁日卸事卑職病

逕回任查此案已有失物情形應照盜案開參
茲查疏防限屆逃兇無獲合將印捕職名開送
等情由府道遞開督捕督緝兼轄職名到司除
飭勒緝逃兇務獲究報外該江蘇按察使怡良
查得蕭縣民楊沅壯受傷身死兇犯脫逃驗有
失物情形壹案疏防劄限肆箇月應以道光拾
叁年叁月貳拾壹失事之日起扣至柒月貳拾
壹日滿所有文職疏防職名印官係蕭縣知縣
趙毓丹捕官係代理張山店巡檢朱兆圻督捕
係不同城署銅沛同知陸楷督緝係不同城前
任徐州府知府劉鴻翶兼轄係不同城分巡徐
州道李國瑞查捕官朱兆圻已於肆月初陸日

未經限滿之先卸事署巡檢費福柱是日到任
旋於伍月初陸日卸事計接緝壹箇月印官趙
毓丹先於叁月貳拾柒日因病請假卸事代理
縣張書紳是日到任旋於伍月拾叁日卸事計
接緝壹箇月零拾陸日趙毓丹即於是日回任
前後接扣展至玖月初陸日滿又疏防限內補
官接緝壹月卸事職名係署張山店巡檢費福
柱印官接緝壹月以上卸事職名係前代理蕭
縣知縣張書紳再代理巡檢宋兆圻署巡檢費
福柱代理縣張書紳俱係代理署事人員不復
回任應請議結督緝知府劉鴻翱亦於肆月拾
玖日陞任廣東南韶連道卸事不復回任亦請

江蘇巡撫林則徐題本　題參蕭縣知縣趙毓丹等疏防命案限滿兇犯無獲
道光十三年十月二十二日

議結現任巡檢白顯明係再接緝之員知府善
慶係接督緝之員均例無處分詳候核參再此
案失事處所離城玖拾里離褚蘭集汛陸里該
處並無墩堡防兵合并聲明等情到臣據此該
臣查得蕭縣民楊沅壯受傷身死兇犯脫逃驗
有失物情形壹案疏防例限肆箇月應以道光
拾叁年叁月貳拾壹失事之日起扣至本月貳
拾壹日滿兇犯無獲開列疏防職名詳參前來
除飭勒緝兇犯務獲究報外所有文職疏防職
名印官係蕭縣知縣趙毓丹捕官係代理張山
店巡檢朱兆圻督捕係不同城署銅沛同知陸
楷督緝係不同城前任徐州府知府劉鴻翱兼

江蘇巡撫林則徐題本 題參蕭縣知縣趙毓丹等疎防命案限滿兇犯無獲
道光十三年十月二十二日

轄係不同城分巡徐州道李國瑞查捕官朱兆
圻已於肆月初陸日未經限滿之先卸事署巡
檢費福柱是日到任旋於伍月初陸日卸事計
接緝壹箇月印官趙毓丹先於叁月貳拾柒日
因病請假卸事代理縣張書紳是日到任旋於
伍月拾叁日卸事計接緝壹箇月零拾陸日趙
毓丹卸於是日回任前後接扣展至玖月初陸
日滿又疎防限內捕官接緝壹月卸事職名係
署張山店巡檢費福柱印官接緝壹月以上卸
事職名係前代理蕭縣知縣張書紳再代理巡
檢朱兆圻署巡檢費福柱代理縣張書紳俱係
代理署事人員不復回任應行議結暫緝知府

劉鴻翱亦於肆月拾玖日陞任廣東南韶連道
卸事不復回任亦應議結現任巡檢白顯明係
再接緝之員知府善慶係接督緝之員均例無
處分相應聲明列叅再此案失事處所離城玖
拾里離褚蘭集汛陸里該處並無墩堡防兵合
並陳明臣謹具
題伏乞
皇上聖鑒勅部議覆施行謹題請
旨

江蘇巡撫林則徐題本　題參蕭縣知縣趙毓丹等疎防命案限滿兇犯無獲

道光十三年十月二十二日

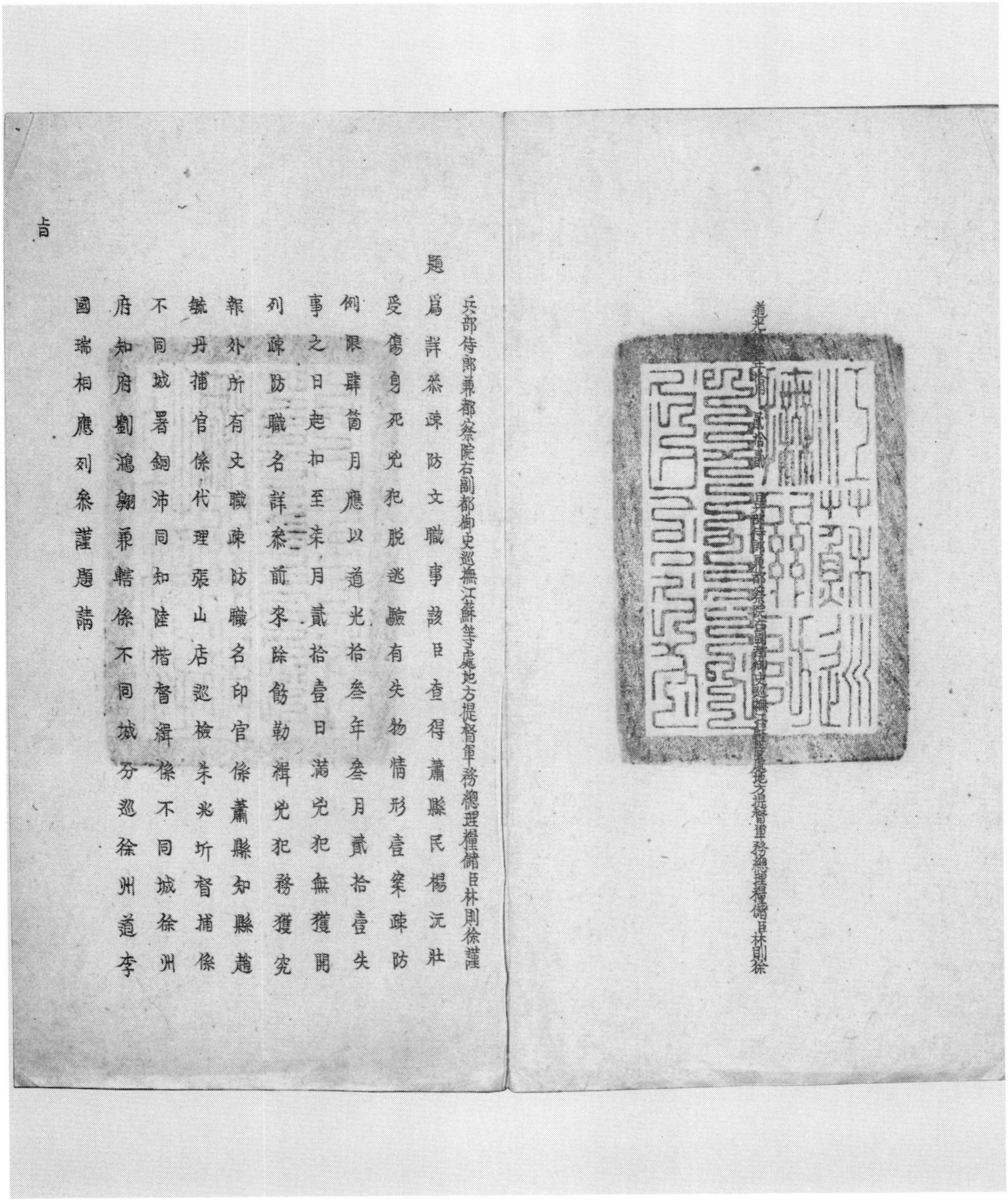
兵部侍郎兼都察院右副都御史巡撫江蘇等處地方提督軍務總理糧儲臣林則徐謹
題爲詳參疎防文職事該臣查得蕭縣民楊沅壯
受傷身死兇犯脫逃驗有失物情形壹案疎防
例限肆箇月應以道光拾叁年叁月貳拾壹失
事之日起扣至本月貳拾壹日滿兇犯無獲開
列疎防職名詳參前來除飭勒緝兇犯務獲究
報外所有文職疎防職名印官係蕭縣知縣趙
毓丹捕官係代理張山店巡檢朱兆圻督捕係
不同城署銅沛同知陸楷督緝係不同城徐州
府知府劉鴻翺兼轄係不同城分巡徐州道李
國瑞相應列參謹題請
旨

道光拾叁年拾月貳拾貳日兵部侍郎兼都察院右副都御史巡撫江蘇等處地方提督軍務總理糧儲臣林則徐

江蘇巡撫林則徐題本 題參甘泉縣知縣鍾承露等疎防泊船被劫限滿贓犯無獲

鍾承露等著議處具奏該部知道

題

兵部侍郎兼都察院右副都御史巡撫江蘇等處地方提督軍務總理糧儲臣林則徐謹

題爲詳參疎防文職事。據江蘇按察使怡良詳據

揚州府知府穆盆詳據甘泉縣知縣鍾承露詳

稱：道光拾叁年伍月初叁日據地保李明稟據

事主周漋江、周美投稱：伊等雇船赴揚買米，於

伍月初壹日船泊縣境喬墅莊地方，是夜叁更

時分，被匪將船纜解開，放至河中，打開艙門，稱

係查鹽，用刀嚇禁，搶去銀兩、衣物等語。往查屬

實，報候勘緝等情。並據事主周漋等報同前由。

到縣。據經會營前詣失事處所，勘得該處有大

河壹道，河面約寬拾餘丈，兩岸並無居民。事主

船泊南岸，查驗艙門有破損形跡，提訊事主船

戶人等供與報詞無異飭牙估計失贓值銀陸
百貳拾肆兩陸錢玖分取結附卷錄供造冊通
詳奉批緝參茲查疎防限屆贓匪無獲合將印
捕職名開報等情由府開具督緝職名到司據
此除分別移行催取督捕兼轄及武職疎防各
職名另詳請參並飭勒緝贓匪務獲究報外該
江蘇按察使怡良查得甘泉縣事主周灉等停
船被搶銀物逾貫壹案疎防例限肆箇月應以
道光拾叁年伍月初壹失事之日起扣至玖月
初壹日滿所有文職疎防職名印官係甘泉縣
知縣鍾承露捕官係甘泉縣邵伯司巡檢程煥
章督緝係同城揚州府知府豫盛相應開報詳

候核參再此案失事處所離城伍拾伍里離汛
拾伍里並無救舖防兵合并聲明等情到臣據
此該臣查得甘泉縣事主周滙等停船被搶緝
物適貴壹案疏防例限肆箇月應以道光拾叁
年伍月初壹失事之日起扣至玖月初壹日滿
贓匪無獲開列疏防職名詳參前來除飭查既
督捕兼轄各職名另參並飭勒緝贓匪務獲究
報外所有文職疏防職名印官係甘泉縣知縣
鍾承露捕官係甘泉縣邵伯司巡檢程煥章督
緝係同城揚州府知府豫益相應列參再此案
失事處所離城伍拾伍里離汛拾伍里並無救
舖防兵合並陳明臣謹具

江蘇巡撫林則徐題本　題參甘泉縣知縣鍾承露等疎防泊船被劫限滿贓犯無獲

道光十三年十月二十二日

題伏乞

皇上聖鑒勅部議覆施行謹題請

旨

道光十三年十月　日兵部右侍郎兼都察院右副都御史巡撫江蘇等處地方提督軍務總理糧餉臣林則徐

江蘇巡撫林則徐題本　題參甘泉縣知縣鍾承露等疏防泊船被劫限滿贓犯無獲

道光十三年十月二十二日

兵部侍郎兼都察院右副都御史巡撫江蘇等處地方提督軍務總理糧儲臣林則徐謹

題爲詳參疏防文職事該臣查得甘泉縣事主周

澄等停船被搶銀物逾貫壹案疏防例限肆箇

月應以道光拾叁年伍月初壹失事之日起扣

至玖月初壹日滿臟匪無獲開列疏防職名詳

參前來除飭查取督捕兼轄各職名另參並飭

勒緝臟匪務獲究報外所有文職疏防職名印

官係甘泉縣知縣鍾承露捕官係甘泉縣邵伯

司巡檢程煥章督緝係同城揚州府知府豫益

相應列參謹題請

旨

江蘇巡撫林則徐題本 **題參前任東臺縣知縣盧雲亭等疎防停舟被劫限滿贓犯無獲**

該部議奏

題

江蘇巡撫林則徐題本　題參前任東臺縣知縣盧雲亭等疏防停舟被劫限滿贓犯無獲

道光十三年十月二十二日

兵部侍郎兼都察院右副都御史巡撫江蘇等處地方提督軍務總理糧儲臣林則徐謹
題爲詳參疏防文職事據江蘇按察使怡良詳稱
據揚州府知府豫益詳據東臺縣知縣孔昭顯
詳稱查接管卷内道光拾叁年肆月初壹日據
事主潘協泰報稱身籍婺源在治販木生理叁
月貳拾伍日身與夥李德助雇周萬林船裝制
錢貳百柒拾伍千文赴龍江關還帳船泊徐盛
昌門前河下貳拾捌日半夜時分有小船兩隻
將身船解放半里許賊人進艙搬去錢貳百叁
拾肆千伍百文船户周萬林起喊被匪打落下
河幸未受傷理合報候查緝等情到縣當經前
縣會營勘訊估計失贓連錢貳百叁拾肆兩零

江蘇巡撫林則徐題本 題參前任東臺縣知縣盧雲亭等疎防停舟被劫限滿贓犯無獲

道光十三年十月二十二日

造冊通詳奉批緝恭在案茲查疎防例限已屆贓匪無獲合將印捕職名開報等情由府道遞開督捕督緝兼轄職名移送到司除飭勒緝贓匪務獲究報外該江蘇按察使怡良查得東臺縣事主潘協泰停舟被竊錢文船户周萬林被匪拒毆落河未傷盜案疎防例限肆箇月應以道光拾叁年叁月貳拾捌失事之日起扣至柒月貳拾捌日滿所有文職疎防職名印官係前任東臺縣知縣盧雲亭捕官係東臺縣典史劉元銘督捕係不同城揚州府總捕同知趙廷熙督緝係不同城揚州府知府豫益兼轄係分巡淮揚道王貽象理合開報再查印官盧雲亭已

於肆月拾叁日未經限滿之先因
大計案內糾參卸事不復回任應請議結該縣孔
昭顯於是日到任接緝應俟扣滿年限另行詳
參又督補同知趙廷熙先於肆月拾壹日奉督
院委赴通州提案公出於陸月拾伍日公回旋
於來月初壹日奉委署理鎮江府卸事計前後
在任督緝壹個月零壹日應俟回任接扣限滿
另行開報現署同知鄭敦五係接督補之員例
無處分詳候核參再此案失事處所離城汛均
陸里該處並無墩鋪防兵合并聲明等情到臣
據此該臣查得東臺縣事主潘協泰停舟被竊
鹽文船戶周萬林被匪拒毆落河未傷壹案疏

防例限肆箇月應以道光拾叁年叁月貳拾捌
失事之日起扣至柒月貳拾捌日滿贓匪無獲
開列疎防職名請参前來除飭勒緝贓匪務獲
究報外所有文職疎防職名印官係前任東臺
縣知縣盧雲亭捕官係東臺縣典史劉元銘督
捕係不同城揚州府總捕同知趙廷熙督緝係
不同城揚州府知府孫鎰兼轄係分巡淮揚道
王貽象再查印官盧雲亭已於肆月拾叁日未
經限滿之先因
大計案内糾参卸事不複回任應行議結該縣孔
昭顯於是日到任接緝應俟扣滿年限另行咨
参又督捕同知趙廷熙先於肆月拾壹日奉督

院委赴通州提案公出於陸月拾伍日公回旋
於本月初壹日奉委署理鎮江府邮事計前後
在任督緝壹箇月零壹日應俟回任接扣限滿
另叅現署同知鄭敦五係接督捕之員例無處
分相應聲明列叅再此案失事處所離城汛均
陸里該處並無墩舖防兵合並陳明臣謹具
題伏乞
皇上聖鑒勅部議覆施行謹題請
旨

江蘇巡撫林則徐題本　題參前任東臺縣知縣盧雲亭等疎防停舟被劫限滿贓犯無獲

道光十三年十月二十二日

道光[illegible]兵部侍郎兼都察院右副都御史巡撫江蘇等處地方提督軍務總理糧儲臣林則徐

兵部侍郎兼都察院右副都御史巡撫江蘇等處地方提督軍務總理糧儲臣林則徐謹

題為詳參疎防文職事。該臣查得東臺縣事主潘協泰停舟被竊錢文，船户周萬林被匪拒毆落河未傷壹案，疎防例限肆箇月，應以道光拾叁年叁月貳拾捌失事之日起，扣至柒月貳拾捌日滿，贓匪無獲，開列疎防職名請參前來。除飭勒緝贓匪務獲究報外，所有文職疎防職名：印官係前任東臺縣知縣盧雲亭，捕官係東臺縣典史劉元銘，督捕係不同城揚州府總捕同知趙廷熙，督緝係不同城揚州府知府錢益，兼轄係分巡淮揚道王貽象。相應列參，謹題請

旨

江蘇巡撫林則徐題本

驗明無錫縣民馮添沅醉酒傷斃伊妻郁氏案擬絞監候

三法司核擬具奏

題

江蘇巡撫林則徐題本　驗明無錫縣民馮添沅醉酒傷斃伊妻郁氏案擬絞監候

道光十三年十月二十二日

江蘇巡撫林則徐題本　驗明無錫縣民馮添沅醉酒傷斃伊妻郁氏案擬絞監候

道光十三年十月二十二日

兵部侍郎兼都察院右副都御史巡撫江蘇等處地方提督軍務總理糧儲臣林則徐謹
題為報驗事據江蘇按察使怡良詳據常州府知
府汪河詳據無錫縣知縣曾錫齡詳稱道光拾
叁年肆月拾肆日據地保王桂山報據民人馮
添幅投稱伊與弟馮添沅承典吳裕芳家房屋
兩間肆月初捌日伊弟馮添沅因催令吳裕芳
贖屋不允彼此口角經吳克孝等勸回拾貳日
晚馮添沅自外飲醉歸家攜取菜刀欲向吳裕
芳拚鬧弟婦郁氏拉衣攔阻被馮添沅用刀嚇
砍適傷右太陽延至叁更因傷殞命等語往查
屬實理合報驗等情并據馮添幅報同前由到
縣隨帶領吏仵前詣屍所如法相驗據仵作姚

順喝報已死馮郁氏問年叁拾柒歲驗得仰面
致命右太陽穴刀傷壹處長壹寸肆分皮肉捲
縮血汚餘無故委係受傷身死報畢親驗無異
飭起兇刀比對屍傷相符填格取結屍飭棺殮
隨訊據地保王桂山供與報詞同據鄰佑吳順
芳王劉氏同供馮添沅與他哥子馮添福承典
吳裕芳房屋同居馮添沅與他妻子馮郁氏一
向和睦道光拾叁年肆月初捌日馮添沅因催
令吳裕芳贖屋不允彼此口角經吳克孝們勸
回小的們都知道的拾貳日晚馮添沅如何喫
醉了酒攜帶菜刀要到吳裕芳家拚鬧馮郁氏
扯衣攔阻被馮添沅用刀砍傷身死那時小的

吳順芳在外生理婦人王劉氏討乞不家都沒
看見事後纔曉得的並沒起釁別故是實據屍
兄郁富沅供已死馮郁氏是妹子嫁與馮添沅
爲妻一向和睦道光拾叁年肆月拾貳日晚馮
添沅如何喫醉了酒因催令吳裕芳贖屋不允
拏取菜刀要去拚命妹子扯衣攔阻被馮添沅
用刀砍傷右太陽身死那時小的在外生理聞
信趕回候驗的小的細細訪查並沒起釁別故
求究據吳裕芳供小的有空屋兩間於道光
貳年拾貳月東央吳體仁作中典給馮添沅同
他哥子馮添福居住典價錢拾壹千文契載拾
伍年爲滿拾叁年肆月初捌日馮添沅說因窮

告來要小的回贖房屋好收屋價食用小的因
年限未滿無錢回覆馮添沅不依彼此口角經
吳克孝們勸回拾貳日晚馮添沅如何在家拏
取菜刀要與小的拚鬧他妻子馮郁氏拉衣攔
阻被馮添沅用刀砍傷身死小的並不知道屋
契在馮添福處求弔驗吳體仁外出生理故沒
到案是實據吳克孝吳運通同供吳裕芳是小
的們族叔道光拾叁年肆月初捌日馮添沅因
催令吳裕芳贖屋不允彼此口角小的們把馮
添沅勸回是有的別的事不知道是實據馮添
福供馮添沅是兄弟馮郁氏是弟婦兄弟與郁
氏素來和好道光貳年小的與兄弟承典吳裕

江蘇巡撫林則徐題本　驗明無錫縣民馮添沅醉酒傷斃伊妻郁氏案擬絞監候

道光十三年十月二十二日

芳房屋兩間居住拾叁年肆月初間兄弟向小
的說他因家裏窮苦要叫吳裕芳把屋回贖好
收屋價食用的話小的應允那月初捌日兄弟
往懇吳裕芳回贖吳裕芳因年限未滿無錢回
贖兄弟不依彼此口角經吳克孝們勸回小的
是知道的拾貳日晚兄弟在外喫醉了酒回歸
拏取菜刀要到吳裕芳家滋鬧馮郁氏拉衣攔
阻被兄弟用刀嚇砍適傷右太陽倒地小的備
赴回家向兄弟理怨兄弟把馮郁氏扶進房內
睡臥不料馮郁氏到叁更時分因傷身死小的
投保報驗的並沒起釁別故是實據兇犯馮添
沅供無錫縣人年肆拾伍歲父母俱故哥子馮

添幅小的種田度日娶妻郁氏一向和睦道光
貳年拾貳月裏小的與哥子承典吳裕芳房屋
兩間典價拾壹千文是吳體仁作中契載拾伍
年爲滿原價回贖拾叁年肆月初間小的因家
裏窮苦與哥子說明要叫吳裕芳贖屋好把屋
價貪用那月初捌日小的往懇吳裕芳回贖吳
裕芳說年限未滿無錢回覆小的不依彼此口
角是吳克孝們勸回拾貳日傍晚小的在外喫
醉了酒歸家因吳裕芳不肯回贖房屋想拏刀
往鬧自已劃傷嚇制就到竈間拏了菜刀走出
被妻子看見拉住衣服攔阻小的掙孔不脫一
時酒醉糊塗順用菜刀嚇砍妻子閃避不及適

傷他右太陽鬆手倒地哥子傭趁回歸問明情
由向小的埋怨小的把妻子扶到房內睡臥不
料妻子傷重到叁更時分就死了委非有心致
殺也沒起釁別故及在場幫毆的人菜刀已蒙
起案是實各等供據此將犯收禁兇刀貯庫弔
到屋契核與供詞無異仍交馮添幅收執滙格
通詳奉批飭審等因隨提覆訊除各供均與前
審無異不敘外該無錫縣知縣會錫齡審看得
馮添沅砍傷伊妻郁氏身死壹案緣馮添沅籍
隸無錫種田度日娶妻郁氏素相和好道光貳
年拾貳月馮添沅與兄馮添幅承典吳裕芳房
屋兩間典價錢拾壹千文契載拾伍年爲滿原

江蘇巡撫林則徐題本　驗明無錫縣民馮添沅醉酒傷斃伊妻郁氏案擬絞監候

道光十三年十月二十二日

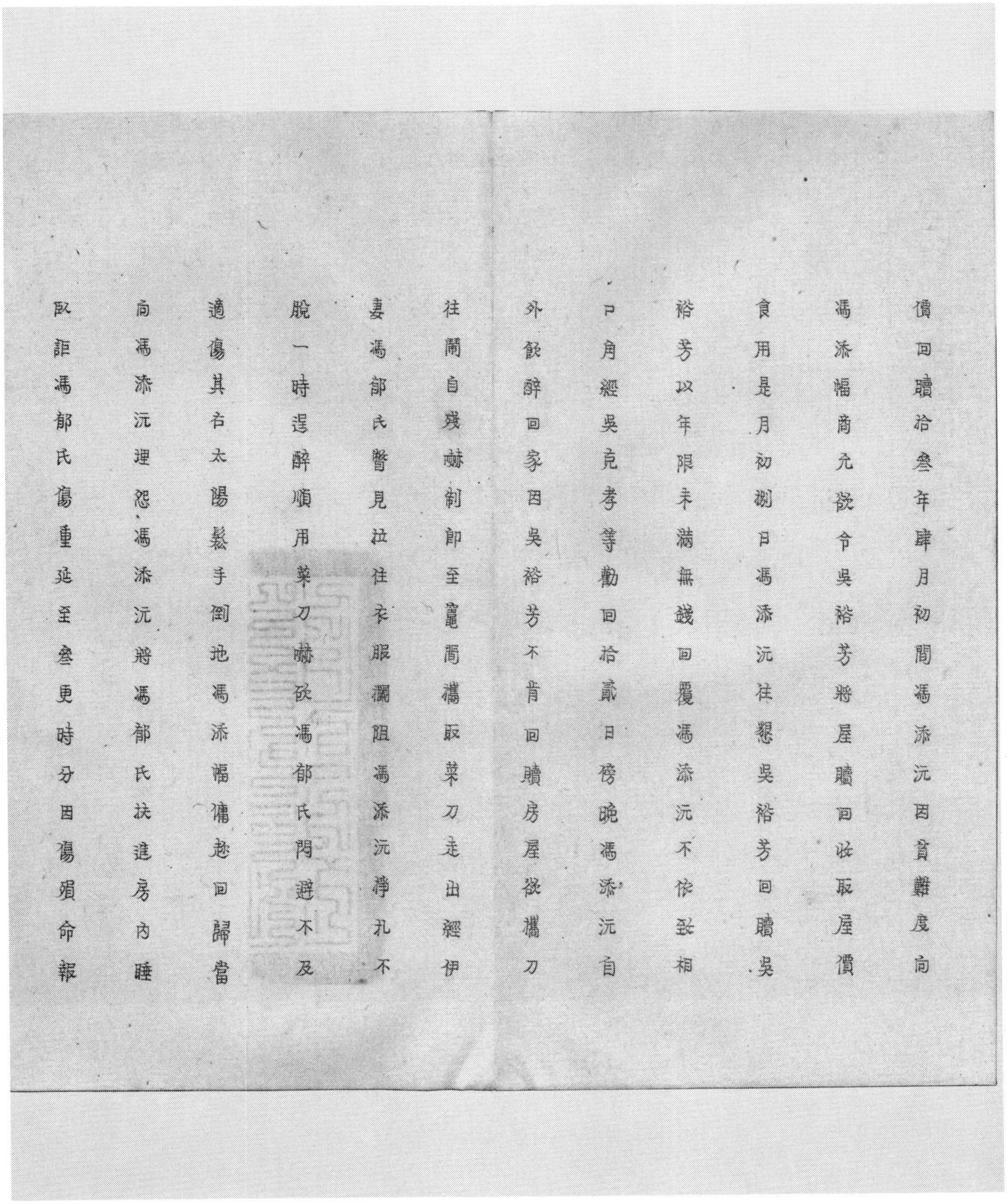

價回贖拾叁年肆月初間馮添沅因貧難度向
馮添幅商允欲令吳裕芳將屋贖回收取屋價
食用是月初捌日馮添沅往懇吳裕芳回贖吳
裕芳以年限未滿無錢回覆馮添沅不依致相
口角經吳克孝等勸回拾貳日傍晚馮添沅自
外飲醉回家因吳裕芳不肯回贖房屋欲攜刀
往鬧自殘嚇制即至竈間攜取菜刀走出經伊
妻馮郁氏瞥見拉住衣服攔阻馮添沅掙扎不
脫一時趁醉順用菜刀嚇砍馮郁氏閃避不及
適傷其右太陽鬆手倒地馮添幅備趕回歸當
向馮添沅埋怨馮添沅將馮郁氏扶進房內睡
臥詎馮郁氏傷重延至叁更時分因傷殞命報

江蘇巡撫林則徐題本 驗明無錫縣民馮添沅醉酒傷斃伊妻郁氏案擬絞監候

道光十三年十月二十二日

驗訊詳奉批飭審遵復提犯研鞫據供前情不
諱詰非有心欲殺亦無起釁別故及在場幫毆
之人案無遁飾查律載夫毆妻至死者絞監候
等語此案馮添沅砍傷伊妻馮郁氏身死應按
律問擬馮添沅合依夫毆妻至死者絞律擬絞
監候秋後處決吳裕芳因年限未滿不允贖屋
尚無不合應無庸議無干省釋馮添幅等典屋
既因催贖釀命應令吳裕芳備價回贖典契仍
給馮添幅收執贖時塗銷屍棺給屬領埋兇刀
隨招解驗等情由府審解到司該江蘇按察使
怡良提犯親訊核擬無異解候勘
題等情招解到臣臣提犯親審無異該臣看得無錫

江蘇巡撫林則徐題本　驗明無錫縣民馮添沅醉酒傷斃伊妻郁氏案擬絞監候

道光十三年十月二十二日

縣民馮添沅砍傷伊妻郁氏身死壹案緣馮添
沅籍隸無錫種田度日娶妻郁氏素相和好道
光貳年拾貳月馮添沅與兄馮添幅承典吳裕
芳房屋兩間典價錢拾壹千文契載拾伍年爲
滿原價回贖拾叁年肆月初間馮添沅因貧難
度向馮添幅商允欲令吳裕芳將屋贖回收取
屋價食用是月初捌日馮添沅往懇吳裕芳回
贖吳裕芳以年限未滿無錢回覆馮添沅不依
致相口角經吳克孝等勸回拾貳日傍晚馮添
沅自外飲醉回家因吳裕芳不肯回贖房屋欲
攜刀往鬧自殘嚇制即至竈間攜取菜刀走出
經伊妻馮郁氏瞥見拉住衣服攔阻馮添沅掙

江蘇巡撫林則徐題本　驗明無錫縣民馮添沅醉酒傷斃伊妻郁氏案擬絞監候

道光十三年十月二十二日

孔不脫一時逞醉順用菜刀嚇砍馮郁氏閃避
不及適傷其右太陽鬆手擲地馮添幅循跡回
歸當向馮添沅埋怨馮添沅將馮郁氏扶進房
內睡臥詎馮郁氏傷重延至叁更時分因傷殞
命報驗訊詳審供不諱詰非有心欲殺亦無起
釁別故及在場幫毆之人案無遁飾查律載夫
毆妻至死者絞監候等語此案馮添沅砍傷伊
妻馮郁氏身死應按律問擬馮添沅合依夫毆
妻至死者絞律擬絞監候秋後處決吳裕芳因
年限未滿不允贖屋尚無不合應無庸議無干
省釋馮添幅等典屋既因催贖釀命應令吳裕
芳備價回贖典契仍給馮添幅收執贖時塗銷

屍棺飭屬領埋兇刀發回案結銷毀臣謹具

題伏乞

皇上聖鑒勅下三法司核覆施行再此案審限應以

道光拾叁年肆月拾肆報驗之日起除自縣由

府解司程限陸日統應扣至拾月貳拾日全限

屆滿合并陳明謹題請

旨

江蘇巡撫林則徐題本　驗明無錫縣民馮添沅醉酒傷斃伊妻郁氏案擬絞監候

道光十三年十月二十二日

道光拾叁年拾月貳拾貳日兵部侍郎兼都察院右副都御史巡撫江蘇等處地方提督軍務總理糧儲臣林則徐

兵部侍郎兼都察院右副都御史巡撫江蘇等處地方提督軍務總理糧儲臣林則徐謹
題爲報驗事該臣看得無錫縣民馮添沅砍傷伊
妻郁氏身死壹案緣馮添沅與妻郁氏素相和
好道光壹年馮添沅與兄馮添福承典吳裕芳
房屋兩間典價錢拾壹千文拾叁年肆月馮添
沅因貧難度向馮添福商允欲令吳裕芳將屋
贖回收取屋價食用是月初捌日馮添沅往懇
吳裕芳回贖吳裕芳以無錢回覆馮添沅不依
致相口角經吳克孝等勸回拾貳日傍晚馮添

江蘇巡撫林則徐題本 驗明無錫縣民馮添沅醉酒傷斃伊妻郁氏案擬絞監候 道光十三年十月二十二日

沅自外飲醉回家因吳裕芳不肯回贖房屋欲
攜刀往鬧自戕嚇制即至竈間攜取菜刀走出
經伊妻馮郁氏瞥見拉住衣服攔阻馮添沅掙
扎不脫一時逞醉順用菜刀嚇砍馮郁氏閃避
不及適傷其右太陽鬆手倒地詎馮郁氏傷重
延至叁更時分因傷殞命報驗訊詳審供不諱
馮添沅依夫毆妻至死者絞律擬絞監候秋後
處決謹題請
旨

江蘇巡撫林則徐題本　**驗明邳州客民栗玉因瘋傷斃伊妻王氏案分別定擬**

三法司核擬具奏

題

江蘇巡撫林則徐題本　驗明邳州客民栗玉因瘋傷斃伊妻王氏案分別定擬
道光十三年十月二十二日

兵部侍郎兼都察院右副都御史巡撫江蘇等處地方提督軍務總理糧儲臣林則徐謹
題爲報驗事。據江蘇按察使額騰伊詳據徐州府
知府善慶詳據署邳州知州黄耀明詳稱：道光
拾叁年貳月叁拾日，據地保丁桐報，據民人丁
景隆投稱，有山東蘭山縣人栗玉租住伊屋，向
患瘋病，時發時愈。貳月貳拾玖日，栗玉染患時
疫，瘋病復發，不省人事，起牀往外跑走。伊妻王
氏上前攔阻，被栗玉拏取桌上菜刀砍傷王氏
咽喉等處身死。現將栗玉捆縛等語。往查屬實，
報候驗究等情到州。時值卑職因奉委赴宿遷
縣會審廖岳氏命案公出，經代行吏目崔森申
請睢寧縣劉與權帶領吏仵前詣屍所，如法相

驗據仵作汪太喝報已死栗王氏問年貳拾肆
歲驗得仰面致命咽喉相連合面不致命項頸
刀傷壹處斜長肆寸壹分寬貳分深至骨骨斷
血汚致命胷膛相連心坎肚腹刀劃傷壹處斜
長陸寸柒分寬壹分深半分皮破血汚餘無故
委係受傷身死報畢親驗無異飭取兇刀比對
屍傷相符塡格取結屍飭棺殮取具仵結移送
前來卑職公回核卷提集犯證研訊據地保丁
桐供與報詞同據鄰佑丁俊丁順四同供小的
們是栗玉鄰佑據丁景隆供小的是栗玉房主
又據同供栗玉是山東蘭山縣人因原籍年荒
帶同妻子來至邳州租小的丁景隆空房居住

栗玉素患瘋病時發時愈發時昏迷不省人事
小的們因他並不鬧事沒有報官鎖錮道光拾
叁年柒月貳拾肆日栗玉染患時疫病後貳拾
玖日小的們聽聞栗玉的兒子栗意哭喊趕去
查看見栗玉手執菜刀在房內亂舞栗王氏仰
臥地上咽喉胷膛受傷小的們見栗玉瘋病舉
發連忙趕攏把他手內刀子奪下按倒牀上用
繩細縛問據栗意說栗玉因病發昏迷忽從牀
上跳起欲往外跑栗王氏攔阻被栗玉拏取桌
上菜刀砍傷的話不料栗王氏傷重就死了小
的丁景滙投保報驗的並沒起釁別故小的們
勸救不及是實據屍子栗意供今年陸歲栗王

江蘇巡撫林則徐題本　驗明邳州客民栗玉因瘋傷斃伊妻王氏案分別定擬

道光十三年十月二十二日

氏是母親父親栗玉向有瘋病道光拾叁年貳
月初拾玖日父親因患病忽然瘋病復發從牀
上跳起要往外跑母親上前攔阻被父親推倒
地上拏了桌上菜刀砍傷咽喉母親不動父親
又拉開母親胸衣劃傷胸膛心坎肚腹拏著刀
子亂舞我害怕往外哭喊有鄰人丁彼們走來
查看把父親手內刀子奪下按制牀上用繩綑
縛後來母親死了我向他們告訴他們叫了地
保走來看明報驗的並沒別故是實等供據此
提驗栗玉目瞪口呆語無倫次不能取供飭醫
診視該犯六脈浮亂痰氣閉塞患瘋屬實將犯
收禁飭醫調治先刀貯庫一面關移原籍山東

蘭山縣查傳犯屬屍親訊取供結去後未准移
到飭催據醫學具稟栗玉瘋病業已醫痊提
驗審質隨訊據光犯栗玉供山東蘭山縣人年
叁拾叁歲父親栗志年陸拾歲母親已故兄弟
栗沅年貳拾柒歲俱逃荒外出兒子栗意年陸
歲栗王氏是小的妻子一向和好道光拾壹年
春間小的因原籍年荒帶同妻子來到邳州地
方租住丁景澄空房幫工度日小的素患瘋病
時發時愈每逢病發昏迷不省人事房主丁景
澄鄰佑丁俊們因小的從不鬧事故沒報官論
鎖拾叁年貳月貳拾肆日小的染患時疫病證
到貳拾玖日病勢沉重不知如何瘋病復發用

刀把妻子砍傷身死當時心裏昏迷並不知道
如今纔覺清楚鄰佑丁役們供明兒子栗意看
見當時小的病昏起床往外跑走妻子上前攔
阻被小的拏取菜刀砍傷咽喉等處身死並非
有心欲殺也沒起釁別故及裝瘋捏飾的事妻
父已故妻母同妻弟王柱都從原籍逃荒外出
不知下落是實等供據此將犯還禁取具鄰佑
各結附卷錄供詳蒙批飭審解叁月貳拾日據
禁卒稟報栗玉在監患病醫治詳咨催准蘭山
縣移覆遍查栗王氏母家親屬實無着落無從
訊取供結等情肆月貳拾壹日據報栗玉病痊
前來隨提覆訊各供均與前審無異不敢外該

江蘇巡撫林則徐題本 驗明邳州客民栗玉因瘋傷斃伊妻王氏案分別定擬 道光十三年十月二十二日

署邳州知州黄燿明審看得客民栗玉因瘋砍傷伊妻王氏身死一案緣栗玉籍隸山東蘭山縣與妻王氏素相和睦道光拾壹年春間栗玉攜帶妻子逃荒至邳州地方租賃丁景灃空房居住幫工度日栗玉素患瘋病時發時愈每逢舉發昏迷不省人事鄰佑丁俊等房主丁景灃因其並不滋事未經報官鎖錮拾叁年貳月貳拾肆日栗玉染患時疫病證至貳拾玖日病勢沉重復發瘋病即從牀上跳起往外跑走伊妻王氏上前攔阻栗玉昏迷無知將王氏推跌倒地拏取桌上菜刀砍傷王氏咽喉並將王氏胷衣拉開劃傷其胷膛心坎肚腹栗玉之子栗意

江蘇巡撫林則徐題本　驗明邳州客民栗玉因瘋傷斃伊妻王氏案分別定擬
道光十三年十月二十二日

年幼畏懼往外哭喊鄰人丁俊等聽聞往看見
栗玉手持菜刀在房亂舞即將其刀奪獲按倒
牀上用繩綑縛向栗意問明情由詎栗王氏傷
重旋即殞命投保報驗時值卑職公出經代行
吏目申請睢寧縣劉與權代驗移回提訊該犯
栗玉目瞪口呆語無倫次不能取供飭醫診視
六脈浮亂患瘋屬實旋經調治痊愈錄供通詳
奉批飭審遵復提犯研鞫據供前情不諱覆詰
實係瘋發無知委非假捏裝點及有心致死亦
無起釁別故案無遁飾查例載瘋病殺人之案
到案時驗係瘋迷迨獲審時供吐明晰者擬以
鬬殺又瘋病之人其親屬鄰佑人等容隱不報

不行看守以致瘋病之人殺人照知人謀害他人不即阻當首報律杖壹百又律載夫毆妻至死者絞監候各等語此案栗玉因瘋砍傷伊妻栗王氏身死到案時驗明患瘋屬實旋經醫痊供吐明晰應按例問擬栗玉合依瘋病殺人之案到案時驗係瘋迷覆審時供吐明晰者擬以鬬殺例夫毆妻至死絞律擬絞監候秋後處決鄰佑丁倰等既知栗玉素患瘋病因其並不滋事未經報官鎖錮以致因瘋殺人亦應按例問擬丁倰丁順四丁景濰均合依鄰佑人等容隱不報以致瘋病之人殺人照知人謀害他人不即阻當首報律杖壹百折責發落屍子栗意年

江蘇巡撫林則徐題本　驗明邳州客民栗玉因瘋傷斃伊妻王氏案分別定擬

道光十三年十月二十二日

幼無知請免置議栗王氏母屬關查無著無從
訊取供結應免查取無干省釋屍棺飭埋兇刀
解驗等情由府審解到司該江蘇按察使額騰
伊提犯親訊核擬無異解候勘
題
等情招解到臣提犯親審無異該臣看得邳州
客民栗玉因瘋砍傷伊妻王氏身死壹案緣栗
玉籍隸山東蘭山縣與妻王氏素相和睦道光
拾壹年春間栗玉攜帶妻子逃荒至邳州地方
租賃丁景灘空房居住幫工度日栗玉素患瘋
病時發時愈每逢舉發昏迷不省人事鄰佑丁
彼等房主丁景灘因其向不滋事未經報官鎖
錮拾叁年貳月貳拾肆日栗玉染患時疫病證

至貳拾玖日病勢沉重瘋病復發即從牀上跳
起往外跑走伊妻王氏上前攔阻粟玉昏迷無
知將王氏推跌倒地拏取桌上菜刀砍傷王氏
咽喉並將王氏胸衣扯開劃傷其胸膛心坎肚
腹粟玉之子粟意年幼畏懼往外哭喊鄰人丁
俊等聽聞往看見粟玉手持菜刀在房亂舞即
將其刀奪獲按倒牀上用繩細縛向粟意問明
情由詳粟王氏傷重旋即殞命投保報驗提訊
該犯粟玉目瞪口呆語無倫次不能取供飭醫
診視六脈浮亂患瘋屬實旋經調治痊愈錄供
通詳飭審供認前情不諱嚴詰實係瘋發無知
委非假捏裝點及有心致死亦無起釁別故案

江蘇巡撫林則徐題本　驗明邳州客民栗玉因瘋傷斃伊妻王氏案分別定擬

道光十三年十月二十二日

無遺飭查例載瘋病殺人之案到案時驗係瘋迷迨獲當時供吐明晰者擬以鬬殺又瘋病之人其親屬鄰佑人等容隱不報不行看守以致瘋病之人殺人照知人謀害他人不即阻當首報律杖壹百又律載夫毆妻至死者絞監候各等語此案栗玉因瘋砍傷伊妻栗王氏身死到案時驗明患瘋屬實旋經醫痊供吐明晰應按例問擬栗玉合依瘋病殺人之案到案時驗係瘋迷獲當時供吐明晰者擬以鬬殺例夫毆妻至死絞律擬絞監候秋後處決鄰佑丁俊等既知栗玉素患瘋病因其向不滋事未經報官鎖錮以致因瘋殺人亦應按例問擬丁俊丁順四

丁景隆均合依鄰佑人等容隱不報以致瘋病
之人殺人照知人謀害他人不即阻當首報律
杖壹百折責發落屍子栗意年幼無知應免置
議栗王氏毋屬關查無著無從訊取供結免其
查取無干省釋屍棺飭埋兇刀發回貯庫臣謹
具
題伏乞
皇上聖鑒勅下三法司核覆施行再此案審限陸箇
月應以道光拾叁年貳月叁拾報驗之日起除
犯病壹月自州由府解司程限貳拾玖日統應
扣至拾月貳拾玖日全限屆滿合並陳明謹題
請

江蘇巡撫林則徐題本　驗明邳州客民栗玉因瘋傷斃伊妻王氏案分別定擬

道光十三年十月二十二日

旨

道光[illegible]地方提督軍務總理糧儲臣林則徐

江蘇巡撫林則徐題本　驗明邳州客民栗玉因瘋傷斃伊妻王氏案分別定擬

道光十三年十月二十二日

兵部侍郎兼都察院右副都御史巡撫江蘇等處地方提督軍務總理糧儲臣林則徐謹
題
爲報驗事該臣看得邳州客民栗玉因瘋砍傷
伊妻王氏身死壹案緣栗玉與妻王氏素相和
睦栗玉素患瘋病時發時愈每逢舉發昏迷不
省人事鄰佑丁俊等房主丁景澄因其並不滋
事未經報官鎖錮道光拾叁年貳月貳拾肆日
栗玉染患時疫病證至貳拾玖日病勢沉重瘋
病復發即從牀上跳起往外跑走伊妻王氏上
前攔阻栗玉昏迷無知將王氏推跌倒地拏取
桌上菜刀砍傷王氏咽喉並將王氏胷衣扯開
劃傷其胷膛心坎肚腹栗玉之子栗意年幼畏
懼往外哭喊鄰人丁俊等聽聞往看見栗玉手
持菜刀在房亂舞即將其刀奪獲用繩綑縛向
栗意問明情由詎栗王氏傷重旋即殞命役保
報驗提訊該犯栗玉目瞪口呆語無倫次不能
取供飭醫診視患瘋屬實旋經醫痊詳供通詳
飭審供悉前情不諱栗玉係瘋病殺人之案到
案時驗係瘋迷覆審時供吐明晰者擬以鬬殺
例夫毆妻至死絞律擬絞監候秋後處決謹題
請
旨

上諭　林則徐奏署溧陽縣丁在卯完解兵米著准其開復頂帶

道光十三年十月二十八日内閣奉

上諭林則徐奏知縣兵米全完請開復頂帶一摺江蘇署溧陽縣事試用知州丁在卯因前署溧陽縣任内飭撥兵米延不批解經該撫奏請撤任摘去頂帶勒限押追現據該員掃數完解尚知愧奮丁在卯著加恩准其開復頂帶該部知道欽此

兩江總督陶澍江蘇巡撫林則徐奏摺

江蘇臬司怡良丁憂開缺暫委陳鑾就近兼理並請旨簡放

两江总督陶澍江苏巡抚林则徐奏折　江苏臬司怡良丁忧开缺暂委陈銮就近兼理并请旨简放

道光十三年十一月初一日

两江总督臣陶澍
江苏巡抚臣林则徐跪

奏为臬司丁忧开缺循例由驿具

奏请

旨简放以重职守仰祈

圣鉴事窃据苏州藩司陈銮禀称江苏臬司怡良有

生母赵氏迎养在署今于道光十三年十月二

十五日病故怡良系属亲子例应丁忧理合禀

请委员接署等情除另行具

题外所有江苏按察使印务现经臣林则徐委苏

州布政使陈銮就近暂行兼理檄饬遵照外查

江苏按察使为全省刑名总汇员缺紧要相应

请

兩江總督陶澍江蘇巡撫林則徐奏摺 江蘇臬司怡良丁憂開缺暫委陳鑾就近兼理並請旨簡放

道光十三年十一月初一日

旨迅賜簡放以重職守臣等謹合詞恭摺馳

奏伏乞

皇上聖鑒謹

奏

另有旨

道光十三年十一月 初一 日

江蘇巡撫林則徐題本

題報江淮等屬道光十二年冬季委署過丞倅等官員缺

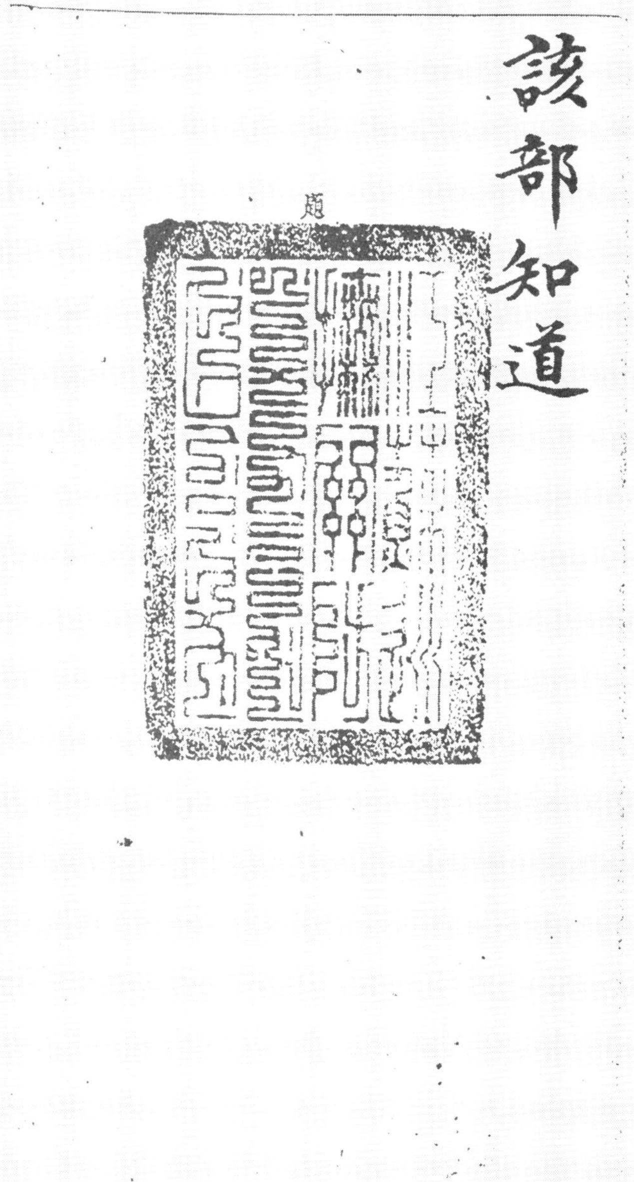

江蘇巡撫林則徐題本　題報江淮等屬道光十二年冬季委署過丞倅等官員缺　道光十三年十一月初五日

兵部侍郎兼都察院右副都御史巡撫江蘇等處地方提督軍務總理糧儲臣林則徐謹

題爲詳請具

題事據江寧布政使趙盛奎詳稱案奉行准吏部

咨各省委署丞倅等官及試用州縣委署員缺

係暫時署理與實缺調署不同均無庸附摺具

奏令各該督撫按季恭疏具

題等因遵照在案今查道光拾貳年冬季分江淮

等屬內有江寧府北捕通判督祿病故遺缺詳

委試用通判王禮中署理嗣署北捕通判王禮

中病故復委候補揀發知縣葛起元署理又淮

安府軍捕通判覺羅塔克興阿因案革職遺缺

詳委試用同知趙春圃署理又清河縣知縣王

國佐請咨赴部遺缺詳委河工大挑知縣借補
豐縣縣丞張建勳署理又碭山縣知縣蕭掄調
補長洲縣知縣赴任遺缺詳委河工大挑知縣
唐汝明署理各在案相應查明詳候具
題等情到臣據此該臣查得委署丞倅等官及試
用州縣委署員缺例應按季恭疏具
題所有道光拾貳年冬季分江淮等屬內有江寧
府北捕通判督徠病故遺缺委試用通判王禮
中署理嗣署北捕通判王禮中病故委候補揀
發知縣葛起元署理又淮安府軍捕通判覺羅
裕克興河因案革職遺缺委試用同知趙春園
署理又清河縣知縣王國佐請咨赴部遺缺委

河工大挑知縣借補豐縣縣丞張建勳署理又
碭山縣知縣蕭翀調補長洲縣知縣赴任遺缺
委河工大挑知縣唐汝明署理各在案茲據江
寧布政使趙盛奎查明詳請會
題前來謹會同兩江總督臣陶澍合詞具
題伏乞
皇上聖鑒勅部查照施行謹題請
旨

江蘇巡撫林則徐題本　題報江淮等屬道光十二年冬季委署過丞倅等官員缺

道光十三年十一月初五日

道光[illegible]方提督軍務總理糧儲臣林則徐

兵部侍郎兼都察院右副都御史巡撫江蘇等處地方提督軍務總理糧儲臣林則徐謹
題爲詳請具
題事該臣查得委署丞倅等官及試用州縣委署
員缺例應按季恭疏具
題所有道光拾貳年冬季分江淮等屬內有江寧
府北捕通判昝倅病故遺缺委試用通判王醴
中署理嗣署北捕通判王醴中病故委候補揀
發知縣葛起元署理又淮安府佴捕通判覺羅
塔克興阿因案革職遺缺委試用同知趙春圃
署理又清河縣知縣王國佐請咨赴部遺缺委
河工大挑知縣借補豐縣縣丞栗建勳署理又
碭山縣知縣蕭翀調補長洲縣知縣赴任遺缺
委河工大挑知縣唐汝明署理各在案茲據江
寧布政使趙盛奎查明詳請會
題前來謹會題請
旨

江蘇巡撫林則徐題本　題明江蘇按察使怡良生母病故例應丁憂

江蘇巡撫林則徐題本　題明江蘇按察使怡良生母病故例應丁憂
道光十三年十一月初五日

兵部侍郎兼都察院右副都御史巡撫江蘇等處地方提督軍務總理糧儲臣林則徐謹
題爲報明丁憂事道光拾叁年拾月貳拾伍日據
蘇州布政使陳鑾詳稱據江蘇按察使怡良家
屬王瑞呈稱竊家長怡良現年肆拾叁歲係正
紅旗滿洲德東佐領下人由刑部筆帖式洊陞
陝西司主事江蘇司員外郎廣東高州府知府
廻避藩司桂良調補廣西南寧府知府陞授雲
南鹽法道山東鹽運使安徽按察使奉
旨調補江蘇按察使於道光拾叁年捌月貳拾壹日
到任家長有生母趙氏迎養任所今於拾叁年
拾月貳拾伍日在署病故家長係親子並無過
繼例應丁憂回旗守制理合備具親供呈送相

應轉詳具
題等情到臣據此該臣查得江蘇按察使怡良有
生母趙氏迎養任所今於道光拾叁年拾月貳
拾伍日在署病故該司係親子並無過繼例應
丁憂茲據蘇州布政使陳鑾詳請具
題前來除將江蘇按察司員缺遴員委署恭摺
奏請
簡員補放并將親供揭移部旗查照外臣謹具
題伏乞
皇上聖鑒勅部查照施行謹具題
聞

江蘇巡撫林則徐題本　題明江蘇按察使怡良生母病故例應丁憂
道光十三年十一月初五日

道光拾叁年拾壹月初伍日兵部侍郎兼都察院右副都御史巡撫江蘇等處地方提督軍務總理糧儲臣林則徐

兵部侍郎兼都察院右副都御史巡撫江蘇等處地方提督軍務總理糧儲臣林則徐謹
題為報明丁憂事。該臣查得江蘇按察使怡良有
生母趙氏迎養任所，今於道光拾叁年拾月貳
拾伍日在署病故。該司係親子，並無過繼，例應
丁憂。兹據蘇州布政使陳鑾詳請具
題前來，謹具題
聞。

江蘇巡撫林則徐題本

題參前署碭山縣知縣唐汝明等疎防命案屆滿逃兇無獲

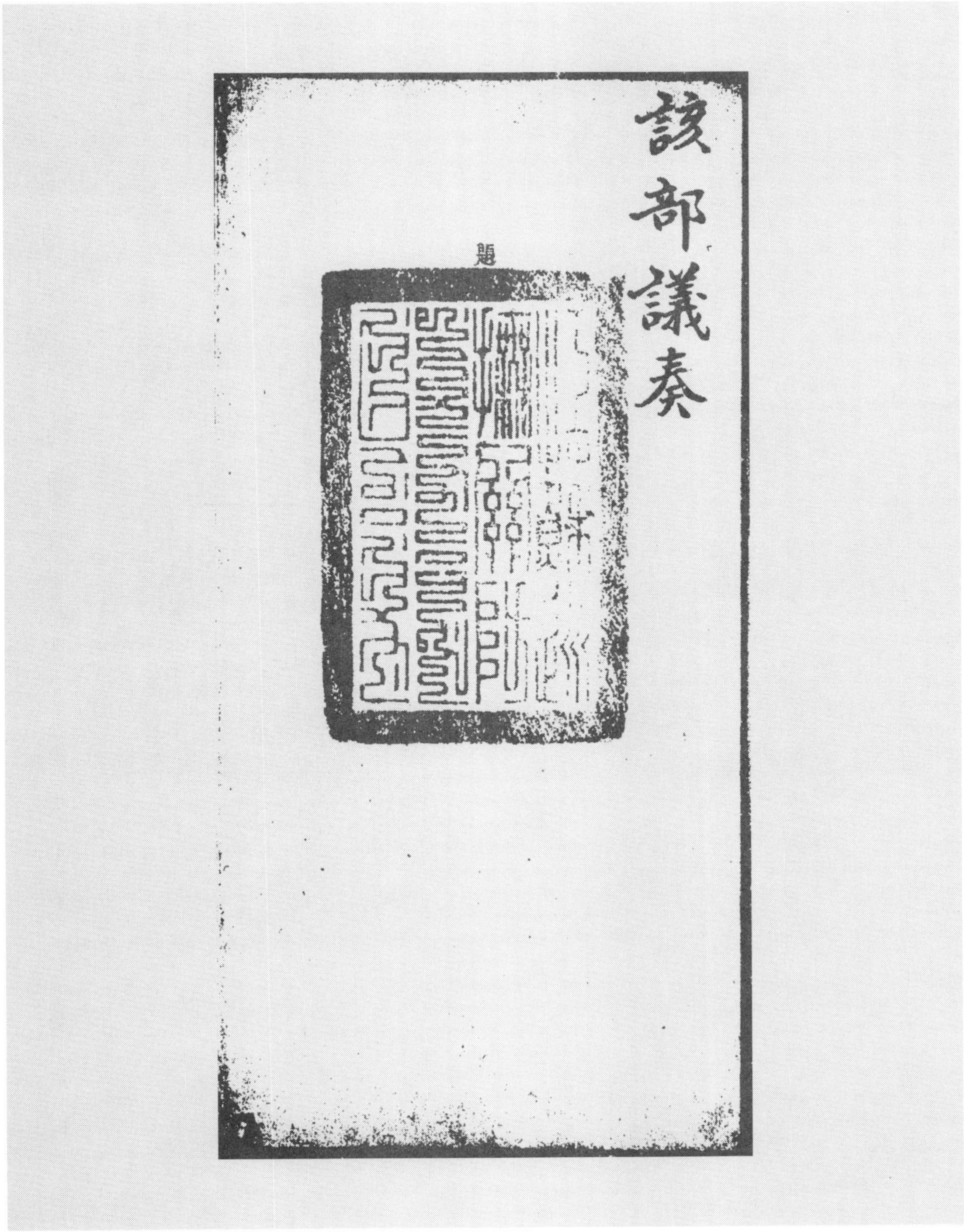
該部議奏

題

江蘇巡撫林則徐題本　題參前署碭山縣知縣唐汝明等疎防命案屆滿逃兇無獲

道光十三年十一月初五日

兵部侍郎兼都察院右副都御史巡撫江蘇等處地方提督軍務總理糧儲臣林則徐謹
題為詳參疎防文職事據江蘇按察使怡良詳稱
據徐州府知府武凌漢詳據碭山縣知縣楊鴻
彬詳稱查核省卷内道光拾叁年貳月貳拾肆
日據地保徐文報據民人吴進投稱伊堂弟吴
蘭於貳月貳拾貳日出外求乞至晚未回次日
尋至堤南空地見吴蘭受傷身死失去身穿衣
服等語往查屬實報請驗究等情並據吴進報
同前由到縣經前署縣唐汝明帶領吏仵親詣
勘得該處有大堤壹道四無居鄰該屍伏臥堤
南空地上身無衣下穿白布單褲光頭赤足屍
旁有甎壹塊驗有血跡勘畢飭仵驗得吴蘭委

江蘇巡撫林則徐題本 題參前署碭山縣知縣唐汝明等疏防命案屆滿逃兇無獲
道光十三年十一月初五日

徐受傷身死飭取輒拋比對屍傷相符填格取
結屍飭棺殮提訊池洋屍屬人等洪與報詞無
異將輒帶回貯庫緣洪通詳學洪緝案在案茲
查此案疏防限屆逃兇無獲合將印捕職名開
報等情由府道遞開督捕督緝兼轄職名到司
除飭勒緝逃兇務獲究報外該江蘇按察使裕
良查得碭山縣民吳閩受傷身死驗有失物情
形查案疏防例限肆箇月應以道光拾叁年貳
月貳拾貳失事之日起扣至陸月貳拾貳日屆
滿逃兇無獲所有文職疏防職名印官係前署
碭山縣知縣唐汝明捕官係碭山縣典史金照
督捕係不同城銅沛同知陸稽督緝係不同城

江蘇巡撫林則徐題本　題參前署碭山縣知縣唐汝明等疎防命案屆滿逃兇無獲

道光十三年十一月初五日

前任徐州府知府劉鴻翱兼轄係不同城分巡
徐州道李國瑞查督緝知府劉鴻翱已於肆月
拾玖日未經限滿之先陞任卸事不復回任應
請議結前府善慶暨現任知府武凌漢均係接
督緝之員既無處分相應聲明伏候核奏再此
案失贓未據估計現飭查估造冊送呈至失事
處所離城肆拾伍里離汛捌里並無墩堡防兵
合并聲明等情到臣據此該臣查得碭山縣民
吳蘭受傷身死驗有失物情形壹案疎防例限
肆個月應以道光拾叁年貳月貳拾貳失事之
日起扣至陸月貳拾貳日屆滿逃兇無獲開列
文職疎防職名請參前來除飭勒緝逃兇務獲

先報外所有文職疎防職名印官係前署碭山
縣知縣唐汝明補官係碭山縣典史金照督補
係不同城銅沛同知陸楷督緝係不同城前任
徐州府知府劉鴻翱兼轄係不同城分巡徐州
道李國瑞查督緝知府劉鴻翱已於肆月拾玖
日未經限滿之先陞任卸事不復回任應行議
結前府善慶暨現任知府武凌漢均係接督緝
之員例無處分相應聲明列叅再此案失贓未
據估計現飭查估另詳至失事處所離城肆拾
伍里離汛捌里並無撥堡防兵合並陳明臣謹
具
題伏乞

江蘇巡撫林則徐題本 題參前署碭山縣知縣唐汝明等疏防命案届滿逃兇無獲

道光十三年十一月初五日

皇上聖鑒勅部覈覆施行謹題請

旨

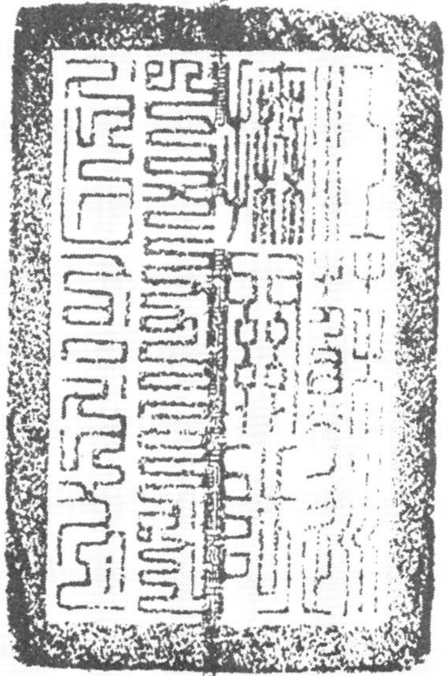

道光[illegible]兼提督軍務總理糧儲臣林則徐

兵部侍郎兼都察院右副都御史巡撫江蘇等處地方提督軍務總理糧儲臣林則徐謹
題爲詳參疎防文職事該臣查得碭山縣民吳蘭
受傷身死驗有兇物情形壹案疎防例限肆箇
月應以道光拾叁年貳月貳拾貳失事之日起
扣至陸月貳拾貳日屆滿逃兇無獲開列文職
疎防職名請參前來除防緝逃兇務獲究報
外所有文職疎防職名印官係前署碭山縣知
縣唐汝明補官係碭山縣典史金照督補係不
同城銅沛同知陸楷督緝係不同城前任徐州
府知府劉鴻翱兼轄係不同城分巡徐州道李
國瑞相應列參謹題請
旨

江蘇巡撫林則徐題本　驗明武進縣民江瀍大等毆斃圖姦未成罪人商士隴案分別定擬

道光十三年十一月初五日

江蘇巡撫林則徐題本　**驗明武進縣民江瀍大等毆斃圖姦未成罪人商士隴案分別定擬**

江蘇巡撫林則徐題本 驗明武進縣民江瀧大等毆斃圖姦未成罪人商士隴案分別定擬

道光十三年十一月初五日

兵部侍郎兼都察院右副都御史巡撫江蘇等處地方提督軍務總理糧儲臣林則徐謹
題爲報驗事據江蘇按察使怡良詳據常州府知
府汪河詳據署武進縣知縣姚瑩詳稱道光拾
叁年肆月初壹日據地保朱懷安報據民婦商
張氏投稱叁月貳拾捌日夜伊子商士隴因圖
姦江瀧大弟婦江蔣氏被江瀧大等毆傷身死
等語往查屬實理合報驗等情並據屍母商張
氏報同前由各到縣據即帶領刑件前詣屍所
飭令將屍移放平地解去兩手細縛麻繩如法
相驗據仵作朱洽喝報已死商士隴問年肆拾
捌歲驗得仰面致命額顱鐵器傷壹處長肆分
寬壹分深至骨骨損不致命右胳膊刃傷壹處

江蘇巡撫林則徐題本　驗明武進縣民江瀠大等毆斃圖姦未成罪人商士隴案分別定擬
道光十三年十一月初五日

長叁分寬貳分深叁分俱皮破血汚不致命左手腕繩痕壹道圍長伍寸伍分寬貳分不致命右手腕繩痕壹道圍長伍寸伍分寬肆分俱紅色不致命右膞肕刃傷貳處壹處長肆分寬貳分壹處斜長陸分寬壹分俱深至骨合面不致命左脚踝刃傷叁處壹處長叁分寬壹分深貳分兩處均斜長叁分寬壹分深壹分俱皮破血汚餘無故委係受傷身死報畢親驗無異弔起兇器鐵尺及解下蔴繩比對傷痕相符其刃傷據供係憚洪幅用銅刀所戳業已撩棄無憑比對塡格取結屍飭棺殮隨訊據地保朱懷安供與報詞同據鄰證田二大供道光拾叁年叁月

貳拾捌日夜小的傭工回家路過江蔣氏門首
見商士隴受傷倒地當向查問據商士隴説他
因圖姦江瀊大弟婦江蔣氏未成被江瀊大同
惲洪幅惲盤條打傷綑縛的話小的忙去通知
商士隴的母親商張氏趕來看明不料商士隴
傷重不多一會就死了商張氏投保報驗的並
沒别故小的勸阻不及是實據屍母商張氏供
丈夫已故已死商士隴是兒子與江蔣氏鄰村
認識道光拾叁年叁月貳拾捌日夜兒子如何
到江蔣氏家圖姦被江瀊大們捉獲毆打綑縛
婦人先不知道是田二大走去通知婦人同姪
子商紀德趕來查看兒子已受傷身死就投保

江蘇巡撫林則徐題本　驗明武進縣民江瀧大等毆斃圖姦未成罪人商士隴案分別定擬

道光十三年十一月初五日

報驗的如今細細訪查並沒起釁別故求究祇據屍堂兄商紀德供商張氏是嬸母商士隴是堂弟餘與商張氏供同據本夫江瀧幅供年貳拾玖歲娶妻蔣氏江瀧大是哥子與商士隴鄰村素識道光拾叁年叁月裏小的出外幫工貳拾捌日夜商士隴如何來家向妻子調戲圖姦妻子不依扭住喊罵哥子聽聞同僱洪幅們把商士隴捉拏毆打身死小的先不知道事後聞知回歸纔曉得的並沒別故是實據江蔣氏供年貳拾伍歲江瀧幅是丈夫出外幫工江瀧大是夫兄與已死商士隴鄰村認識道光拾叁年叁月貳拾肆日商士隴走來討火喫煙向婦人

調戲圖姦婦人喊罵商士隴逃去婦人向江瀧
大告知往找商士隴理論不見因關顏面放不
聲張貳拾捌日起更時分婦人尚未睡臥商士
隴喫醉了酒推門進內復向婦人調戲求姦婦
人情急把他扭住喊叫商士隴掙脫跑出門外
江瀧大聽聞起來把商士隴扭住婦人哭訴前
情江瀧大氣忿把商士隴扭倒地上要綑縛送
官鄰人惲洪幅惲盤餘趕至江瀧大央令相幫
捺按江瀧大回家找取麻繩商士隴在地混罵
用腳亂踢惲洪幅順拔身帶小銅刀戳傷商士
隴右臁肕等處商士隴掙起要逃江瀧大拏了
麻繩走至用鐵尺打傷商士隴額顱倒地用繩

綑縛不料商士隴傷重不多一會就死了並沒
起釁別故是實據惲洪富供年叁拾貳歲惲富
餘供年叁拾叁歲又據同供道光拾叁年叁月
貳拾捌日起更時候小的們聽得鄰居江蔣氏
門首嚷鬧走去查看見江瀊大把商士隴捺住
在地據說商士隴向他弟婦江蔣氏圖姦要綑
縛送官央小的們幫同捺按小的們應允把商
士隴按住江瀊大回家取繩商士隴在地混罵
用脚亂踢小的惲洪富生氣順用身帶裁紙小
銅刀戳傷商士隴右膁肋左脚踝被商士隴揪
住髮辮小的又用刀戳傷他右胳膊商士隴掙
起要逃江瀊大拏了麻繩趕至用鐵尺打傷他

額顱仰跌倒地江瀣大叫小的們用繩縛住商
士隴兩手有田二大走至問明情由通知商士
隴的母親商張氏前來查看不料商士隴傷重
隔不一會就死了商張氏投保報驗的小的惲
盤條實止幫同捺按並沒幫毆小的惲洪幅所
帶銅刀已經擲棄是實據兇犯江瀣大供武進
縣人年肆拾歲父親已故母親李氏年陸拾陸
歲娶妻宫氏生有壹子年拾壹歲胞弟江瀣幅
出外幫工弟婦蔣氏與小的隔牆居住已死商
士隴鄰村熟識並沒嫌隙道光拾叁年叁月貳
拾肆日蔣氏向小的說商士隴到他家討火喫
煙向他調戲被他喊罵逃去要小的與商士隴

江蘇巡撫林則徐題本　驗明武進縣民江滌大等毆斃圖姦未成罪人商士隴案分別定擬

道光十三年十一月初五日

理論小的找尋商士隴不見因關顏面沒有聲
張貳拾捌日起更時分小的聽聞蔣氏喊叫順
帶防夜鐵尺趕去查看見商士隴從蔣氏屋內
跑出小的上前扭住查問蔣氏說商士隴又來
向他調戲圖姦小的氣忿把商士隴扭倒地上
要想綑縛送官適有鄰人惲洪幅惲盤餘走至小
的告知情由央懇他們幫同捺按惲洪幅們應
允小的趕回家內找得麻繩壹條走去見商士
隴掙起要逃小的就用身帶鐵尺打傷商士隴
額顱仰跌倒地小的叫惲洪幅們幫同把他兩
手縛住正要投保稟報鄰人田二大走來問明
通知商士隴的母親張氏來看不料商士隴傷

重不多一會就死了商張氏投保報驗的並非
有心欲殺也沒起釁別故至悍洪幅如何因商
士隴混罵腳踢用刀把他右膁肋左腳踝右胎
脟戳傷那時小的回家取繩沒有看見此外委
沒另有在場幫毆的人兇器鐵尺已蒙起案是
實各等供據此將犯收禁鐵尺貯庫錄供通詳
奉批飭審伍月貳拾壹日據禁卒稟報江滏大
在監患病醫治詳咨於陸月貳拾叁日報痊隨
提覆訊除各供均與前審無異不敘外該署武
進縣知縣桃塋審看得民人江滏大毆斃圖姦
未成罪人商士隴身死壹案緣江滏大籍隸武
進與商士隴鄰村熟識並無嫌隙江滏大之弟

江蘇巡撫林則徐題本　驗明武進縣民江瀧大等毆斃圖姦未成罪人商士隴案分別定擬

道光十三年十一月初五日

江瀧溜在外幫工娶妻蔣氏與江瀧大貼鄰居
住道光拾叁年叁月貳拾肆日商士瀧至江瀧
溜家討火喫煙向江蔣氏調戲圖姦蔣氏喊罵
商士隴逃逸蔣氏告知夫兄江瀧大往向商士
隴理論找尋不見因關顏面未經聲張貳拾捌
日起更時分商士隴飲入醉鄉復至蔣氏家推
門進內向江蔣氏調戲求姦蔣氏情急將商士
隴扭住喊救商士隴掙脫逃出門外適江瀧大
聞喊攜帶防夜鐵尺趕往扭住江瀧大查問蔣
氏哭訴前情江瀧大氣忿欲將商士隴細縛送
官扭倒地上有鄰人惲洪幅惲磐餘趨視江瀧
大告知情由央令幫同捺按江瀧大回家找取

麻繩商士隴因被俾洪福等拉住不服混罵用
腳亂踢俾洪福生氣順用身帶鋸刀戳傷商士
隴右臁肕左腳踝商士隴扭其髮辮俾洪福又
戳傷其右胳膊商士隴掙起欲逃江瀧大攜繩
趕至順用鐵尺毆傷商士隴額顱倒地即令俾
洪福等將其兩手綑縛正欲稟究經鄰人田二
大通知商士隴之母張氏往看兼商士隴傷重
旋即殞命投保報縣驗訊通詳奉批飭審遵復
提犯研鞫據供前情不諱詰非有心欲殺亦無
起釁別故及另有在場幫毆之人案無遁飾查
例載本夫及有服親屬殺死圖姦未成罪人無
論登時事後俱照擅殺律擬絞監候又擅殺姦

江蘇巡撫林則徐題本　驗明武進縣民江瀧大等毆斃圖姦未成罪人商士隴案分別定擬

道光十三年十一月初五日

盜罪人案內餘人無論刃傷折傷悉照共毆餘人律杖壹百各等語此案江瀧大因商士隴圖姦伊弟妻江蔣氏未成登時捕獲欲行綑縛送官央同陳洪幅等捺按因商士隴詈罵欲逃先後毆戳致傷斃命查商士隴被毆各傷惟江瀧大所毆致命額顱骨損壹傷爲重且係最後下手應以該犯擬抵江瀧大係江蔣氏夫兄服屬期親江瀧大合依本夫及有服親屬殺死圖姦未成罪人無論登時事後俱照擅殺律擬絞監候例擬絞監候秋後處決陳洪幅用刀將商士隴戳傷陳馨餘幫同捺按綑縛均屬餘人陳洪幅陳馨餘合依擅殺姦盜罪人案內餘人無論

刃傷折傷悉照共毆餘人律杖壹百例各杖壹
百折責發落田二大勸阻不及應無庸議商士
隴圖姦江蔣氏未成本干例擬業已身死亦無
庸議銅刀供棄免追屍棺飭屬領埋兇器鐵尺
飭招解驗等情由府審解到司該江蘇按察使
怡良提犯覆審核擬無異解候勘
題等情招解到臣提犯親審無異該臣看得武進
縣民江瀧大毆傷圖姦未成罪人商士隴身死
壹案緣江瀧大籍隸武進與商士隴鄰村熟識
並無嫌隙江瀧大之弟江瀧幅在外幫工娶妻
蔣氏與江瀧大貼鄰居住道光拾叁年叁月貳
拾肆日商士隴至江瀧福家討火喫煙向江蔣

江蘇巡撫林則徐題本　驗明武進縣民江瀧大等毆斃圖姦未成罪人商士隴案分別定擬

道光十三年十一月初五日

氏調戲圖姦蔣氏喊罵商士隴逃逸蔣氏告知
夫兄江瀧大往向商士隴理論找尋不見因顧
顏面未經聲張貳拾捌日起更時分商士隴飲
入醉鄉復至蔣氏家推門進內向江蔣氏調戲
求姦蔣氏情急將商士隴扭住喊救商士隴掙
脫逃出門外適江瀧大聞喊攜帶防夜鐵尺趕
往扭住江瀧大查問蔣氏哭訴前情江瀧大氣
忿欲將商士隴綑縛送官扭倒地上有鄰人惲
洪幅惲馨餘聞鬧江瀧大告知情由央令幫同
捺按江瀧大回家找取麻繩商士隴因被惲洪
幅等按住不服混罵用脚亂踢惲洪幅生氣順
用身帶鐵刀戳傷商士隴右臁肕左脚踝商士

朧揪其髮辮禪洪幅又戳傷其右胳膊商士朧
掙起欲逃江潅大攜繩趕至順用鐵尺毆傷商
士朧額顱倒地即令禪洪幅等將其兩手綑縛
正欲稟究經鄰人田二大通知商士朧之母張
氏往看詎商士朧傷重旋即殞命報驗訊詳審
供不諱詰非有心欲殺亦無起釁別故及另有
在場幫毆之人案無遁飾查例載本夫及有服
親屬殺死圖姦未成罪人無論登時事後俱照
擅殺律擬絞監候又擅殺姦盜罪人案內餘人
無論刃傷折傷悉照共毆餘人律杖壹百各等
語此案江潅大因商士朧圖姦伊弟妻江蔣氏
未成登時糾獲欲行綑縛送官央同禪洪幅等

撿拔因商士隴詈罵欲逃先後毆戳致傷斃命

查商士隴被毆各傷惟江潑大所毆致命額顱

骨損壹傷爲重且係最後下手應以該犯擬抵

江潑大係江蔣氏夫兄服屬期親江潑大合依

本夫及有服親屬殺死圖姦未成罪人無論登

時事後俱照擅殺律擬絞監候例擬絞監候秋

後處決惲洪幅用刀將商士隴戳傷惲幇餘幇

同按捺綑縛均屬餘人惲洪幅惲幇餘合依擅

殺姦盜罪人案内餘人無論刃傷折傷悉照共

毆餘人律杖壹百例各杖壹百折責發落田二

大勸阻不及應無庸議商士隴圖姦江蔣氏未

成本干例擬業已身死亦無庸議銅刀供棄免

追屍棺飭埋兇器鐵尺發回附庫臣謹具
題伏乞
皇上聖鑒勅下三法司核覆施行再此案審限應以
道光拾叁年肆月初壹報官之日起除犯病壹
月又自縣由府解省程限伍日統應扣至拾壹
月初陸日全限屆滿合並陳明謹題請
旨

江蘇巡撫林則徐題本　驗明武進縣民江潑大等毆斃圖姦未成罪人商士隴案分別定擬

道光十三年十一月初五日

道光

地方提督軍務總理糧儲臣林則徐

兵部侍郎兼都察院右副都御史巡撫江蘇等處地方提督軍務總理糧儲臣林則徐謹

題爲報驗事該臣看得武進縣民江潑大毆傷圖姦未成罪人商士隴身死一案緣江潑大與商士隴鄰村熟識並無嫌隙江潑大之弟江潑福在外幫工妻蔣氏與江潑大貼鄰居住道光拾叁年叁月貳拾肆日商士隴至江潑福家向江蔣氏調戲圖姦被蔣氏喊罵逃逸蔣氏告知夫兄江潑大往向商士隴理論找尋不見因閙顏面未經聲張貳拾捌日起更時分商士隴飲入醉鄉復至蔣氏家推門進內向江蔣氏調戲求姦蔣氏喝罵將商士隴扭住喊救商士隴掙脫逃出門外適江潑大聞喊攜帶鐵尺趕往扭住江潑大查問蔣氏哭訴前情江潑大氣忿欲

將商士隴細縛送官扭倒地上有鄰人惲洪幅
惲晉餘趕視江瀧大告知情由央令幫同擒按
江瀧大回家找取麻繩商士隴因被惲洪幅等
按住不服混罵用腳亂踢惲洪幅順用身帶鉤
刀戳傷其右臁肕左腳踝右胳膊商士瀧掙起
欲逃江瀧大攜繩趕至順用鐵尺毆傷商士隴
額顱倒地即令惲洪幅等將其兩手細縛正欲
稟究詎商士隴傷重旋即殞命報驗訊詳審供
不諱查商士隴被毆各傷惟江瀧大所毆致命
額顱骨損壹傷爲重江瀧大依本夫及有服親
屬殺死圖姦未成罪人照擅殺擬絞例擬絞監
候秋後處決謹題請
旨

江蘇巡撫林則徐題本　**審明丹徒縣民景茂發左楊氏殷岳氏拐賣女子案分別定擬**

江蘇巡撫林則徐題本 審明丹徒縣民景茂發左楊氏殷岳氏拐賣女子案分別定擬

道光十三年十一月初五日

兵部侍郎兼都察院右副都御史巡撫江蘇等處地方提督軍務總理糧儲臣林則徐謹

題爲稟解事據江蘇按察使怡良詳據署鎮江府

知府趙廷熙詳據丹徒縣知縣景壽春詳稱道

光拾叁年肆月叁拾日據地保羅順報據民人

徐楷投稱肆月貳拾玖日鄰婦左楊氏殷岳氏

來伊外出將伊妹徐女拐至景茂發家欲行嫁

賣等語當即往尋景茂發脫逃將左楊氏殷岳

氏獲住解候訊究等情到縣據即提訊左楊氏

殷岳氏供認聽從景茂發將徐女誘拐圖賣與

過客陳姓爲妻未成徐女不知誘拐情事當將

左楊氏殷岳氏交官媒收管勒緝景茂發查傳

娶主人等訊究去後伍月貳拾伍日據差將景

茂發後解前來聲明娶王陳姓先已開船遠去
無從查傳隨提集人證查訊據地保羅順供與
報詞同據原呈徐楷供父母俱故徐女是小的
妹子現年拾柒歲曾託鄰婦左楊氏殷岳氏爲
媒尚未許字小的小本生理妹子因家貧在家
鍼黹并替附近人家裁做衣服道光拾叁年肆
月貳拾玖日左楊氏殷岳氏乘小的外出叫妹
子出去縫衣至晚未回次早小的回家查訪知
是左楊氏們聽從景茂發把妹子誘拐圖賣隨
投知地保羅順把左楊氏殷岳氏拏獲稟究今
拏緝獲景茂發求究辦是實據徐女供年拾柒
歲父母俱故徐楷是小女哥子小女因家裏窮

苦鍼黹度日并替附近人家裁做衣服道光拾
叁年肆月貳拾玖日哥子出外生理鄰婦左楊
氏殷岳氏到小女家說鄰近景茂發家叫小女
去做衣服小女應允同到景茂發家他妻子景
周氏把布衫褲叫小女縫做隨後有不識姓名
人走來瞧看小女沒有理會傍晚小女要回家
來左楊氏們說衣服要緊央懇小女連夜趕做
許加工錢小女誤信為實縫做壹夜沒有睡臥
第貳日那不識姓名人又來向景茂發說要小
女親人當面立契成交的話小女聽聞向左楊
氏們盤問左楊氏們說話支吾小女懷疑急欲
回家左楊氏們留住不放適哥子同地保趕來

查拏景茂發當時逃走把左楊氏們獲住解案
小女纔知被拐圖賣景茂發與小女並沒姦情
是實據景周氏供景茂發是丈夫開麵店生理
道光拾叁年肆月貳拾玖日早有過路船上客
人陳姓來店喫麵與丈夫閒談說起他要娶妾
託丈夫替人說媒應許酬謝丈夫應允陳姓當
就出去隨後丈夫叫婦人邀素識的媒婆左楊
氏殷岳氏來家商量左楊氏們說他有鄰人徐
楷的妹子現年拾柒歲曾託做媒但不肯賣與
外路人的話丈夫聽知徐楷家貧徐女向替人
家裁做衣服起意商同左楊氏們誘拐嫁賣得
錢分用左楊氏殷岳氏允從丈夫就叫他們去

把徐女誘騙至家捏說情令做衣婦人把布衫
褂交給縫做陳姓在門外看中與丈夫議定身
價錢叁拾千文言明次日立契成交傍晚時分
徐女要回家去左楊氏們只說衣服要緊叫他
連夜趕做許加工錢徐女誤信應允縫做壹夜
沒有睡臥第貳日陳姓走至說要徐女親人當
面立契交價被徐女聽見盤問左楊氏們用言
掩飾徐女急欲回去大家把他留住不料他哥
子徐楷查知同地保趕來查拏丈夫當時逃跑
陳姓也就走去實是丈夫起意商同左楊氏們
誘拐嫁賣未成陳姓並不知情是實據左楊氏
供年陸拾伍歲殷岳氏供年陸拾叁歲又據同

江蘇巡撫林則徐題本 審明丹徒縣民景茂發左楊氏殷岳氏拐賣女子案分別定擬

道光十三年十一月初五日

供婦人們丈夫已故並無兒子向做媒婆與景茂發認識徐楷與婦人們鄰近居住他妹子徐女年拾柒歲徐楷曾託婦人們做媒尚未許字道光拾叁年肆月貳拾玖日景茂發叫他妻子景周氏邀婦人們到他家內說有過路船上陳姓託他尋覓女子爲妻應許酬謝叫婦人們找尋說媒婦人們說及徐女曾託做媒但不肯賣與外路人的話景茂發向婦人們問知徐女家貧替人家裁做衣服起意商同婦人們誘拐賣得錢分用婦人們貪利允從景茂發叫婦人們前去誘騙徐女來家做衣適徐楷外出生理徐女聽信同行走到景茂發家內景周氏把布

衫褲交給他做隨後陳姓走來在門外看中與
景茂發議定身價錢叁拾千文言明次日立契
成交傍晚時徐女要回家去婦人們只說衣服
要緊央懇他連夜趕做許加工錢徐女誤信應
允他做壹夜沒有睡臥第貳日陳姓來說要徐
女親人當面立契被徐女聽聞盤問婦人們用
言遮飾徐女急欲回去婦人們留住不放不料
被徐楷訪知同地保趕來把婦人們拏獲解案
的婦人們實止聽從誘拐圖賣未成並無另犯
略拐不法別案是實據正犯景茂發供丹徒縣
人年伍拾壹歲父母俱故並無弟兄小的娶妻
周氏向開麵店生理與棋妻左楊氏殷岳氏素

識往來道光拾叁年肆月貳拾玖日早有過路船上客人陳姓到店内喫麵與小的閒談說他要娶妾託小的找人爲媒應許酬謝小的應允陳姓走回船去小的叫妻子往邀左楊氏殷岳氏來家商量左楊氏們說他鄰人徐楷的妹子徐女現年拾柒歲曾託他們爲媒尚未許配但不肯賣與外路人的話小的問知徐楷家貧徐女替人家裁做衣服起意商同左楊氏們誘拐嫁賣得錢分用左楊氏們應允小的就令左楊氏們捏說請徐女做衣把徐女誘到小的家内妻子將布衫褲交給縫做隨後陳姓走來小的叫他在門外窺探看中與小的議定身價錢叁

拾千文次日立契成交傍晚時分徐女要回家
去左楊氏們只說衣服要緊央懇他連夜趕做
許加工錢徐女誤信應允縫做壹夜沒有睡臥
次日陳姓走來說要徐女親人當面立契交價
被徐女聽見盤問左楊氏們用言遮飾徐女急
欲回去左楊氏們把他留住不放小的仍想設
法嫁賣不料被徐楷訪知同地保走來查拏小
的當時逃走後被獲解的小的實止起意誘拐
這一次並沒另犯略拐不法別案也沒與徐女
有姦陳姓委不知誘賣情由也不知他名字籍
貫早已開船遠去是實各等供據此將犯收禁
左楊氏殷岳氏交官媒收管餘俱省釋徐女交

江蘇巡撫林則徐題本　審明丹徒縣民景茂發左楊氏殷岳氏拐賣女子案分別定擬
道光十三年十一月初五日

伊兄徐楷領回錄供稟蒙批飭審解陸月拾玖
日據禁卒稟報景茂發在監患病醫治詳咨於
柒月貳拾壹日報痊隨提覆訊各供均與前審
無異不敘外該丹徒縣知縣景壽春審看得景
茂發誘拐徐楷之妹徐女嫁賣未成壹案緣景
茂發籍隸丹徒開麵店生理道光拾叁年肆月
貳拾玖日有過路船上客人陳姓至店食麵與
景茂發閒談言及欲行娶妾託令覓人說媒應
許酬謝景茂發應允陳姓回船景茂發遣妻景
周氏往邀素識之媒婆左楊氏殷岳氏至家相
商左楊氏等道及鄰人徐楷曾託爲伊妹徐女
說媒尚未許字但不肯賣與外路之人景茂發

詢知徐楷家貧徐女代人縫紉度日起意商同
左楊氏等誘拐嫁賣得錢分用左楊氏殷岳氏
允從景茂發即令左楊氏等假以倩令做衣爲
由往向徐女誘騙時值徐楷外出徐女信以爲
實同至景茂發家景周氏將衫褲交給縫做陳
姓隨至景茂發令在門外探視議定身價錢叁
拾千文次日立契成交至晚徐女欲歸左楊氏
等誑稱衣服緊要懇其連夜趕做許加工錢徐
女誤信允從叁拾日陳姓走至稱須徐女親屬
當面立契交價徐女驚聞盤詰左楊氏等用言
掩飾堅留仍圖設法嫁賣即經徐楷查知投保
獲犯解縣訊供通詳奉、批飭審遵復提犯研鞫

江蘇巡撫林則徐題本　審明丹徒縣民景茂發左楊氏殷岳氏拐賣女子案分別定擬

道光十三年十一月初五日

複供前情不諱究無另犯略拐不法別案案無
遁飾查例載誘拐子女不分已賣未賣被誘之
人若不知情爲首擬絞監候爲從杖壹百流叁
千里被誘之人不坐等語此案景茂發起意商
同左楊氏等誘拐徐女稼賣未成徐女並不知
一
情應按例問擬景茂發合依誘拐子女不分已
賣未賣被誘之人若不知情爲首擬絞監候例擬
絞監候秋後處決左楊氏殷岳氏均依爲從杖
流例擬杖壹百流叁千里係婦人照例收贖景
周氏聽從伊夫借令徐女繡衣誘騙業已罪坐
其夫徐女係被誘之人訊不知情均無庸議陳
姓不知誘拐情事免其查提徐女交伊兄徐楷

領回無干省釋等情由府審解到司該江蘇按
察使怡良提犯親審核擬無異解候勘
題等情招解到臣提犯親審無異該臣看得丹徒
縣民景茂發誘拐徐楷之妹徐女嫁賣未成壹
案緣景茂發籍隸丹徒開麪店生理道光拾叁
年肆月貳拾玖日有過路船上客人陳姓至店
食麪與景茂發閒談言及欲行娶妾託令覓人
說媒應許酬謝景茂發應允陳姓回船景茂發
遣妻景周氏往邀素識之媒婆左楊氏殷岳氏
至家相商左楊氏等道及鄰人徐楷曾託爲伊
妹徐女說媒尚未許字但不肯賣與外路之人
景茂發詢知徐楷家貧徐女代人縫紉度日起

意商同左楊氏等誘拐嫁賣得錢分用左楊氏
殷岳氏允從景茂發卽令左楊氏等假以僱令
做衣爲由往向徐女誘騙時値徐楷外出徐女
信以爲實同至景茂發家景周氏將衫褲交給
縫做陳姓踵至景茂發令在門外探視議定身
價錢參拾千文次日立契成交至晚徐女欲歸
左楊氏等誆稱衣服緊要懇其連夜趕做許加
工錢徐女誤信允從參拾日陳姓走至稱須徐
女親屬當面立契交價徐女聽聞盤詰左楊氏
等用言掩飾堅留仍圖設法轉賣卽經徐楷查
知投保獲犯解縣訊詳審供不諱究無另犯略
拐不法別案案無遁飾查例載誘拐子女不分

已賣未賣被誘之人若不知情爲首擬絞監候
爲從杖一百流三千里被誘之人不坐等語此
案景茂發起意商同左楊氏等誘拐徐女嫁賣
未成徐女並不知情應按例問擬景茂發合依
誘拐子女不分已賣未賣被誘之人若不知情
爲首絞監候例擬絞監候秋後處決左楊氏殷
岳氏均依爲從杖流例擬杖一百流三千里係
婦人照例收贖景周氏聽從伊夫倩令徐女縫
衣誘騙業已罪坐其夫徐女係被誘之人訊不
知情均無庸議陳姓不知誘拐情事免其查提
徐女交伊兄徐楷領回無干省釋臣謹具
題伏乞

皇上聖鑒勅下三法司核覆施行再此案縣審分限
兩箇月應以道光拾叁年肆月叁拾獲犯之日
起除犯病壹月扣至柒月叁拾日滿據於捌月
貳拾日審解計遲延貳拾日所有承審遲延不
及壹月職名係丹徒縣知縣景壽春開報附參
至府司院分限各貳拾日應以捌月貳拾貳日縣
審解之日起除自縣由府解司程限玖日扣應
扣至拾月貳拾玖日全限屆滿合併陳明謹題
請
旨

江蘇巡撫林則徐題本 審明丹徒縣民景茂發左楊氏殷岳氏拐賣女子案分別定擬

道光十三年十一月初五日

[illegible]地方提督軍務總理糧儲臣林則徐

兵部侍郎兼都察院右副都御史巡撫江蘇等處地方提督軍務總理糧儲臣林則徐謹

題為審解事該臣看得丹徒縣民景茂發誘拐徐

楷之妹徐文嫁賣未成[illegible]景茂發開麵店

生理道光拾叁年肆月貳拾[illegible]日有過路船上

客不識姓名至店食麵與景茂發閒談言及欲行

娶妾託令覓人說媒應許酬謝景茂發應允陳

姓[illegible]景茂發邀素識之媒婆左楊氏殷岳氏

至家相商左楊氏等適及鄰人徐楷曾託為伊

妹徐文說媒尚未許字[illegible]賣與外路之人

景茂發詢知徐楷家貧徐文代人縫紉度日起

意商同左楊氏等誘拐嫁賣得錢分用即令左

江蘇巡撫林則徐題本　審明丹徒縣民景茂發左楊氏殷岳氏拐賣女子案分別定擬

道光十三年十一月初五日

楊氏等假以僱令縫衣爲由往向徐女誘騙時值徐楷外出徐女信以爲實同至景茂發家將衫褲交給縫做陳姓踵至景茂發令在門外探視議定身價次日立契成交至晚徐女歸左楊氏等誆稱衣服緊要懇其連夜趕做許加工錢徐女誤信允從叁拾日陳姓稱須徐女親屬當面立契交價徐女聽聞盤詰左楊氏等用言掩飾堅留仍圖設法嫁賣即經徐楷查知投保獲犯解縣審供不諱景茂發依誘拐子女不分已賣未賣被誘之人若不知情爲首絞例擬絞監候謹題請

旨

核銷江蘇省道光十二年份支給滿漢官兵馬匹俸餉米豆草折銀兩（首缺）

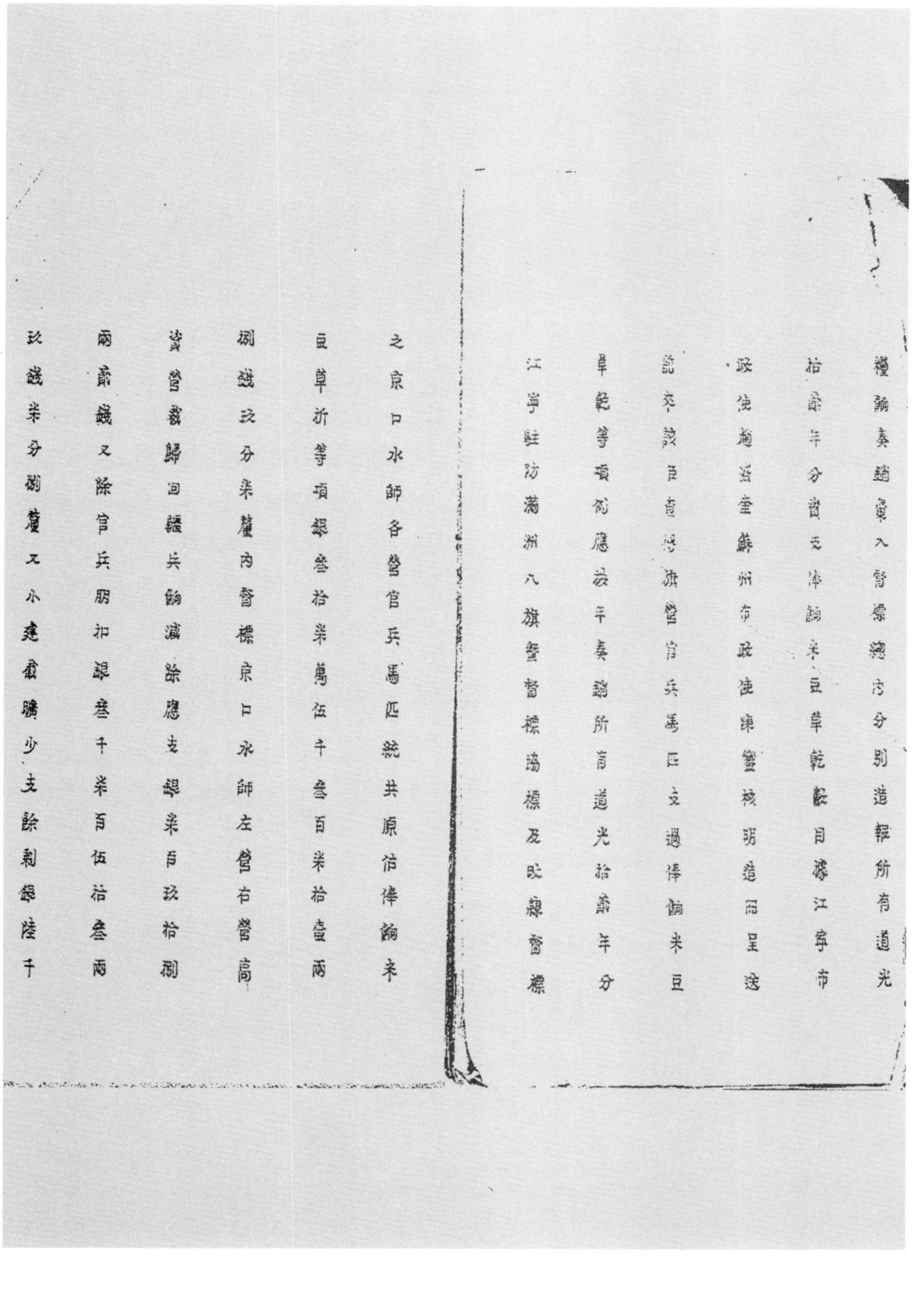
覆論奏銷案入營標總冊分別造報所有道光
拾貳年分官支俸餉米豆草乾數目據江寧布
政使趙盛奎蘇州布政使陳鑾核明造冊呈送
前來該臣查得旗營官兵馬匹支過俸餉米豆
草乾等項例應按年奏銷所有道光拾貳年分
江寧駐防滿洲八旗暨督標撫標及改隸督標
之京口水師各營官兵馬匹統共原估俸餉米
豆草折等項銀叁拾柒萬伍千叁百柒拾壹兩
捌錢玖分柒釐內督標京口水師左營右營高
資營裁歸回疆兵餉減除應支銀柒百玖拾捌
兩貳錢又除官兵朋扣銀叁千柒百伍拾叁兩
玖錢柒分捌釐又小建截曠少支餘剩銀陸千

伍百柒拾壹兩伍錢伍分伍釐伍毫實支銀叁
拾陸萬肆千貳百肆拾捌兩壹錢陸分叁釐伍
毫原估俸米陸百陸拾伍石內除少支小建俸
米伍拾捌石貳斗壹升陸合貳勺實支本色俸
米陸百陸石柒斗捌升叁合捌勺內俸五米叁
百陸拾柒石叁斗陸升陸合玖勺搭放倉米貳
百肆拾肆石肆斗壹升陸合玖勺原估並續咨
本色倉米玖萬陸千捌百玖拾柒石陸斗內暫
標京口水師左營右營高資營發歸回疆減除
應支兵米壹百捌拾柒石貳斗又除小建截曠
少支本色倉米壹千玖百貳拾捌石捌斗肆升
壹勺捌抄內撥給江寧協標各營新增伍陸兩

月本色兵米并裁歸回疆兵丁米經裁足以前
應支米陸百柒拾陸石肆斗陸升實扣小建裁
曠少支本色倉米壹千貳百伍拾貳石叁斗捌
升壹勺捌抄實支本色倉米玖萬肆千柒百捌
拾壹石伍斗伍升玖合捌勺柒抄原估本色豆
壹萬柒百叁拾叁石壹斗內除少支豆壹百壹
拾肆石陸升實支豆壹萬陸百壹拾玖石肆升
案准部咨新設青山營歸并奇兵營承轄其俸
餉月米在於淮南淮北巡費等項銀內支用每
年歲糧奏銷運司核明造册分送江寧布政司
統於朋馬糧餉案內彙題所有青山營道光拾
貳年歲需俸餉米豆草折等銀貳千貳百貳拾

江蘇巡撫林則徐題本　核銷江蘇省道光十二年份支給滿漢官兵馬匹俸餉米豆草折銀兩
道光十三年十一月初八日

釐兩肆錢伍分內除官兵朋扣銀伍拾捌兩捌
錢壹分又除剩不建截曠米豆草折等銀肆拾
叁兩肆錢捌分肆釐實支銀貳千壹百貳拾陸
兩壹錢伍分陸釐臣核冊核算並無遺漏濫支
清楚除將送到司印清冊蓋印分送部科道具
清字印冊及造放兵餉印結送戶部查核外理
合備造簡明總數恭繕黃冊恭呈
御覽臣謹會同兩江總督臣陶澍合詞具
題伏乞
皇上聖鑒勅部核銷施行再此案例於陸月內具
題緣拾貳年籌撥回疆經費奉裁各營兵丁與歷
屆裁兵之案不同營中造冊并錯往返移查更

江蘇巡撫林則徐題本　核銷江蘇省道光十二年份支給滿漢官兵馬匹俸餉米豆草折銀兩

道光十三年十一月初八日

正是以稍稽合并陳明爲此具本專差承差朱
紹坤齎捧謹題請
旨
計進
呈文冊壹本

[illegible]

江蘇巡撫林則徐題本　核銷江蘇省道光十二年份支給滿漢官兵馬匹俸餉米豆草折銀兩

道光十三年十一月初八日

兵部侍郎兼都察院右副都御史巡撫江蘇等處地方提督軍務兼理糧餉臣林則徐謹

題為奏銷道光拾貳年支給滿漢官兵錢糧事。該

臣查得道光拾貳年分江寧駐防滿洲八旗暨

督標協標及江蘇督標之京口水師各營官兵

馬匹并原估俸餉米豆草折等項銀叁拾柒

萬伍千叁百柒拾壹兩捌錢零內督標京口水

師左營右營狼山營裁歸回疆兵餉減除應支

銀柒百六拾捌兩貳錢又除官兵朋扣銀叁千

柒百伍拾叁兩玖錢零又小建截曠少支餘剩

銀陸千伍百柒拾壹兩伍錢零實支銀叁拾陸

萬肆千貳百肆拾捌兩壹錢零原估俸米陸百

陸拾伍石內除少支小建俸米伍拾捌石貳斗

零實支本色俸米陸百陸石柒斗零內俸五米

叁百陸拾貳石叁斗零拾於倉米貳百肆拾肆

石肆斗零原估並減餘本色倉米玖萬陸千捌

百玖拾柒石陸斗內撥京口水師左營右營

狼山營裁歸回疆減除應支兵米壹百捌拾柒

石貳斗又除小建截曠少支本色倉米壹千玖

百貳拾捌石貳斗零內撥給江寧協標各營新

會五陸兩月本色兵米并裁歸回疆兵丁米貳

足以前應支米陸百柒拾陸石肆斗零晉和小

建截曠少支本色倉米壹千貳百五拾貳石叁

斗零實支本色倉米玖萬肆千柒百捌拾壹石

伍斗零原估本色豆壹萬柒百叁拾叁石壹斗
內除少支豆壹百壹拾肆石零實支豆壹萬陸
百壹拾玖石零青山營道光拾貳年歲需俸餉
米豆草折等銀貳千貳百貳拾捌兩肆錢零內
除官兵朋扣銀伍拾捌兩捌錢零又除剩小建
截曠米豆草折等銀肆拾叁兩肆錢零實支銀
貳千壹百柒拾陸兩壹錢零臣按冊核算並無
遺漏濫支浮冒除將送到司印清冊蓋印分送
部科並其清字印檔及監放兵餉印結送戶部
查核外理合摘敘簡明總數敬繕黃冊恭呈
御覽謹會題請
旨

江蘇巡撫林則徐題本 題報蘇州等屬道光十三年夏季委署過丞倅等官員缺

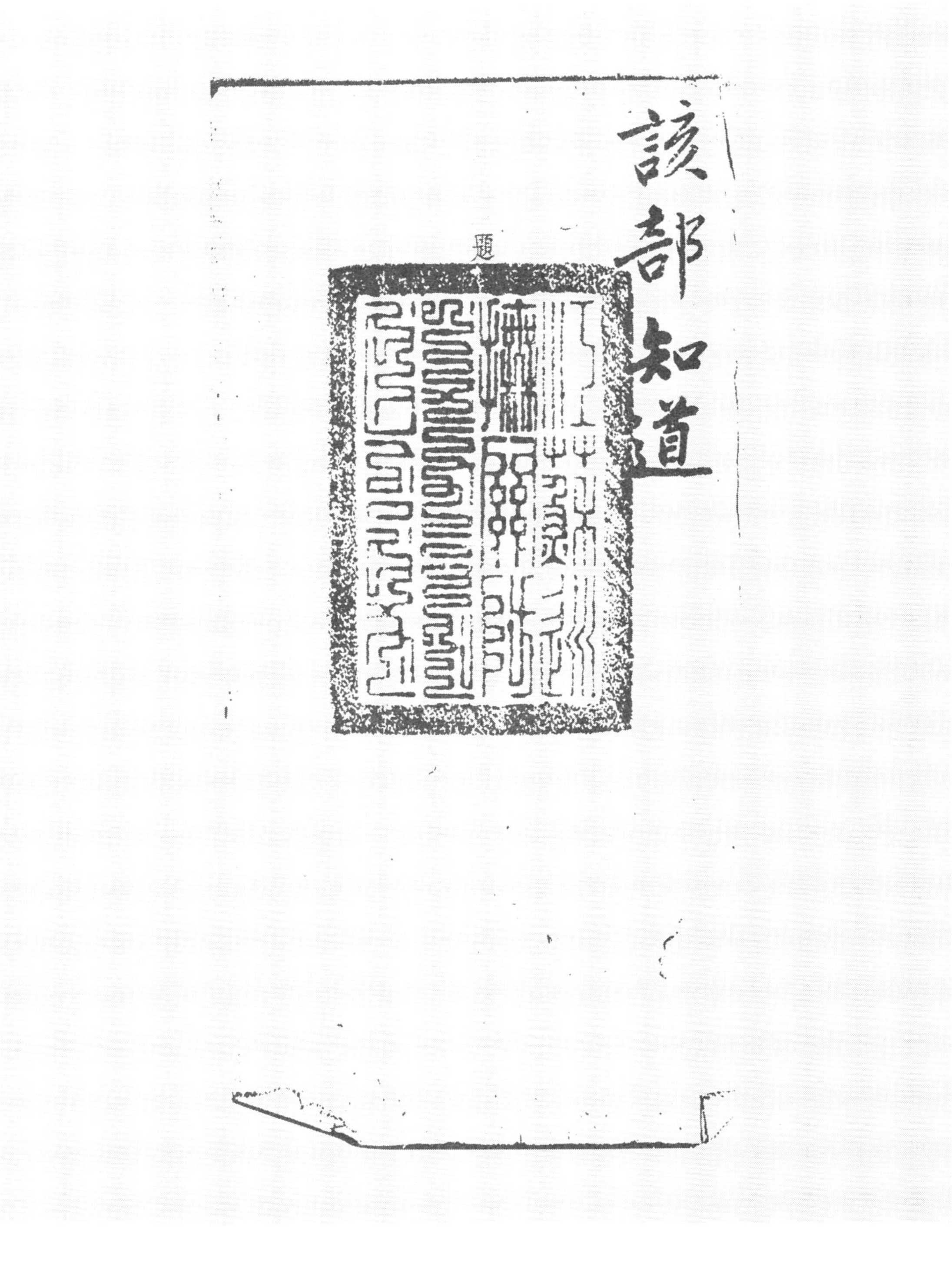
該部知道

題

江蘇巡撫林則徐題本　題報蘇州等屬道光十三年夏季委署過丞倅等官員缺
道光十三年十一月十七日

兵部侍郎兼都察院右副都御史巡撫江蘇等處地方提督軍務總理糧儲臣林則徐謹
題爲詳請具
題事據蘇州布政使陳鑾詳稱案奉行准吏部咨
各省委署丞倅等官及試用州縣委署員缺係
暫時署理與實缺調署不同均無庸附摺具
奏令各該督撫按季恭疏具
題等因遵照在案今查道光拾叁年夏季分蘇州
等屬内有署松江府柘林通判事准調吳縣知
縣湯壽光赴任遺缺詳委候補知州張心淵署
理又署常州府督糧通判事試用布政司理問
鍾其昶委押漕糧遺缺詳委試用通判吳尚忠
署理又署吳江縣知縣事准補嘉定縣知縣張

江蘇巡撫林則徐題本　題報蘇州等屬道光十三年夏季委署過丞倅等官員缺　道光十三年十一月十七日

之杲赴任遺缺詳委坐補沛縣知縣李鴻鈞署
理又南匯縣知縣燕傳栗委署蘇州府督糧同
知遺缺詳委試用知縣沈炳垣署理各在案相
應查明詳候會
題等情到臣據此該臣查得委署丞倅等官及試
用州縣委署員缺例應按季恭疏具
題所有道光拾叁年夏季分蘇州等屬內有署松
江府柘林通判事准調吳縣知縣湯響光赴任
遺缺委候補知州張心淵署理又署常州府督
糧通判事試用布政司理問鍾其恕委押漕糧
遺缺委試用通判吳尚忠署理又署吳江縣知
縣事准補嘉定縣知縣張之杲赴任遺缺委坐

補沛縣知縣李鴻鈞署理又南匯縣知縣熊傳
栗委署蘇州府督糧同知遺缺委試用知縣沈
炳垣署理各在案兹據蘇州布政使陳鑾查明
詳請會
題前來謹會同兩江總督臣陶澍合詞具
題伏乞
皇上聖鑒勅部查照施行謹題請
旨

江蘇巡撫林則徐題本 題報蘇州等屬道光十三年夏季委署過丞倅等官員缺

道光十三年十一月十七日

道光[illegible]……[illegible]地方提督軍務總理糧儲臣林則徐

兵部侍郎兼都察院右副都御史巡撫江蘇等處地方提督軍務總理糧儲臣林則徐謹

題為詳請具

題事。該臣查得委署丞倅等官及試用州縣委署

員缺例應按季恭疏具

題。所有道光拾叁年夏季分蘇州等屬內有署松江府柘林通判事准調吳縣知縣湯譽光赴任遺缺委候補知州張心淵署理。又署常州府督糧通判事試用布政司理問鍾其恕委押漕糧遺缺委試用通判吳尚忠署理。又署吳江縣知縣事准補嘉定縣知縣張之杲赴任遺缺委坐補沛縣知縣李鴻鈞署理。又南匯縣知縣燕傳業委署蘇州府督糧同知遺缺委試用知縣沈炳垣署理。各在案。茲據蘇州布政使陳鑾查明詳請會

題前來。謹會題請

旨

江蘇巡撫林則徐題本

江陰縣縣丞常恩俸滿甄別循例保薦

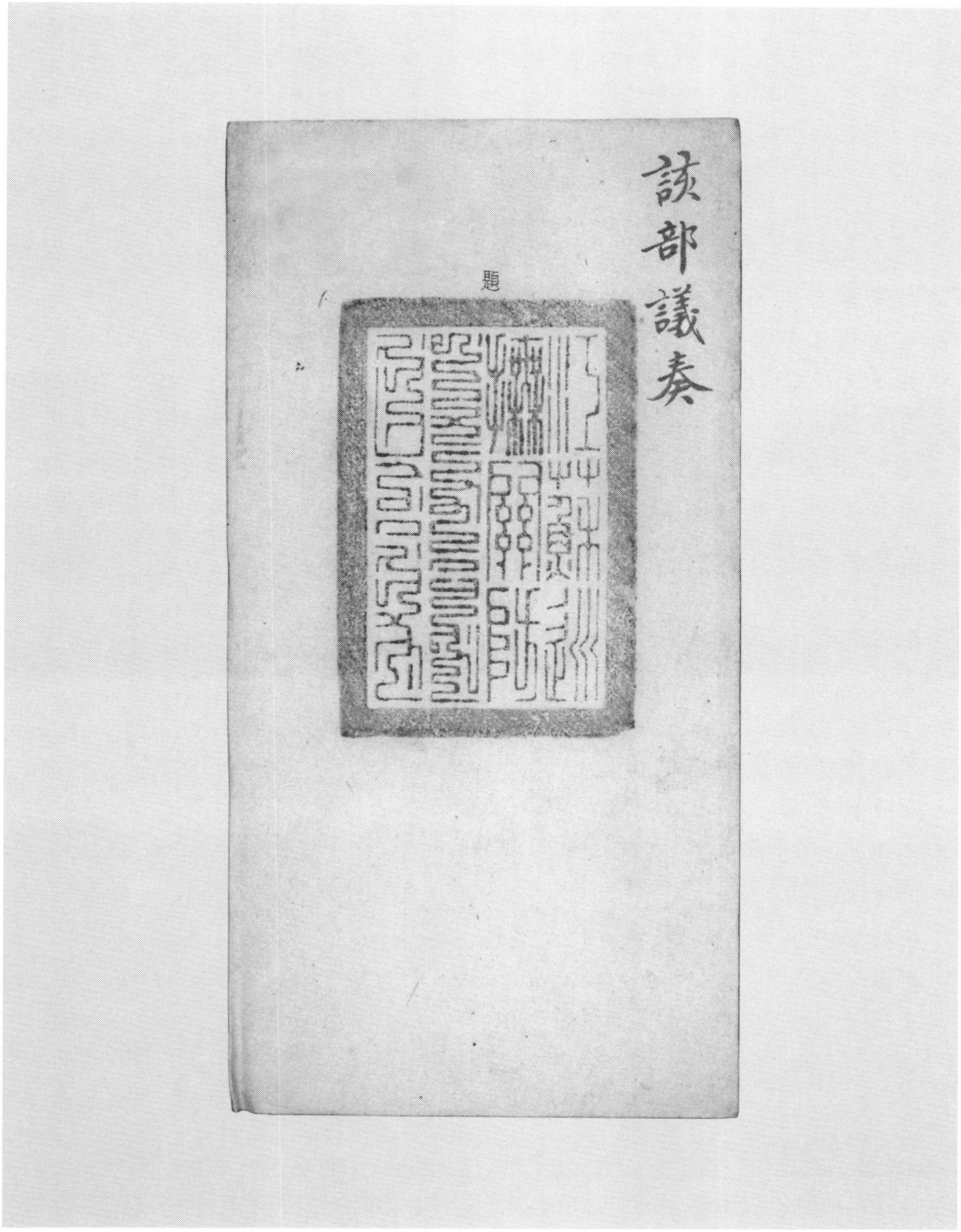

江蘇巡撫林則徐題本　江陰縣縣丞常恩俸滿甄別循例保薦
道光十三年十一月十七日

兵部侍郎兼都察院右副都御史巡撫江蘇等處地方提督軍務總理糧儲臣林則徐謹
題為俸滿人員循例保
題事據蘇州布政使陳鑾會同江蘇按察使怡良
詳稱准分巡常鎮通海道李彥章移據常州府
知府汪河詳據江陰縣知縣陳希敬申准縣丞
常恩移稱竊恩現年肆拾貳歲鑲紅旗漢軍恩
臨佐領下人由監生捐筆帖式復遵投効例加
捐縣丞分發投効南河給咨赴部籤掣江蘇試
用又遵豫東例加捐過班分發丁本生父憂回
旗服滿仍赴江蘇咨署崑山縣縣丞道光肆年
叁月拾叁日先行任事潤月初肆日奉文准署
拾年陸月拾伍日丁本生繼母憂卸事回旗服

滿仍赴江蘇咨署今職道光拾貳年陸月初玖
日到任試署期滿詳咨實授前任歷俸已在伍
年以上今自江陰縣縣丞到任之日起連閏扣
至拾叁年伍月初玖日遵例扣足壹年初次陸
年俸滿例應赴驗相應備具親供移送給文赴
驗等因到縣該江陰縣知縣陳希敬查得常恩
自到任以來每於朔望隨同宣講
聖諭化導鄉民俾知禮法督率捕保常川偵緝官引疏
通私梟斂跡運河遇有淺阻撈浚深通以利漕
運沙圩殘缺督佃挑築以禦潮汐恪遵
功令不敢擅受民詞該員才具明練辦事妥詳克
膺民社堪以保薦理合造冊詳轉等情到府該

江蘇巡撫林則徐題本　江陰縣縣丞常恩俸滿甄別循例保薦
道光十三年十一月十七日

常州府知府汪河查驗得該員老成練達辦事
勤敏實爲佐雜中出色之員堪膺保薦理合加
考轉詳等情到道該常鎮通海道李彥章查看
得該員明練安詳實心任事堪膺保薦加考轉
移到司該蘇州布政使陳鑾會同江蘇按察使
怡良查得江陰縣縣丞常恩自前任崑山縣縣
丞道光肆年捌月初肆日奉文准署之日起至
拾年陸月拾伍日丁憂卸事歷俸已在伍年以
上今自江陰縣縣丞道光拾貳年陸月初玖日
到任之日起連閏扣至拾叁年伍月初玖日扣
足壹年初次陸年俸滿例應驗看甄別亟准據
該管道府縣取具供冊遞行出考保薦前來覆

驗得該員才優識練辦事認眞堪以保薦相應
造冊詳候會
題等情到臣據此該臣查得江陰縣縣丞常恩自
前任崑山縣縣丞道光肆年捌月初肆日奉文
准署之日起至拾年陸月拾伍日丁憂卸事歷
俸已在伍年以上今自江陰縣縣丞道光拾貳
年陸月初玖日到任之日起連閏扣至拾叁年
伍月初玖日扣足壹年初次陸年俸滿例應驗
看甄別據蘇州布政使陳鑾等會詳該員自到
任以來每於朔望隨同宣講
聖諭化導鄉民俾知禮法督率捕保常川偵緝官引疏
通私梟斂跡運河遇有淺阻撈浚深通以利漕

運沙圩殘缺會佃挑築以禦潮汐悉遵
功令不敢擅受民詞覆查該員才優識練辦事認
眞堪以保薦詳請會
題前來臣查驗得常恩才具明敏奮勉急公堪以
保薦除將供冊送部查核外謹會同兩江總督
臣陶澍合詞具
題伏乞
皇上聖鑒勅部議覆施行謹題請
旨

兵部侍郎兼都察院右副都御史巡撫江蘇等處地方提督軍務總理糧儲臣林則徐謹

題為俸滿人員循例保

題事。該臣查得江陰縣縣丞常恩自前任崑山縣縣丞道光肆年捌月初肆日奉文准署之日起至拾年陸月拾伍日丁憂卸事，歷俸已在伍年以上。今自江陰縣縣丞道光拾貳年陸月初玖日到任之日起，連閏扣至拾叁年伍月初玖日扣足壹年，初次陸年俸滿，例應甄別。據蘇州布政使陳鑾等會詳，該員才優識練，辦事認真，堪以保薦，詳請會

題前來。臣查驗得常恩才具明敏，奮勉急公，堪以保薦。除將供冊送部外，謹會題請

旨

道光拾叁年拾壹月拾柒日　兵部侍郎兼都察院右副都御史巡撫江蘇等處地方提督軍務總理糧儲臣林則徐

江蘇巡撫林則徐題本　**題參前任高郵州知州王澐等疎防興武衛千總被劫屆滿贓犯無獲**

江蘇巡撫林則徐題本　題参前任高郵州知州王澐等疎防興武衛千總被劫届滿贓犯無獲

道光十三年十一月十七日

兵部侍郎兼都察院右副都御史巡撫江蘇等處地方提督軍務總理糧餉臣林則徐謹
題為詳參疎防文職事據江蘇按察使怡良詳稱
據揚州府知府陳盛詳據署高郵州知州徐森
詳稱道光拾叁年肆月貳拾肆日據家丁洪祥
等稟稱藕家長葉逢春奉委提催浙省漕船押
令杭三寧前兩幫赴淮肆月貳拾叁日夜船抵
高郵州境住泊察更時有人上船口稱奉官梭
查瞞片乘便搶取銀兩衣物開單報叩緝追等
情並據地保王喬年報同前由又准興武衛伍
幫千總葉逢春移會到州當經前州會營前詣
該處勘明被搶情形估計失贓價銀壹百玖拾
壹兩劄分提訊各供均與報詞無異造冊錄供

江蘇巡撫林則徐題本 題參前任高郵州知州王澐等疏防興武衛千總被劫屆滿贓犯無獲

道光十三年十一月十七日

通詳奉批緝參在案迄今贓匪無獲合將印捕
職名開報等情由道府遞開督捕督緝兼轄各
職名前來除飭勒緝贓匪務獲究報外該江蘇
按察使怡良查得興武衛伍幫千總葉逢春在
高郵州地方被匪搶取銀兩衣物壹案疏防例
限肆箇月應以道光拾叁年肆月貳拾叁失事
之日起扣至捌月貳拾叁日屆滿所有文職疏
防職名印官係前任高郵州知州王澐捕官係
高郵州吏目林玉成督捕係不同城前任總捕
同知趙廷熙督緝係不同城揚州府知府隷盐
兼轄係不同城分巡淮揚道王貽象相應開報
伏候核參再查印官王澐於拾叁年捌月拾陸

江蘇巡撫林則徐題本　題參前任高郵州知州王澐等疏防興武衛千總被劫屆滿贓犯無獲

道光十三年十一月十七日

日未經限滿之先赴部引
見卸事應俟回任接扣限滿另行開參徐森卽於是
日署任督捕同知趙廷熙先於肆月拾壹日奉
督院委赴通州守提案犯曹永春等解審至陸
月拾伍日差竣公回復於柒月初壹日奉委署
鎮江府卸事試用知縣鄭敦五到任代理趙廷
熙應俟回任接扣限滿無獲再行詳參失事處
所離城玖里離通湖橋汛柒里並無墩鋪防兵
合并聲明等情到臣據此該臣查得興武衛伍
幫千總葉逢春在高郵州地方被匪搶取銀兩
衣物暨案疏防例限肆箇月應以道光拾叁年
肆月貳拾叁失事之日起扣至捌月貳拾叁日

江蘇巡撫林則徐題本　題參前任高郵州知州王澐等疏防興武衛千總被劫屆滿贓犯無獲

道光十三年十一月十七日

屆滿贓匪無獲開列疏防職名請參前來除飭
勒緝贓匪務獲究報外所有文職疏防職名印
官係前任高郵州知州王澐捕官係高郵州吏
目林玉成督捕係不同城前任總捕同知趙廷
熙督緝係不同城揚州府知府豫益兼轄係不
同城分巡淮揚道王貽象相應列參再查印官
王澐於拾叁年捌月拾陸日（未經限滿之先赴
部引
見卸事應俟回任接扣限滿另行咨參徐森即於是
日署任督捕同知趙廷熙先於肆月拾壹日經
督臣委赴通州守提案犯曹永春等解審至陸
月拾伍日差竣公回復於柒月初壹日委署鎮

江府卸事試用知縣鄭敦五到任代理趙廷熙
應俟回任接扣限滿無獲再行咨參失事處所
離城玖里離通湖橋汛渠里並無撥舖防兵合
並陳明臣謹具
題伏乞
皇上聖鑒勅部議覆施行謹題請
旨

江蘇巡撫林則徐題本　題參前任高郵州知州王澐等疏防興武衛千總被劫屆滿贓犯無獲

道光十三年十一月十七日

道光……地方提督軍務總理糧儲臣林則徐

兵部侍郎兼都察院右副都御史巡撫江蘇等處地方提督軍務總理糧儲臣林則徐謹
題
爲詳參疏防文職事該臣查得興武衛伍幫千
總葉逢春在高郵州地方被匪搶取銀兩衣物
壹案疏防例限肆箇月應以道光拾叁年肆月
貳拾叁失事之日起扣至捌月貳拾叁日屆滿
贓匪無獲開列疏防職名請參前來除飭勒緝
贓匪務獲究報外所有文職疏防職名印官係
前任高郵州知州王澐補官係高郵州吏目林
玉成督捕係不同城前任總捕同知趙廷熙督
緝係不同城揚州府知府陳蓥兼轄係不同城
分巡淮揚道王貽象相應列參謹題請
旨

江蘇巡撫林則徐題本
勘明泰興縣業户戴廣明等坍没地畝請豁地漕等項錢糧

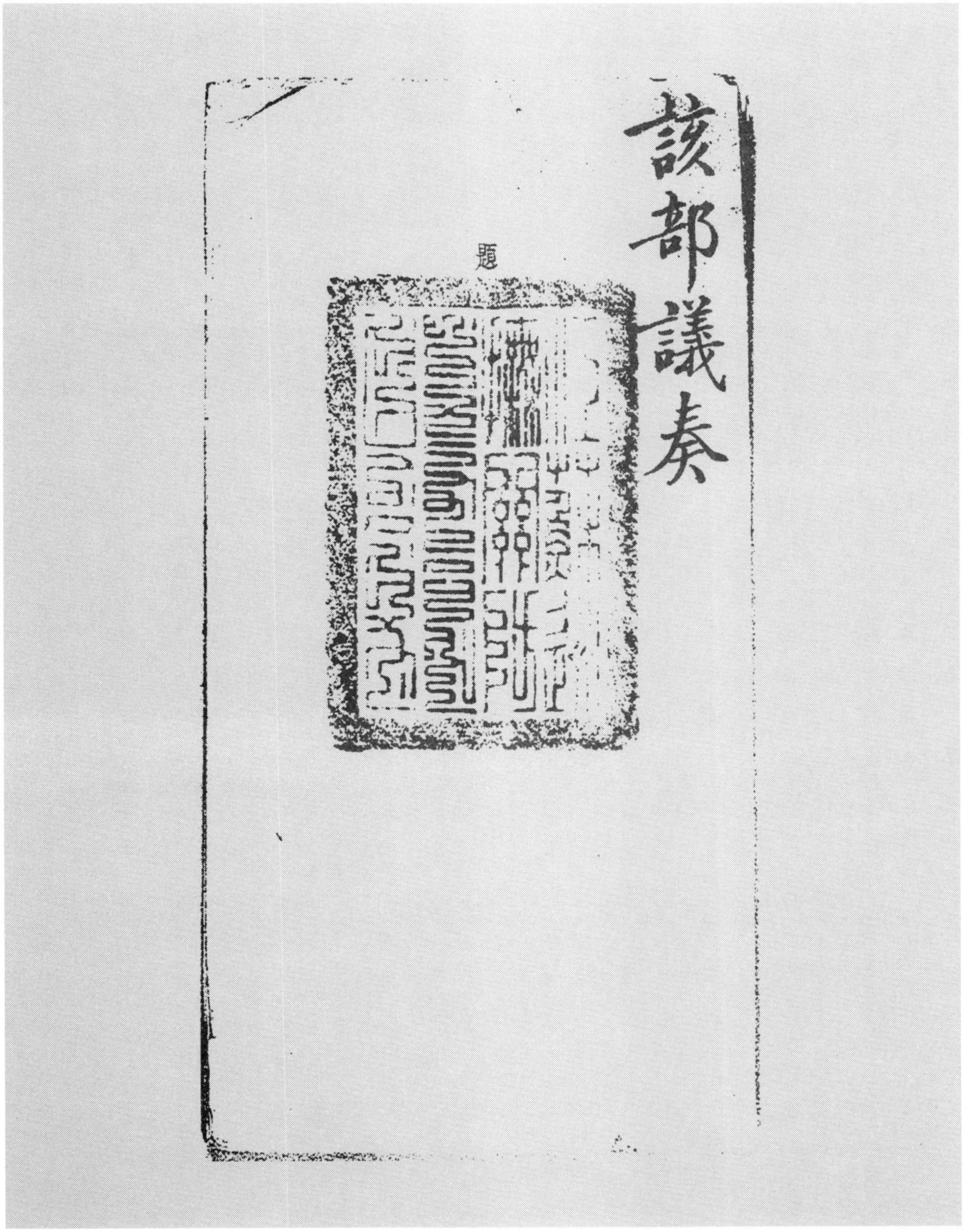
該部議奏

題

兵部侍郎兼都察院右副都御史巡撫江蘇等處地方提督軍務總理糧儲臣林則徐謹
題爲勘明泰興縣坍沒田地詳請
題豁虛糧以蘇民困事據江寧布政使趙盛奎詳
稱案於道光捌年據泰興縣詳稱道光元年據
糧戶戴廣明戴廷秀等呈報臨江漕田被潮冲
坍望水賠糧稟請查勘等情當因該處業戶有
因田坍無存外出謀生一時不能報齊現在查
確親詣該處查勘得戴廣明等報坍田地坐落
地方切近凌家港李家港灌濟港等處緊靠大
江水面甚爲寬闊潮水冲刷地土虛鬆以致糧
田坍沒共計坍沒田地叁千伍拾伍畝伍分查
冊各坍戶糧串核對相符詳請勘豁到司當經

移行州道委勘嗣准常鎮通海道李彥章移據
署通州知州傅璋詳據委員如皋縣知縣范仕
義申稱會同泰興縣知縣李震前詣該處逐一
查勘與原勘情形實屬相符委無以少報多以
熟作坍欺隱情弊造具冊結圖幅由州道層層
覆勘加結移司並據該縣詳請從道光玖年起
全數豁除糧額其道光元年報坍起至捌年止
未完舊欠詳細核查另行造冊詳辦等情前來
該江寧布政使趙盛奎查得泰興縣業戶戴廣
明等呈報臨江坍沒壹貳等則漕賦田地叁千
伍拾伍畝伍分按照新訂賦役全書核算計應
豁起存地漕等銀貳百捌拾兩玖錢叁分捌釐

閏月銀壹兩捌錢陸分伍釐本色米陸拾柒石
捌斗叁升柒合肆勺月糧麥壹拾貳石叁斗玖
升玖合叁勺既據該管道州及印委各員屢
覆勘明確實係坍没無存所有前項銀米麥石
應請即從道光玖年起照額全行豁除以蘇民
困其道光捌年以前未完舊欠錢糧如在報坍
以後實在民欠者應行一體補豁除飭查明實
欠數目造冊俟覆到另行詳辦外先將坍江原
額請豁緣由轉造司冊加具保結同送到科則
坍戶花名區圖冊結圖幅詳候核
題等情據此該臣查得各屬沿江沿海濱臨河湖
坍没田地例應勘明題豁錢糧茲據江寧布政

使趙盛奎詳稱泰興縣業户戴廣明等呈報踹
江坍没壹百等則漕賦田地叁千伍拾伍畝零
按照賦役全書核算計應豁地漕等銀貳百捌
拾兩零閏月銀壹兩零本色米陸拾柒石零月
糧麥壹拾貳石零既據該管道州及印委各員
層層覆勘實係坍没無存所有前項銀米麥石
應請即從道光玖年起照額全行豁除以蘇民
困其道光捌年以前未完舊欠錢糧如在報坍
以後實在民欠者應行一體補豁除飭查明實
欠數目造冊俟覆到另行詳辦外先將坍江原
額請豁緣由轉造司冊加具保結同送到科則
坍户花名區圖冊結圖幅詳

江蘇巡撫林則徐題本　勘明泰興縣業户戴廣明等坍没地畝請豁地漕等項錢糧

道光十三年十一月十七日

題前來臣覆核無異除册結圖送部查核外謹會
同兩江總督臣陶澍漕運總督臣貴慶合詞具
題伏乞
皇上聖鑒勅部核覆施行謹題請
旨

道光十三年十一月十七日兵部右侍郎兼都察院右副都御史巡撫江蘇等處地方兼提督軍務兼理糧餉臣林則徐

江蘇巡撫林則徐題本　勘明泰興縣業户戴廣明等坍没地畝請豁地漕等項錢糧　道光十三年十一月十七日

兵部侍郎兼都察院右副都御史巡撫江蘇等處地方提督軍務兼理糧餉臣林則徐謹
題為勘明泰興縣坍沒田地詳請
題豁虛糧以蘇民困事該臣查得各屬沿江沿海
濱臨河湖坍沒田地例應勘明題豁錢糧茲據
江寧布政使趙盛奎詳稱泰興縣業戶戴廣明
等呈報臨江坍沒壹頃貳等則漕賦田地叁千伍
拾伍畝零按照賦役全書核算計應豁地漕等
銀貳百捌拾兩零閏月銀壹兩零本色米陸拾
柒石零月糧麥壹拾貳石零既據該管道州及
印委各員層層覆勘實係坍沒無存請從道光
玖年起照額豁除以蘇民困其道光捌年以前
未完舊欠錢糧飭查實欠數目造冊另行詳辦
外先將原額請豁緣由轉造司冊加具保結同
送到冊結圖幅詳
題前來臣覆核無異除冊結圖送部外謹會題請
旨

江蘇巡撫林則徐題本　驗明上元縣民戴大順毆斃傅士興案擬絞監候
道光十三年十一月十七日

江蘇巡撫林則徐題本　驗明上元縣民戴大順毆斃傅士興案擬絞監候

江蘇巡撫林則徐題本　驗明上元縣民戴大順毆斃傅士興案擬絞監候

道光十三年十一月十七日

兵部侍郎兼都察院右副都御史巡撫江蘇等處地方提督軍務總理糧儲臣林則徐謹
題爲報驗事據江蘇按察使怡良詳據署江寧府
知府王錫蒲詳據上元縣知縣保先烈詳稱道
光拾叁年伍月初肆日據小甲周坤報據民人
傅泳成投稱初叁日上午伊子傅士興因向戴
大順索欠爭毆被戴大順用刀戳傷左腿等語
往查屬實報候驗究等情到縣據即前詣傅泳
成家驗得傅士興左腿有傷壹處血污用布包
裹不便揭驗塡單附卷訊據傅士興供稱因向
戴大順索欠爭鬧伊揪住戴大順髮辮往下捺
按欲毆被戴大順取伊家覔上所放小刀戳傷
左腿等供質之戴大順供認用刀戳傷不諱當

江蘇巡撫林則徐題本 驗明上元縣民戴大順毆斃傅士興案擬絞監候 道光十三年十一月十七日

郎取皐醫調將戴大順帶回收禁兇器小刀貯
庫正在錄供通詳間旋於拾伍日據小甲周坤
稟報傅士興醫治無效延至拾伍日早因傷身
死等情前來郎帶吏仵押犯前詣屍所飭令將
屍移放平地如法相驗據仵作曾貴喝報已死
傅士興問年叁拾陸歲驗得仰面不致命左腿
刀傷壹處斜長壹寸壹分寬貳分深透合面左
腿骨不損餘無故委係受傷身死報畢親驗無
異飭取兇刀比對傷痕相符填格取結屍飭棺
殮隨訊據小甲周坤供與報詞同據屍父傅泳
成供已死傅士興是兒子與戴大順素來相好
並沒嫌隙道光伍年上戴大順借用兒子錢肆

千文後來他往蘇州傭工沒有償還拾叁年肆
月戴大順回家到伍月初叁日上午來小的家
探望兒子索討前欠戴大順無錢懇緩兒子不
依彼此爭鬧兒子趕攏揪住戴大順髮辮往下
揿按要打小的喝阻不理正在趕攏解勸那知
戴大順就拏身旁凳上切菜小刀戳傷兒子左
腿鬆手倒地小的救阻不及投甲報蒙驗訊取
辜醫調不料兒子傷重醫治不好到拾伍日早
就死了並沒起釁別故求究抵是實據兇犯戴
大順供上元縣人年肆拾柒歲父親已故母親
王氏兄弟戴大貴年叁拾歲小的並沒妻子與
已死傅士興素來相好並沒嫌隙道光伍年上

小的借用傅士興錢肆千文後因往蘇州傭工
沒有償還拾叁年肆月底小的回家到伍月初
叁日上午往傅士興家探望傅士興索討前欠
小的無錢懇緩傅士興不依彼此爭鬧傅士興
趕攏揪住小的髮辮往下揿按要打小的掙扎
不脫一時情急順拏身旁凳上小刀嚇戳適傷
傅士興左腿鬆手倒地他父親傅泳成報案驗
傷取辜醫治不料傅士興傷重醫治不好到拾
伍日早就死了並非有心欲殺也沒起釁別故
是實各等供據此將犯還禁餘人保釋錄供通
詳奉批飭審遵提覆訊除各供均與前審無異
不敘外該上元縣知縣保先烈審看得縣民戴

大順戳傷傅士興身死壹案緣戴大順籍隸上
元與已死傅士興素好無嫌道光伍年間戴大
順向傅士興借錢肆千文旋因赴蘇傭工未經
償還拾叁年肆月戴大順回歸伍月初叁日上
午前往傅士興家探望傅士興向索前欠戴大
順無錢懇緩傅士興不依彼此爭鬧傅士興起
攏揪住戴大順髮辮往下揿按欲毆戴大順掙
扎不脫一時情急順取身旁凳上小刀嚇戳適
傷傅士興左腿鬆手倒地控縣驗訊取辜醫調
詎傅士興傷重延至拾伍日殞命報縣驗訊通
詳奉批飭審遵覆提犯研鞫據供前情不諱究
非有心欲殺亦無起釁別故案無遁飾查律載

江蘇巡撫林則徐題本　驗明上元縣民戴大順毆斃傅士興案擬絞監候

道光十三年十一月十七日

鬬毆殺人者不問手足他物金刃並絞監候等
語此案戴大順因被傅士興索欠揪毆用刀戳
傷傅士興越日身死應按律問擬戴大順合依
鬬毆殺人者不問手足他物金刃並絞律擬絞
監候秋後處決所欠錢文照追給屬收領屍父
傅泳成攔阻不及應無庸議無干省釋屍棺飭
屬領埋兇刀隨招解驗等情由府審解到司該
江蘇按察使裕良提犯親審核擬無異解候勘
題等情招解到臣提犯親審無異該臣看得上元
縣民戴大順戳傷傅士興身死壹案緣戴大順
籍隸上元與已死傅士興素好無嫌道光伍年
間戴大順向傅士興借錢肆千文旋因赴蘇傭

工未經償還拾叁年肆月戴大順回歸伍月初
叁日上午前至傅士興家探望傅士興向索前
欠戴大順無錢懇緩傅士興不依彼此爭鬧傅
士興趕攏揪住戴大順髮辮往下捺按欲毆戴
大順掙扎不脫一時情急順取身旁覓上小刀
嚇戳適傷傅士興左腿鬆手倒地控縣驗訊取
具醫調詎傅士興傷重延至拾伍日殞命報驗
訊詳審供不諱究非有心欲殺亦無起釁別故
案無遁飾查律載鬪毆殺人者不問手足他物
金刃並絞監候等語此案戴大順因被傅士興
索欠揪毆用刀戳傷傅士興越日身死應按律
問擬戴大順合依鬪毆殺人者不問手足他物

江蘇巡撫林則徐題本　驗明上元縣民戴大順毆斃傅士興案擬絞監候
道光十三年十一月十七日

金刃並絞律擬絞監候秋後處決所欠錢文照
追給屬收領屍父傅泳成救阻不及應無庸議
無干省釋屍棺飭屬領埋兇刀發司貯庫臣謹
具
題伏乞
皇上聖鑒勅下三法司核覆施行再此案審限應以
道光拾叁年伍月拾伍報驗之日起除自縣由
府解司程限拾日統應扣至拾壹月貳拾伍日
全限届滿合並陳明謹題請
旨

江蘇巡撫林則徐題本 驗明上元縣民戴大順毆斃傅士興案擬絞監候

道光十三年十一月十七日

地方提督軍務總理糧儲臣林則徐

兵部侍郎兼都察院右副都御史巡撫江蘇等處地方提督軍務總理糧儲臣林則徐謹

題爲報驗事該臣看得上元縣民戴大順戳傷傅士興身死一案緣戴大順與傅士興素好無嫌道光伍年間戴大順向傅士興借錢肆千文旋因赴蘇傭工未經償還拾叁年肆月戴大順回歸伍月初叁日前至傅士興家探望傅士興向索前欠戴大順無錢懇緩傅士興不依彼此爭鬧傅士興揪戴大順髮辮往下揿按欲毆戴大順掙扎不脫一時情急順取身旁凳上小刀嚇戳適傷傅士興左腿倒地延至拾伍日殞命報驗審供不諱戴大順依鬬毆殺人律擬絞監候秋後處決謹題請

旨

兩江總督陶澍江蘇巡撫林則徐奏摺　委署江蘇藩臬鹽巡道等員缺

奏

兩江總督陶澍江蘇巡撫林則徐奏摺　委署江蘇藩臬鹽巡道等員缺　道光十三年十一月二十日

兩江總督臣陶澍
江蘇巡撫臣林則徐跪

奏爲委署藩臬道篆恭摺具

奏仰祈

聖鑒事竊臣等接准吏部咨欽奉

上諭刑部右侍郎著趙盛奎補授江寧布政使員缺

著楊簧補授等因欽此當經轉行欽遵查趙盛奎

奉

旨補授刑部右侍郎即須交卸進京新任藩司楊簧

到任尚須時日應另委員接署查有江寧鹽巡

道積拉明阿堪以委署江寧藩司篆務其所遺

鹽巡道篆江寧府知府善慶堪以委令就近兼

護又江蘇臬司怡良在任丁憂業經臣林則徐

兩江總督陶澍江蘇巡撫林則徐奏摺　委署江蘇藩臬鹽巡道等員缺
道光十三年十一月二十日

飭委蘇州藩司陳鑾暫行兼理恭摺具
奏並請
簡放在案惟查藩司為通省錢糧總滙現當辦理新
漕事務更繁臬司一缺勢難兼顧自應另委專
員署理方資責成查有常鎮道李彥章堪以委
令署理江蘇臬司篆務其所遺常鎮道篆即委
揚州府知府豫益就近兼護除分檄飭遵外謹
合詞恭摺具
奏伏乞
皇上聖鑒謹
奏

知道了

兩江總督陶澍江蘇巡撫林則徐奏摺　委署江蘇藩臬鹽巡道等員缺

道光十三年十一月二十日

道光十三年十一月　二十　日

江蘇巡撫林則徐題本

題明署浙江奉化縣知縣惲受章親父在籍病故例應丁憂

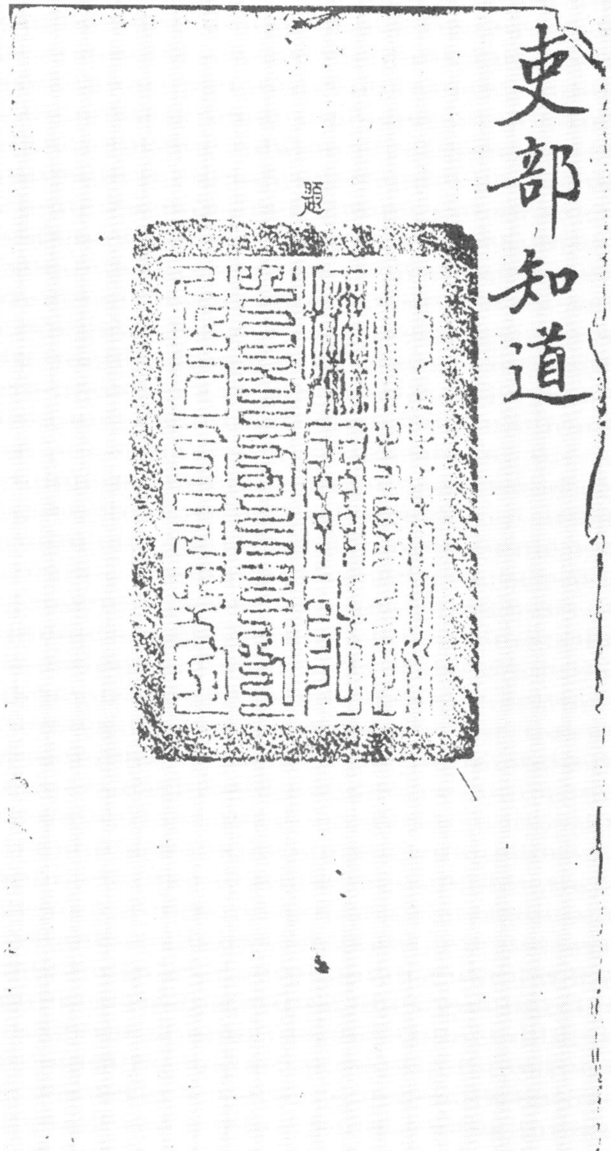

吏部知道

題

江蘇巡撫林則徐題本　題明署浙江奉化縣知縣惲受章親父在籍病故例應丁憂　道光十三年十一月二十三日

兵部侍郎兼都察院右副都御史巡撫江蘇等處地方提督軍務總理糧儲臣林則徐謹

題爲報明丁憂事據蘇州布政使陳鑾詳稱據常州府申據陽湖縣申據家屬惲升呈稱家長惲受章現年肆拾歲係直隸天津縣人祖籍江蘇陽湖縣由附生於嘉慶貳拾叁年戊寅科順天鄉試中式舉人道光陸年丙戌科會試後大挑貳等以教職用是年在部呈請改歸原籍道光柒年遵酌增常例加捐知縣分發浙江於玖年玖月到省拾年貳月委署義烏縣知縣因審案不實奉參卸事復蒙

奏請開復於拾貳年叁月起部引

見奉

江蘇巡撫林則徐題本　題明署浙江奉化縣知縣惲受章親父在籍病故例應丁憂

道光十三年十一月二十三日

旨仍發浙江以知縣用欽此現奉委署奉化縣知縣
家長親父孝廉方正惲秉怡於道光拾叁年拾
月初柒日在籍病故家長係屬親子並無過繼
例應丁憂回籍守制理合邀同族鄰具結呈縣
詳請具
題相應將甘結鈐印送府申司轉詳伏候具
題等情到臣據此該臣查得現署浙江奉化縣知
縣惲受章係直隸天津縣人祖籍江蘇陽湖縣
伊父孝廉方正惲秉怡於道光拾叁年拾月初
柒日在籍病故該員係屬親子並無過繼例應
丁憂據該家屬出具族鄰甘結呈縣鈐印由蘇
州布政使陳鑾轉詳具

題前來除結揭移吏部科暨浙江撫臣外臣謹具
題伏乞
皇上聖鑒勅部查照施行謹具題
聞

道光[illegible]地方提督軍務總理糧儲臣林則徐

江蘇巡撫林則徐題本　題明署浙江奉化縣知縣惲受章親父在籍病故例應丁憂
道光十三年十一月二十三日

兵部侍郎兼都察院右副都御史巡撫江蘇等處地方提督軍務總理糧儲臣林則徐謹
題爲報明丁憂事。該臣查得現署浙江奉化縣知
縣惲受章係直隸天津縣人，祖籍江蘇陽湖縣，
伊父孝廉方正惲東怡於道光拾叁年拾月初
柒日在籍病故，該員係屬親子，並無過繼，例應
丁憂。據該家屬出具族鄰甘結，呈縣鈐印，由蘇
州布政使陳鑾轉詳具
題前來。除結遞移吏部科暨浙江撫臣外，謹具題
聞。

江蘇巡撫林則徐題本

題明署蘇州府知府陳經親母於任所病故例應丁憂

吏部知道

題

江蘇巡撫林則徐題本　題明署蘇州府知府陳經親母於任所病故例應丁憂

道光十三年十一月二十三日

兵部侍郎兼都察院右副都御史巡撫江蘇等處地方提督軍務兼理糧儲臣林則徐謹

題爲報明丁憂事道光拾叁年拾壹月初拾日據

署長洲縣知縣陳玉成申稱據署蘇州府知府

事海門直隸同知陳經家屬沈建稟稱竊家長

陳經係福建侯官縣人由附生中式嘉慶戊辰

科舉人丁丑科會試大挑壹等以知縣用揀發

河工籤掣南河丁父憂回籍服滿仍赴南河效

汛出方

奏准本班儘先補用嗣改發江蘇地方

題署宜興縣知縣資投浚調補長洲縣知縣陞補

海門直隸同知於道光拾貳年陸月初玖日到

任調赴蘇州奉委署理蘇州府知府印務拾貳

江蘇巡撫林則徐題本　題明署蘇州府知府陳經親母於任所病故例應丁憂

道光十三年十一月二十三日

年閏玖月初伍日任事辦理賑務出力於道光
拾叁年正月拾叁日奉
上諭以應陞之缺陞用欽此今有親母林氏迎養任
所於道光拾叁年拾壹月初玖日在蘇州府署
病故家長係親子例應丁憂稟請轉報等情到
縣理合申報等情到臣據此該臣查得署蘇州
府知府事海門直隸同知陳經有親母林氏迎
養任所今於道光拾叁年拾壹月初玖日在蘇
州府署病故該員係親子例應丁憂據署長洲
縣知縣陳玉成申報前來除飭查明該員有無
過繼取具親供另行咨部並揭移部科暨福建
撫臣外臣謹具

江蘇巡撫林則徐題本　題明署蘇州府知府陳經親母於任所病故例應丁憂

道光十三年十一月二十三日

伏乞
皇上聖鑒，勅部查照施行。再所遺海門直隸同知係
屬要缺，例應在外揀選調補，容另遴員請調，合
併陳明，謹具題
聞。
道光[illegible]林則徐

常熟縣監生龔駿龔鐘捐田贍族請建坊旌表（首缺）

合族之歡相恤相賙克遂人孝
於里黨
寵錫宜荷夫
綸綍茲據蘇州布政使陳鑾取造冊結循例詳請具
題建坊
旌表前來臣覆查無異除冊結送部查核外相應具
題伏乞
皇上聖鑒勅部議覆施行謹題請
旨

江蘇巡撫林則徐題本　常熟縣監生龔駿龔鐘捐田贍族請建坊旌表

道光十三年十一月二十三日

兵部侍郎兼都察院右副都御史巡撫江蘇等處地方提督軍務總理糧儲臣林則徐謹
題爲捐田贍族備例詳
題事該臣看得常熟縣已故監生議敘汝品職銜
龔駿孝友克敦彝倫是敘心存慈愛施予無間
手親疎庇及本根贍濟欲週夫宗黨雖中道未
酬其素志而後人克紹夫前型伊子監生龔鐘
等仰承遺訓繼美前徽以養以教允聯合族之
歡相恤相賙克遂周親之願嘉稱既符於里黨
寵錫宜荷夫
綸綍茲據蘇州布政使陳鑾取造冊結備例詳請具
題建坊
旌表前來臣覆核無異除冊結送部外謹題請
旨

道光……提督軍務總理糧儲臣林則徐

江蘇巡撫林則徐題本

題參蕭縣知縣趙毓丹等疏防劫案屆滿贓犯無獲

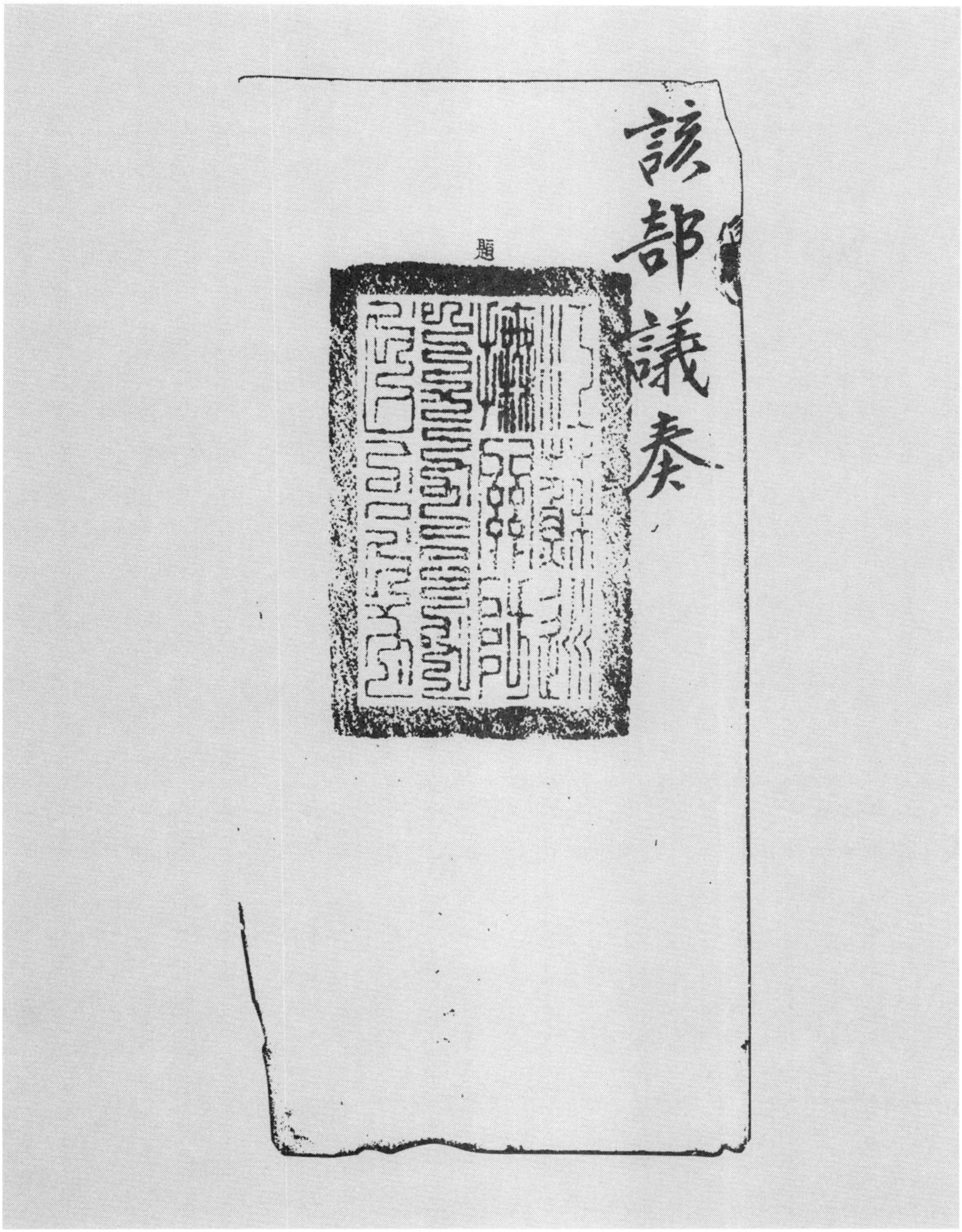

江蘇巡撫林則徐題本　題参蕭縣知縣趙毓丹等疎防劫案屆滿贓犯無獲

道光十三年十一月二十三日

兵部侍郎兼都察院右副都御史巡撫江蘇等處地方提督軍務總理糧儲臣林則徐謹
題爲詳叅疎防文職事據江蘇按察使怡良詳稱
據徐州府知府武凌漢詳據蕭縣知縣趙毓丹
詳稱道光拾叁年貳月初伍日據地保魯大方
報據民人縱三投稱貳月初叁夜被匪數人空
籬進內行竊伊妻縱劉氏聽聞起看用手將門
抵住被匪撬門致傷手指伊妻躲避匪等入室
行強刼去牛隻衣物伊隨後追捕自行撲傷手
腕等語往查屬實報候勘緝等情據即會營前
詣勘明事主縱三家有坐東向西住宅壹所外
圍籬牆壹道籬牆空有窟窿壹箇由籬門進院
有坐北向南住屋前間門扇有刀撬痕跡地上

並無遺下油捻器械等物勘畢提訊事主縱三
縱劉氏地保魯大方鄰佑陳宏範等供與報詞
相同飭仵驗明縱劉氏右手食指有刀劃傷壹
處縱三左手腕挫傷壹處均皮破結痂訪干估
計失贓除牛隻衙不估計外餘贓值錢壹兩柒
錢分別填單取結附卷錄供通詳參批緝叅在
案茲查此案疏防限屆贓盜無獲飭查縱劉氏
等傷均平復合將印捕職名開報等情由府道
遞開督捕督緝兼轄職名前來除飭勒緝贓盜
務獲究報外該江蘇按察使怡良查得蕭縣事
主縱三家被匪臨時行強劫去牛隻衣物壹案
疏防例限肆箇月應以道光拾叁年貳月初叁

江蘇巡撫林則徐題本　題參蕭縣知縣趙毓丹等疎防劫案屆滿贓犯無獲

道光十三年十一月二十三日

失事之日起扣至陸月初叁日屆滿贓盜無獲
所有文職疎防職名卸官係蕭縣知縣趙毓丹
補官係蕭縣典史陳國柱督補係不同城銅沛
同知陸楷督緝係不同城徐州府知府劉鴻翱
兼轄係不同城分巡徐州道李國瑞再補官陳
國柱於肆月初陸日未經限滿之先赴省驗看
卸事代理典史師泰章是日到任於陸月拾貳
日卸事計在任接緝兩箇月零陸日所有補官
疎防限內接緝壹月以上卸事職名係前代理
蕭縣典史師泰章陳國柱是日回任疎防例限
前後接扣展至捌月初玖日滿又卸官趙毓丹
亦於叁月貳拾柒日未經限滿之先因病請假

卸事代理蕭縣張書紳是日到任於伍月拾叁日
卸事計接緝壹箇月零拾陸日所有印官疏防
限內接緝壹月以上卸事職名係前代理蕭縣
知縣張書紳該縣趙毓丹是日銷假回任疏防
例限前後接扣展至柒月拾玖日滿督緝知府
劉鴻翱於拾叁年肆月拾玖日未經限滿之先
陞任廣東南韶連道卸事不復回任應請議結
前府善慶及現任知府武凌漢均係接督緝之
員例無處分兼轄巡道李國瑞先於拾叁年正
月拾壹日前赴睢寧宿遷勘估土工帶印公出
於貳月初玖日公回失事之日係在公出期內
應請免議相應聲明開報伏候核奪再此案失

江蘇巡撫林則徐題本　題參蕭縣知縣趙毓丹等疎防劫案屆滿贓犯無獲
道光十三年十一月二十三日

事處所離城肆拾里離汛叁拾里並無兵役堡防
兵台并舜明等情到臣據此該臣查得蕭縣事
主被三家被匪臨時行強劫去牛隻衣物壹案
疎防初限肆箇月應以道光拾叁年正月初叁
失事之日起扣至陸月初叁日屆滿贓盜無獲
開列疎防職名請參前來除飭勒緝贓盜務獲
究報外所有文職疎防職名印官係蕭縣知縣
趙毓丹捕官係蕭縣典史陳國柱督捕係不同
城駐沛同知陸楷督緝係不同城徐州府知府
劉鴻翱兼轄係不同城分巡徐州道李國瑞再
捕官陳國柱於肆月初陸日未經限滿之先赴
省驗看卸事代理典史師來章是日到任於陸

月拾壹日卸事計在任核緝兩箇月零陸日所
有捕官疏防限內核緝壹月以上卸事職名係
前代理蕭縣典史許泰章陳酉祥是日回任疏
防例限前經核扣展至捌月初玖日滿又印官
趙毓丹亦於叁月貳拾柒日未經限滿之先因
病請假卸事代理縣張書紳是日到任於伍月
拾叁日卸事計核緝壹箇月零拾陸日所有印
官疏防限內核緝壹月以上卸事職名係前代
理蕭縣知縣張書紳該縣趙毓丹是日銷假回
任疏防例限前經核扣展至柒月拾玖日滿督
緝知府劉鴻翱於拾叁年肆月拾玖日未經限
滿之先陞任廣東南韶連道卸事不復回任應

行詳請前府善慶及現任知府武凌漢均係接
督辦之員例無處分兼轄巡道李國瑞先於拾
叁年正月拾壹日前赴淮寧宿遷勘估土工帶
印公出於貳月初玖日公回失事之日係在公
出期內例得免議相應聲明列參再此案失事
處所離城肆拾里離汛叁拾里並無墩堡防兵
合並陳明臣謹具
題伏乞
皇上聖鑒勅部議覆施行謹題請
旨

江蘇巡撫林則徐題本　題參蕭縣知縣趙毓丹等疎防劫案屆滿贓犯無獲

道光十三年十一月二十三日

道光[illegible]地方提督軍務總理糧儲臣林則徐

兵部侍郎兼都察院右副都御史巡撫江蘇等處地方提督軍務總理糧儲臣林則徐謹

題爲詳參疎防文職事該臣查得蕭縣事主縱三
孜家被匪臨時行強刦去牛隻衣物壹案疎防例
限肆箇月應以道光拾叁年貳月初叁失事之
日起扣至陸月初叁日屆滿贓盜無獲開列疎
防職名請參前來除飭勒緝贓盜務獲究報外
所有文職疎防職名印官係蕭縣知縣趙毓丹
捕官係蕭縣典史陳國柱督捕係不同城銅沛
同知陸楷督緝係不同城徐州府知府劉鴻翺
兼轄係不同城分巡徐州道李國瑞捕官疎防
限內接緝壹月以上卸事職名係前代理蕭縣
典史師泰章印官疎防限內接緝壹月以上卸
事職名係前代理蕭縣知縣張書紳相應列參
謹題請

旨

江蘇巡撫林則徐題本

題參署銅山縣知縣王文炳等疎防劫案首犯系沛縣拏獲

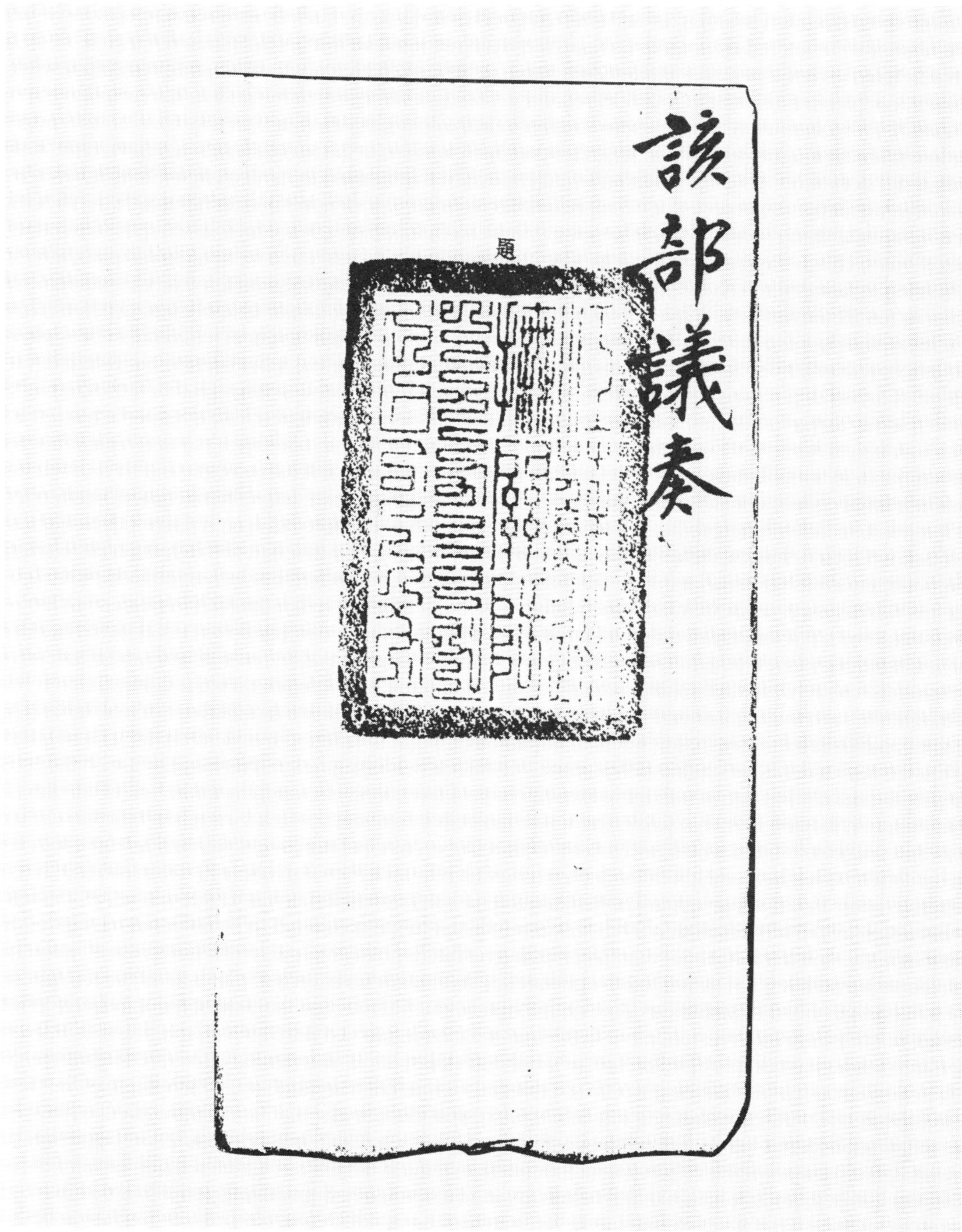

兵部侍郎兼都察院右副都御史巡撫江蘇等處地方提督軍務總理糧儲臣林則徐謹
題為補參疎防文職事據江蘇按察使怡良詳稱
據徐州府知府武凌漢詳據署銅山縣知縣王
文炳詳稱道光拾貳年拾貳月初肆日據地保
郭斌報據監生劉克岐投稱拾貳月初貳夜被
盜由廂屋進院撞門入室伊驚覺喊捕被一盜
用火煤向伊燃傷右腋肷劫去錢文衣物從大
門而逸等語往看屬實報候勘緝等情並據事
主劉克岐開單呈報到縣當經會營前詣勘得
事主劉克岐家有坐北朝南住房叁進由大門
進內第壹第貳兩進正屋東首均開設角門第
叁進有堂樓叁間東首又堂屋叁間向西廂屋

差問據事主劉克岐稱伊在堂樓下住宿是
夜被盜由廂屋進院撞開堂樓門及東首堂屋
門入室伊驚起披衣喊捕被一盜用火煤向擲
燃傷右腋肷劫去錢文衣物等語查驗堂樓門
及東堂屋門均有撞損痕跡該處離城壹百里
離沛伍拾里並無墩鋪防兵勘畢飭仵驗明劉
克岐右腋肷火煤燃傷壹處塡單飭醫估計失
贓值銀壹百肆拾柒兩伍錢伍分陸續提訊保
鄰人等供與事主報詞無異飭差勒緝旋於拾
貳月貳拾貳拾壹等日據捕協同營兵拏獲盜
犯邢二並在沛縣地方協同沛縣捕役拏獲劉
三並起出贓物稟解到縣訊據該犯等供認聽

從陳與周夥同陳驢祁三即亓三王金棟周茂
劉倫王成王常陳劉等一共拾壹人行劫劉克
岐家屬實將犯收禁比差勒緝嗣於拾叁年肆
月初貳拾捌貳拾捌等日准沛縣移會於叁月
初貳日會同防沛汛馬煥章拏獲陳驢陳與周
貳名又於初陸貳拾陸等日拏獲王金棟周茂
劉倫叁名又於肆月拾伍日拏獲祁三即亓三
壹名先後移解到縣訊供與祁二等所供相同
錄供通詳奉批緝審陳與周周茂劉三王金棟
先後在監病故當將陳驢等審依強盜已行得
財律擬斬立決聲明陳驢法無可貸祁二祁三
劉倫情有可原解蒙勘

題

在案查此案盜犯陳與周等首夥拾壹人雖於疎防限內拏獲首夥過半惟首盜陳與周等係沛縣拏獲疎防職名仍應照例補參茲據該縣將印捕職名由府開具督捕督緝並准巡道開移兼轄職名前來除勒緝逸盜王成等務獲究報外該江蘇按察使怡良查得銅山縣盜犯陳與周等行刦事主劉克岐家壹案疎防例限肆箇月應以道光拾貳年拾貳月初貳失事之日起扣至拾叁年肆月初貳日屆滿所有文職疎防職名印官係署銅山縣知縣王文炳捕官係銅山縣闞虎司巡檢馮人鳳督捕係同城銅沛同知陸楷督緝係同城前任徐州府知府劉鴻

銜兼轄徐徐州道李國瑞查督稱知府劉鴻翱
已於道光拾叁年肆月拾玖日陞任廣東南韶
連道卸事不復回任應請議結兼轄巡道李國
瑞先於拾貳年拾貳月初壹日馳赴下游查勘
土埽工程並赴清江面稟事件帶印公出失事
之日係在公出期內例得免議相應聲明伏候
核參等情到臣據此該臣查得銅山縣盜犯陳
與周行劫事主劉克岐家壹案此案盜犯陳與
周等首夥拾壹人雖於疏防限內拏獲首夥過
半惟首盜陳與周等係沛縣拏獲疏防職名仍
應照例補參開列疏防職名請參前來除飭勒
緝逸盜王成等務獲究報外所有文職疏防職

名印官係署銅山縣知縣王文炳捕官係銅山
縣闕虎司巡檢馮人鳳督捕係同城銅沛同知
陸椿督緝係同城前任徐州府知府劉鴻翱兼
轄係徐州道李國瑞查督緝知府劉鴻翱已於
道光拾叁年肆月拾玖日陞任廣東南韶連道
缺事不復回任應行議結兼轄巡道李國瑞先
於拾貳年拾貳月初壹日馳赴下游查勘土埽
工程並赴清江西東事件帶印公出失事之日
係在公出期內例得免議相應聲明列參再失
事處所離城壹百里離汛伍拾里並無墩舖防
兵合並陳明日謹具
題伏乞

皇上聖鑒勅部議覆施行謹題請
旨

道光[illegible]察院右副都御史督理糧儲臣林則徐

江蘇巡撫林則徐題本　題參署銅山縣知縣王文炳等疏防劫案首犯系沛縣拏獲
道光十三年十一月二十三日

兵部侍郎兼都察院右副都御史巡撫江蘇等處地方提督軍務兼理糧餉臣林則徐謹
題
爲補參疏防文職事該臣查得銅山縣盜犯陳
興周行刦事主劉克岐家壹案此案盜犯陳興
周等首夥拾壹人雖於疏防限內拏獲首夥過
半惟首盜陳興周等係沛縣拏獲疏防職名仍
應照例補參除飭勒緝逸盜王成等務獲究報
外所有文職疏防職名印官係署銅山縣知縣
王文炳捕官係銅山縣藺虎司巡檢馮人鳳督
捕係同城銅沛同知陸楷督緝係同城前任徐
州府知府劉鴻翶兼轄係徐州道李國瑞相應
列參謹題請
旨

江蘇巡撫林則徐題本 題參署東臺縣知縣孔昭顯等疏防命案屆滿兇犯無獲

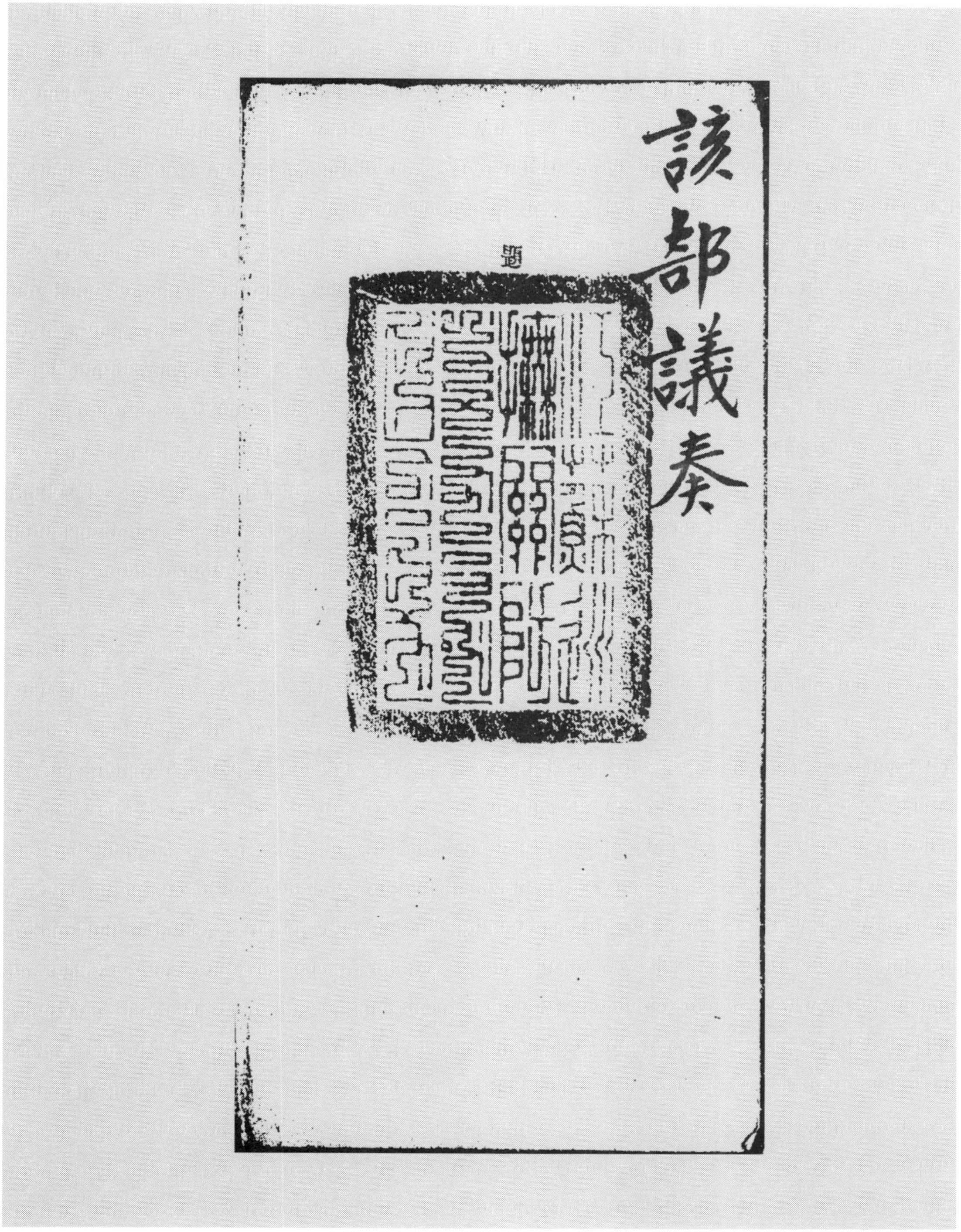
該部議奏

題

江蘇巡撫林則徐題本　題參署東臺縣知縣孔昭顯等疏防命案屆滿兇犯無獲
道光十三年十一月二十三日

兵部侍郎兼都察院右副都御史巡撫江蘇等處地方提督軍務總理糧儲臣林則徐謹
題爲詳參疏防文職事據江蘇按察使怡良詳稱
據揚州府知府陳鑾詳據署東臺縣知縣孔昭
顯詳稱道光拾叁年伍月貳拾伍日據地保楊
怨報據丹徒縣客民王志明投稱伊與胞伯王
淳珠在東臺開張煙店於伍月貳拾叁日夜被
賊進店伊睡熟聽聞錢桌聲響喊伯不應突有
賊匪從帳外持刀戳來伊即緊握帳門被傷兩
手喊鄰往救賊已逃逸鄰人高德茂持火查看
伊伯王淳珠已被賊匪刀傷斃命檢查錢桌內
失去洋錢叁拾肆圓錢叁百文等語往查屬實
理合報候驗緝等情並據屍姪王志明同報到

縣當經會營前詣該處勘得王淳珠店屋壹所
裝有櫃臺店內南北各設一鋪北鋪係屍姪王
志明睡臥查看帳門有尖刀戳傷數道沾有血
跡鋪旁有錢桌壹張南鋪係木櫃上鋪草蓆被
褥王淳珠赤身臥於櫃上兩脚抵地帳褥地板
均有血跡屍旁遺有火煤壹篙查看錢桌內有
翻動形跡勘畢飭仵驗明王淳珠實係被戳受
傷身死又驗得王志明左手大貳叁指右手大
指叁指各有刀戳傷壹處俱皮開有血提訊地
鄰人等供與報詞無異飭牙估贓值銀貳拾兩
柒錢錄供通詳奉批緝兇在案茲屆疎防限滿
兇賊無獲合將印捕職名開報等情由府開具

督緝職名前來除督捕兼轄職名分別移取另
詳請參並飭勒緝兇賊務獲究報外該江蘇按
察使怡良查得東臺縣事主王淳珠被賊戳傷
身死竊去洋錢並拒傷王志明壹案疏防例限
肆箇月應以道光拾叁年伍月貳拾叁失事之
日起扣至玖月貳拾叁日屆滿所有文職疏防
職名印官係署東臺縣知縣孔昭顯捕官係東
臺縣富安司巡檢李當詔督緝係不同城揚州
府知府豫盛理合開報查捕官李當詔先於伍
月拾貳日奉府札調彈壓考試文童公出於陸
月初陸日回署其失事之日係在該員公出期
內應請免議相應聲明伏候核參再此案失事

處所離城壹百陸拾里離汛壹百肆拾壹里並
無墩鋪防兵至事主王志明傷痕會否平復現
飭查明另詳合並聲明等情到臣據此該臣查
得東臺縣事主王淳珠被賊戳傷身死竊去洋
錢並拒傷王志明壹案疏防例限肆個月應以
道光拾叁年伍月貳拾叁失事之日起扣至玖
月貳拾叁日屆滿兇賊無獲開列疏防職名請
叅前來除飭勒緝兇賊務獲究報並飭取督捕
兼轄職名另叅外所有文職疏防職名印官係
署東臺縣知縣孔昭顯捕官係東臺縣富安司
巡檢李當韶督緝係不同城揚州府知府豫盃
查捕官李當韶先於伍月拾貳日奉府札調署

江蘇巡撫林則徐題本　題參署東臺縣知縣孔昭顯等疏防命案屆滿兇犯無獲

道光十三年十一月二十三日

覆考試文童公出於陸月初陸日回署其失事
之日係在該員公出期内例得免議相應聲明
列參再此案失事處所離城壹百陸拾里離汛
壹百肆拾壹里並無墩舖防兵至事主王志明
傷痕會否平復現飭查明另詳合並陳明臣謹
具
題伏乞
皇上聖鑒勅部議覆施行謹題請
旨

江蘇巡撫林則徐題本　題參署東臺縣知縣孔昭顯等疎防命案届滿兇犯無獲
道光十三年十一月二十三日

道光十……提督軍務總理糧儲臣林則徐

兵部侍郎兼都察院右副都御史巡撫江蘇等處地方提督軍務總理糧儲臣林則徐謹
題爲詳參疎防文職事該臣查得東臺縣事主王
淳珠被賊戳傷身死竊去洋錢並拒傷王志明
壹案疎防例限肆箇月應以道光拾叁年伍月
貳拾叁日失事之日起扣至玖月貳拾叁日届滿
兇盜無獲開列疎防職名請參前來除飭勒緝
兇賊務獲究報並飭取督捕兼轄職名另參外
所有文職疎防職名印官係署東臺縣知縣孔
昭顯捕官係東臺縣富安司巡檢李當詔督緝
係不同城揚州府知府孫益相應列參謹題請
旨

上諭　林則徐奏稱江蘇陰雨連綿田稻歉收著准予緩徵

道光十三年十二月初四日內閣奉

上諭林則徐奏續查太倉等四州縣秋收歉薄懇請緩徵一摺江蘇太倉州暨所屬之鎮洋嘉定寶山等縣並坐落該州縣境內之太倉鎮海金山三衛經該撫查明本年九月以後至十月下旬陰雨連綿晚稻木棉俱經傷損收成實為歉薄若將應徵新賦照例徵收民力未免拮据加恩著照所請太倉鎮洋嘉定寶山四州縣及坐落之太倉鎮海金山三衛幫續被歉收田地應徵道光十三年地漕各款銀米准其緩至道光十四年秋成後分作二年帶徵其該州縣衛幫應徵甲午年新賦並著緩至該年秋後啓徵所有帶徵各年舊欠錢糧如係

坐落歉區者亦著一併遞緩以紓民力該撫即刊
刻謄黃徧行曉諭務期寔惠及民毋任吏胥舞弊
用副朕軫念歉區至意該部知道欽此

江蘇巡撫林則徐題本 **題明長洲縣知縣蕭翀因病請開缺調理**

江蘇巡撫林則徐題本　題明長洲縣知縣蕭翀因病請開缺調理
道光十三年十二月初九日

兵部侍郎兼都察院右副都御史巡撫江蘇等處地方提督軍務總理糧儲臣林則徐謹
題爲知縣患病詳請開缺調理事道光拾叁年拾
壹月初玖日據蘇州布政使兼署江蘇按察使
陳鑾詳稱據長洲縣知縣蕭翀稟稱翀現年
肆拾玖歲順天大興縣人祖籍浙江山陰縣由
附生中式嘉慶辛酉科舉人丁丑科會試後大
挑壹等以知縣用簽掣南河借署阜寧縣北岸
縣丞調署碭山縣知縣防汛出力保
奏奉
旨賞加知州陞銜試署期滿實授調補今職於道光
拾叁年玖月初叁日到任黽勉從公奈向有下
紅之證偶遇辛苦即行舉發服藥即止尚可勉

江蘇巡撫林則徐題本　題明長洲縣知縣蕭翀因病請開缺調理
道光十三年十二月初九日

力支持一切公事照常辦理現在大發不止精
神委頓遍體骨脊發疼步履軟弱若不及早調
養恐成怯證伏思瞬值開漕必須臨倉徵收斷
難臥理仰乞俯賜開缺俾得安心調理以冀痊
可等情到司該蘇州布政使兼署江蘇按察使
陳鑾查得長洲縣知縣蕭翀因染患下血病證
稟請開缺調理前來除飭蘇州府委驗照例取
結詳辦外合先詳候會
題開缺至所遺長洲縣知縣係省會要缺例應在
外揀選調補容另遴員請補合並聲明等情到
臣據此該臣查得長洲縣知縣蕭翀染患下血
病證稟請開缺調理據蘇州布政使兼署江蘇

按察使陳鑾詳請會
題前來臣查蕭翀才明守潔辦事細心既因患病
應請准其開缺調理除飭驗明照例取具醫驗
各結并查明該員將來病痊是否尚堪起用任
內有無承辦緊要未完事件另行咨部外謹會
同兩江總督臣陶澍合詞具
題伏乞
皇上聖鑒勅部議覆施行再所遺長洲縣知縣係衝
繁疲難肆項相兼省會要缺例應在外揀選調
補容另遴員調補合並陳明謹題請
旨

江蘇巡撫林則徐題本　題明長洲縣知縣蕭翀因病請開缺調理
道光十三年十二月初九日

處地方提督軍務總理糧儲臣林則徐

兵部侍郎兼都察院右副都御史巡撫江蘇等處地方提督軍務總理糧儲臣林則徐謹
題爲知縣患病詳請開缺調理事該臣查得長洲
縣知縣蕭翀染患下血病證稟請開缺調理據
蘇州布政使兼署江蘇按察使陳鑾詳請會
題前來臣查蕭翀才明守潔辦事細心既因患病
應請准其開缺調理除飭取具醫驗
各結并查明該員將來病痊是否尚堪起用任
內有無承辦緊要未完事件另行咨部外謹會
題請
旨

江蘇巡撫林則徐題本

題參沛縣知縣朱榮桂等疏防劫案屆滿贓犯無獲

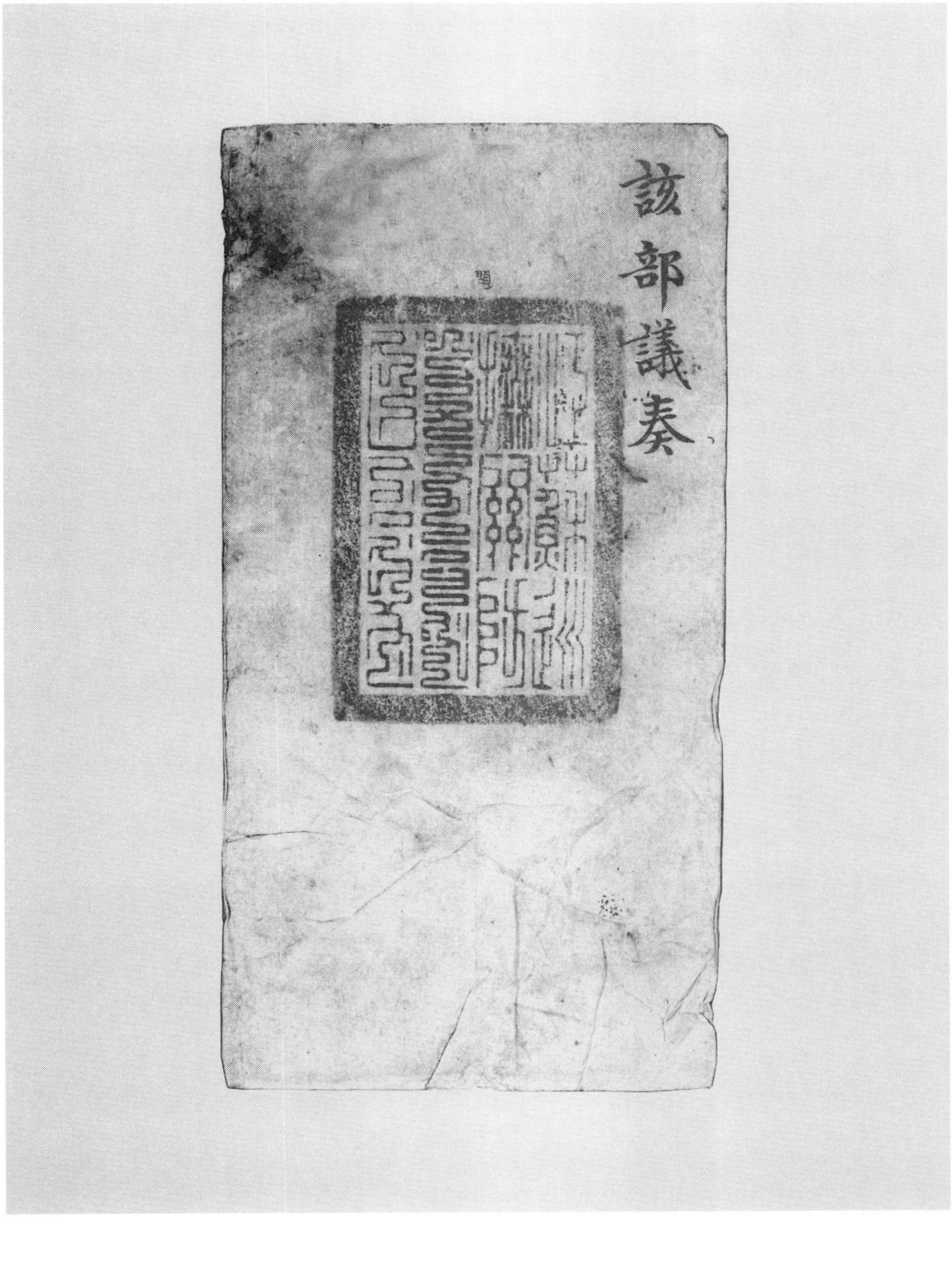

江蘇巡撫林則徐題本 題參沛縣知縣朱榮桂等疏防劫案屆滿贓犯無獲

道光十三年十二月初九日

江蘇巡撫林則徐題本　題參沛縣知縣朱榮桂等疎防劫案屆滿贓犯無獲

道光十三年十二月初九日

兵部侍郎兼都察院右副都御史巡撫江蘇等處地方提督軍務總理糧儲臣林則徐謹
題為詳參疎防文職事據兼署江蘇按察司事蘇
州布政使陳鑾詳稱查接管卷內據徐州府知
府武凌漢詳據沛縣知縣朱榮桂詳稱道光拾
貳年閏玖月初拾日據貢生朱訓典報於初玖
日夜被盜撥門入室行劫伊子朱延慶及孫朱
宗翰起捕朱延慶自在門框扎傷額顱並被盜
戳傷右肋朱宗翰被盜綑縛劫去衣錢而逸開
單報叩緝究等情到縣據即會營前詣該處勘
明被劫情形飭仵驗得朱延慶右額角扎傷壹
處紅色右肋擦傷壹處皮破血污朱宗翰並無
綑縛痕跡填單附卷飭醫調治訊據地保劉然

供稱伊住處與朱訓典家相離約有伍里聞玖
月初玖日夜朱訓典家如何被劫伊並未知訊
之鄰佑王書供稱初玖夜朱訓典家被盜撥門
入室行劫伊先未知後聞朱訓典贓補起視盜
已逃逸訊據朱訓典供與報詞無異飭牙估計
失贓值銀肆拾肆兩肆錢錄供通詳掌批緝叅
詞據事主朱訓典以補役黃振等徇勒改竊等
情赴
欽差行轅呈控咨蒙撫院飭發徐州府親提訊明朱
訓典家被盜行劫戳傷伊子朱延慶右肋屬實
朱宗輸被盜綑縛一層係該事主圖速破案捏
報當經氏差勒緝在案盜查疎防限屆贓盜無

江蘇巡撫林則徐題本　題參沛縣知縣朱榮桂等疎防劫案屆滿贓犯無獲

道光十三年十二月初九日

獲飭查事主傷痕平復合將印捕職名開報等
情由府道遞開暫補暫緝兼轄各職名到前司
移交前來除飭勒緝贓盜務獲究報外該兼署
江蘇按察司事蘇州布政使陳鑾查得沛縣事
主朱訓典被盜行刦拒傷伊子朱廷慶平復壹
案疎防例限肆箇月應以道光拾貳年閏玖月
初玖失事之日起扣至拾叁年正月初玖日屆
滿贓盜無獲所有文職疎防職名印官係署沛
縣知縣朱榮桂補官係署沛縣典史婁榮暫補
係不同城銅沛同知陸梧暫緝係不同城前任
徐州府知府劉鴻翺兼轄係不同城分巡徐州
道李國瑞相應開報詳候核參再暫緝知府劉

鴻勳於拾叁年肆月拾玖日陞任廣東南韶連
道卸事不復回任應請議結前府善慶現任知
府武凌漢係接署緝之員例無處分兼轄巡道
李國瑞先於拾貳年玖月初拾日前赴下游查
勘運河工程帶印公出失事之日係在公出期
內例得免議失事處所離城貳拾壹里並無墩
鋪防兵其離汛若干里未據聲明現飭查明另
詳此案因事主上控經府提審輾轉提解人證
訊詳是以開參較遲合并聲明等情到臣據此
該臣查得沛縣事主朱訓典被盜行刧拒傷伊
子朱延慶平復壹案疏防例限肆箇月應以道
光拾貳年閏玖月初玖失事之日起扣至拾叁

江蘇巡撫林則徐題本　題參沛縣知縣朱榮桂等疏防劫案屆滿贓犯無獲

道光十三年十二月初九日

年正月初玖日屆滿贓盜無獲開列疏防職名
請參前來除飭勦緝贓盜務獲究報外所有文
職疏防職名印官係署沛縣知縣朱榮桂捕官
係署沛縣典史婁榮督捕係不同城銅沛同知
陸稽督緝係不同城前任徐州府知府劉鴻翶
兼轄係不同城分巡徐州道李國瑞相應列參
再督緝知府劉鴻翶於拾叁年肆月拾玖日陞
任廣東南韶連道卸事不復回任應行議結前
府善慶現任知府武凌漢係接督緝之員例無
處分兼轄巡道李國瑞先於拾貳年玖月初拾
日前赴下游查勘運河工程帶印公出失事之
日係在公出期內例得免議失事處所離城貳

拾壹里並無墩舖防兵其離汛若干里未據聲
明現飭查明另咨此案因事主上控經該府提
審輾轉提解人證訊詳是以開參較遲合並陳
明臣謹具
題伏乞
皇上聖鑒勅部議覆施行謹題請
旨

江蘇巡撫林則徐題本　題參沛縣知縣朱榮桂等疏防劫案屆滿贓犯無獲

道光十三年十二月初九日

軍機大臣　字寄
兩江總督陶　道光十三年十二月十五日奉
上諭本日林則徐奏查明常州府屬各縣被雨歉收
懇恩酌予緩徵一摺據稱常州府屬之武進等七
縣本年十月以後連被陰雨該撫親加查勘均係
由豐轉歉懇恩無分輕重區圖將武進陽湖二縣
本年新漕各於通縣普緩十分之二無錫縣普緩
十分中之二分六釐金匱縣普緩十分中之二分
四釐江陰宜興荆溪三縣各普緩十分中之二分
五釐又據稱該七縣被歉田畝既係無分區圖一
律普緩所有區圖頃畝斗則圖冊即無從分別查
造應請免其造送等語各省府廳州縣由各該督

上諭　著陶澍確查林則徐奏常州府屬緩徵各縣應緩分數具奏

道光十三年十二月十五日

撫奏請緩徵無論成災及勘不成災所有應緩錢漕均條覈計分數奏明辦理即請緩十分中之幾分幾釐更須查勘明確以歸覈實且稱被歉田畝無分區圖一律普緩所有區圖頃畝斗則圖冊率請免其造送試思請緩災區不行造具詳晰圖冊報部何從查覈勾稽難保無吏胥朦混高下其手該撫不即查勘明確率行奏請著該督即將常州府屬續請緩徵各縣應緩十分中之幾分幾釐切實查勘及圖冊免造有無朦混之處一併確查據實奏聞仍將請緩各災區頃畝斗則圖冊逐分晰造報迅即查明具奏俟奏到時再降諭旨將此諭令知之欽此遵旨寄信前來

江蘇巡撫林則徐題本

題報淮安府海防同知章承斐病故日期

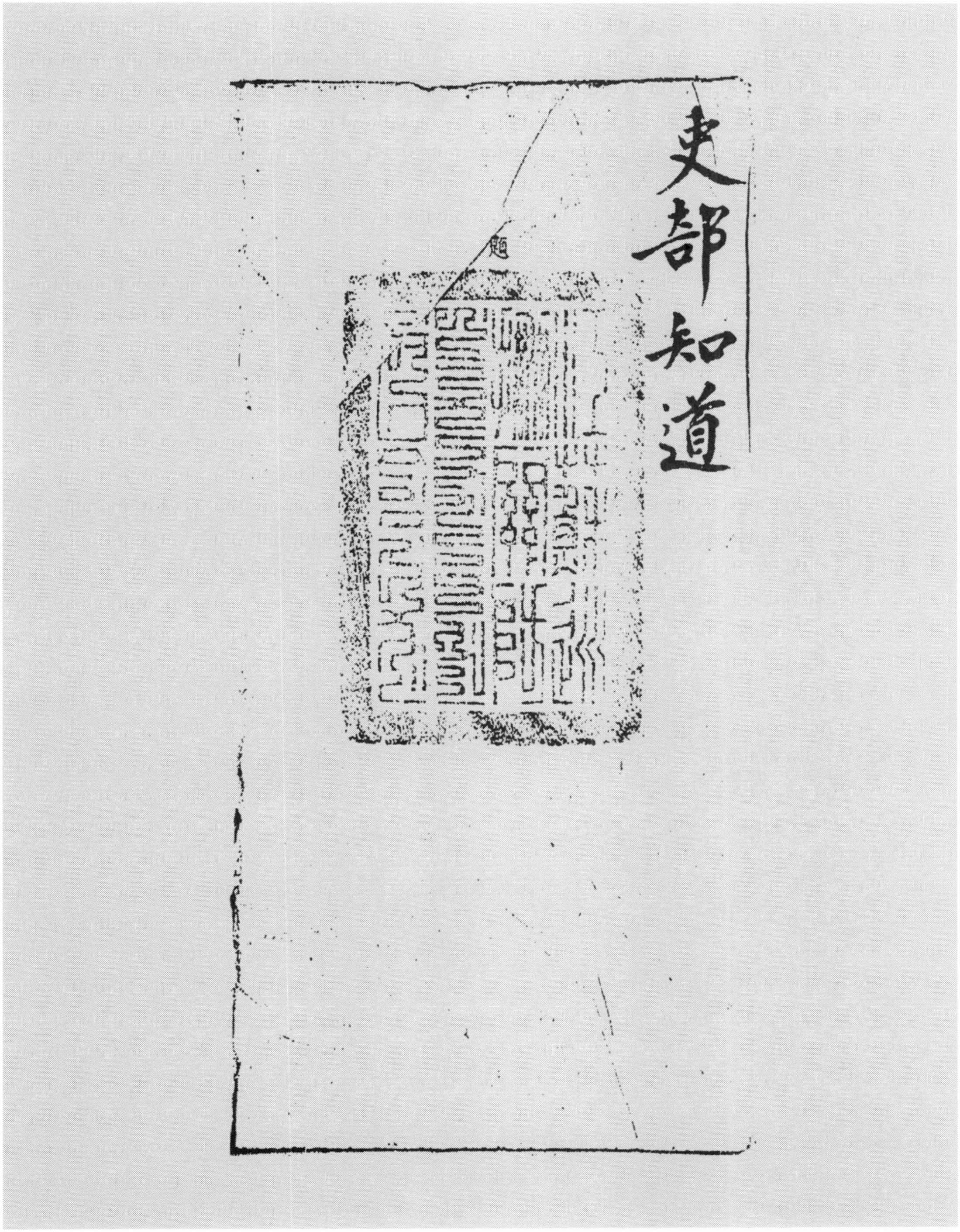

兵部侍郎兼都察院右副都御史巡撫江蘇等處地方提督軍務總理糧儲臣林則徐謹

題爲同知病故事道光拾叁年拾貳月拾伍日准

署理江南河道總督臣麟慶咨稱拾貳月初陸

日據淮海道文麟稟據海防同知章承斐家人

李升稟稱竊家長章承斐係浙江歸安縣人由

南河候補從玖品加捐通判投効部撥分發東

河秋汛安瀾出力

奏准儘先補用補河南衛輝府上北衛糧通判陞

山東運河同知因與東河總督臣嚴烺兒女姻

親迴避截掣南河補山安同知丁憂回籍服滿

到工

題署淮安府海防同知於道光玖年拾月貳拾貳

日任事拾年秋汛安澜
賞加陞銜拾壹年實授今因染患痰喘病證醫治罔
效於道光拾叁年拾貳月初肆日病故准署理
江南河道總督臣麟慶咨會
題報前來臣謹恭疏具
題伏乞
皇上聖鑒勅部查照施行謹具題
聞

江蘇巡撫林則徐題本　題報淮安府海防同知章承斐病故日期
道光十三年十二月二十一日

兵部侍郎兼都察院右副都御史巡撫江蘇等處地方提督軍務總理糧儲臣林則徐謹
題爲同知病故事該臣查得淮安府海防同知章
承斐因素患痰喘病症醫治罔效於道光拾叁
年拾貳月初肆日病故准署理江南河道總督
臣麟慶咨會
題報前來謹具題
聞

江蘇巡撫林則徐題本

金壇縣續完道光十一年南糧米石原參知縣陳希敬題請開復

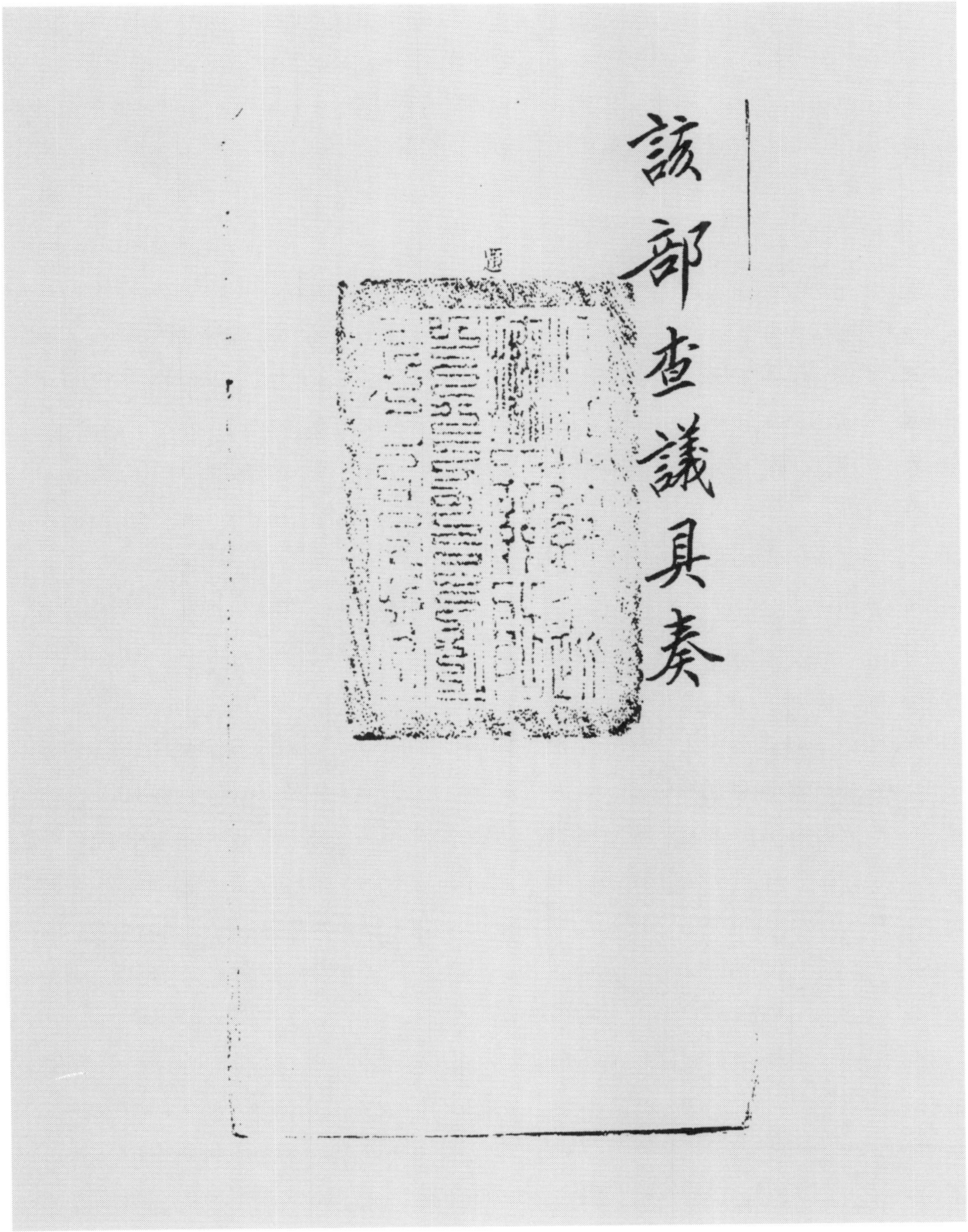
該部查議具奏

江蘇巡撫林則徐題本　金壇縣續完道光十一年南糧米石原參知縣陳希敬題請開復　道光十三年十二月二十一日

江蘇巡撫林則徐題本　金壇縣續完道光十一年南糧米石原參知縣陳希敬題請開復

道光十三年十二月二十一日

兵部侍郎兼都察院右副都御史巡撫江蘇等處地方提督軍務總理糧儲臣林則徐謹
題爲經徵南糧米石照數全完
題請開復事據蘇州布政使陳鑾詳稱案奉行准
戶部咨蘇州省道光拾壹年地丁錢糧奏銷案
内米豆項下未完叁分以上之前任金壇縣知
縣陳希敬照例降貳級留任戴罪催徵完日開
復陳希敬已調江陰縣知縣其應照例議結之
處俟復參案内聲明卸事日期吏部再行核議
等因到院行司奉此兹查金壇縣道光拾壹年
分本色奏銷冊報未完熟田米陸百柒拾貳石
捌斗捌升玖合伍勺現經催據該縣續徵完報
前來除造入道光拾貳年隨

奏冊內咨部查核外伏查催徵錢糧如有叅從納
行全完者例應詳
題開復今前任金壇縣知縣陳希敬已於道光拾
貳年閏玖月貳拾肆日調補江陰縣卸事所有
該縣米豆項下未完叁分以上原議降職貳級
戴罪催徵之案現已續徵全完理合造冊詳候
具
題開復再蘇州省道光拾壹年奏銷案內未完熟
田南糧米豆現已通屬續報全完所有司總督
催未完分數本係不及壹分例無議處其鎮江
府知府劉鈴督催未完部議祇係罰俸完結亦
無庸開復現在附造續完清冊詳送咨部合並

聲明等情據此該臣查得蘇松等屬道光拾壹
年地丁錢糧奏銷案內米豆項下前任金壇縣
知縣陳希敬未完叁分以上接准戶部議覆照
例降貳級留任戴罪催徵完日開復陳希敬已
調江陰縣知縣其應照例議結之處俟復參案
內聲明卽事日期吏部再行核議等因卽經轉
行遵照去後今據蘇州布政使陳鑾詳稱查金
壇縣道光拾壹年分本色奏銷冊報未完漕田
南米陸百柒拾貳石捌斗零現經催據該縣續
徵完報前來除造入道光拾貳年道
奏冊內咨部查核外伏查催徵錢糧如有參後續
行全完例應詳

題開復今前任金壇縣知縣陳希敬已於道光拾
貳年閏玖月貳拾肆日調補江陰縣卸事所有
該縣米豆項下未完叁分以上之原議降職貳
級戴罪催徵之案現已續徵全完理合造冊詳
候具
題開復并聲明蘇州省道光拾壹年奏銷案內未
完熟田南糧米豆現已通屬滙報全完所有司
總督催未完分數本條不及壹分例無議處其
鎮江府知府劉鈴督催未完部議祇條罰俸完
結亦無庸開復現在附造續完清冊一并詳送
咨部等情前來臣覆核無異除冊分送戶吏貳
部查核外相應具

題伏乞

皇上聖鑒勅部核覆施行謹題請

旨

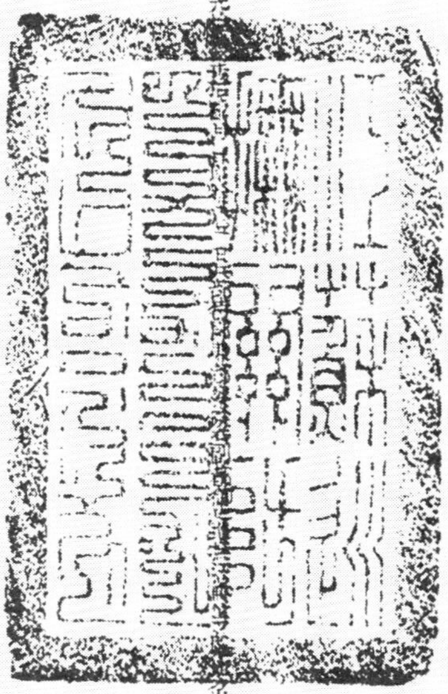

道光[illegible]提督軍務兼理糧餉臣林則徐

兵部侍郎兼都察院右副都御史巡撫江蘇等處地方提督軍務總理糧儲臣林則徐謹

題爲經徵南糧米石照數全完

題請開復事該臣查得蘇松等屬道光拾壹年地

丁錢糧奏銷案內米豆項下前任金壇縣知縣

陳希敬未完叁分以上接准戶部議覆照例降

貳級留任戴罪催徵完日開復陳希敬已調江

陰縣知縣其應照例議結之處俟後參案內聲

明卸事日期吏部再行核議等因即經轉行遵

照去後今據蘇州布政使陳鑾詳稱查金壇縣

道光拾壹年分本色奏銷冊報未完熟田南米

陸百柒拾貳石捌斗零現經催據該縣續徵完

報前來除造入道光拾貳年隨

奏冊內咨部查核外伏查催徵錢糧如有參後續

行全完例應詳

題開復今前任金壇縣知縣陳希敬已於道光拾

貳年閏玖月貳拾肆日調補江陰縣卸事所有

該縣米豆項下未完叁分以上原議降職貳級

戴罪催徵之案現已續徵全完理合造冊詳候

具

題開復等情前來臣覆核無異除冊送部外謹題

請

旨

江蘇巡撫林則徐題本

題報護理常鎮通海道豫益接管揚關由閘稅務日期

該部知道

題

江蘇巡撫林則徐題本　題報護理常鎮通海道豫益接管揚關由閘稅務日期　道光十三年十二月二十一日

兵部侍郎兼都察院右副都御史巡撫江蘇等處地方提督軍務總理糧儲臣林則徐謹

題爲恭報委管揚關由閘稅務日期仰祈

聖鑒事竊照揚州關由閘稅務前經臣飭委常鎮道

李彥章管理業將接管日期恭疏

題報在案嗣因江蘇按察使怡良丁憂出缺經臣

會同督臣陶澍

奏委常鎮道李彥章署理茲查常鎮通海道印務

已委揚州府豫益護理所有揚州關及由閘稅

務應令該護道兼管當經檄飭遵照去後今據

護理常鎮通海道豫益詳報遵於道光拾叁年

拾壹月拾伍日接管揚關由閘稅務循例詳請

題報前來臣仍督飭認真經理實力稽徵並令將

前任常鎮通海道李彥章經手稅課錢糧題案

接收清楚外相應恭疏

題報伏乞

皇上聖鑒勅部查照施行謹具題

旨

道光[illegible]侍郎兼都察院右副都御史巡撫江蘇等處地方提督軍務兼理糧餉臣林則徐

江蘇巡撫林則徐題本　題報護理常鎮通海道豫益接管揚關由閘稅務日期　道光十三年十二月二十一日

兵部侍郎兼都察院右副都御史巡撫江蘇等處地方提督軍務總理糧儲臣林則徐謹
題爲恭報委管揚關由閘稅務日期仰祈
聖鑒事竊照揚州關由閘稅務前經臣飭委常鎮通
李彥章管理嗣因江蘇按察使怡良丁憂出缺
經臣會同督臣陶澍
奏委常鎮道李彥章署理茲查常鎮通海道印務
已委揚州府豫益護理所有揚州關及由閘稅
務應令該護道兼管當經檄飭遵照去後今據
護理常鎮通海道豫益詳報遵於道光拾叁年
拾壹月拾伍日接管揚關由閘稅務循例詳請
題報前來臣仍督飭認眞經理實力稽徵並令將
關閘稅課錢糧接收清楚外謹具題
聞

江蘇巡撫林則徐題本 題報蘇松等屬道光十二年以前舊欠地丁各銀完欠數目

該部察核具奏

題

江蘇巡撫林則徐題本 題報蘇松等屬道光十二年以前舊欠地丁各銀完欠數目

道光十三年十二月二十一日

兵部侍郎兼都察院右副都御史巡撫江蘇等處地方提督軍務總理糧儲臣林則徐謹

題爲查報道光拾貳年以前舊欠錢糧完欠事據

蘇州布政使陳鑾詳稱竊照戶部奏准嗣後奏

銷現年錢糧之時將歷年未完項下續完若干

仍未完若干并動用存貯各數目分別彙造清

冊另繕題本隨本年奏銷一并具

題等因奉經覆照在案今道光拾貳年地丁等項

錢糧業經造冊詳

題所有蘇松等屬道光拾壹年奏銷案內未完地

丁杠腳屯折雜稅學租等項銀米又道光拾壹

年隨奏案內未完地丁等項統計共該正銀玖

拾肆萬壹千肆百柒拾捌兩玖錢伍分捌釐耗

江蘇巡撫林則徐題本　題報蘇松等屬道光十二年以前舊欠地丁各銀完欠數目
道光十三年十二月二十一日

羨銀陸萬壹百貳拾伍兩陸錢陸分自道光拾貳年正月起至年底止已完正銀柒萬叁千伍百伍拾伍兩貳錢壹分壹釐耗羨銀叁千肆百捌兩柒錢貳分玖釐又登銷丹徒縣奉部准豁運河積土壓廢田地應免道光元年并嘉慶貳拾叁肆伍等年地丁正銀伍百叁拾叁兩肆錢玖分陸釐耗羨銀叁拾柒兩叁錢肆分陸釐又登銷院臺分賠前任丹徒縣王臺虧缺庫項完存河南藩庫蘇省詳咨註銷原缺道光伍年地丁正銀叁拾捌兩伍錢陸分以上共完并登銷正銀柒萬肆千壹百貳拾柒兩貳錢陸分柒釐耗羨銀叁千肆百肆拾陸兩柒分伍釐外有溢

完正銀伍錢陸分耗羨銀叁錢玖分玖釐仍未
完名款正銀捌拾陸萬柒千叁百伍拾壹兩陸
錢玖分壹釐耗羨銀伍萬陸千陸百柒拾玖兩
伍錢捌分伍釐所有未完正耗項下因災應緩
升熟田應徵及丹徒縣前故令王臺虧缺又豁
兒楊秉忠應賠失察銀匠侵虧條銀挪缺正款
奉部行令駁歸原挪人員追賠各年款現於隨
奏總冊內分晰登報查考其未完道光拾壹年
以前應行帶徵各年南米肆萬壹千柒百柒拾
肆石捌斗柒合伍勺本色豆貳百貳拾玖石玖
斗柒升壹合叁勺折價豆壹千柒百壹拾叁石
貳斗玖升捌合陸勺扣至道光拾貳年年底止

已徵完米伍千柒百叁拾叁石捌斗肆升貳合
貳勺折價豆壹千貳百玖拾伍石貳斗玖升柒
合又災戶預完折價豆叁勺仍未完米叁萬陸
千肆拾石玖斗陸升伍合叁勺本色豆貳百貳
拾玖石玖斗柒升壹合叁勺折價豆肆百壹拾
捌石壹合叁勺相應照例截至道光拾貳年年
底止分別已未完款動存各數分晰造冊詳候
具
題至各屬未完銀兩自道光拾叁年正月初壹日
起至伍月底止續據完解正銀壹千玖百捌兩
叁錢捌分耗羨銀壹百肆兩玖錢柒分叁釐所
有動存各數統於下屆隨奏案內造報查前項

未完銀兩除本年伍月底止續據完解外尚該
未完各款正銀捌拾陸萬伍千肆百肆拾叁兩
叁錢壹分壹釐耗羨銀伍萬陸千伍百柒拾肆
兩陸錢壹分貳釐此項未完銀內各年地丁扛
脚學租屯折正耗緣有因災展緩舊欠之項現
於隨奏冊內照案分晰聲明其餘應行催徵熟
田各款現仍飭催完解統於下屆冊內造報再
嘉慶貳拾貳年以前銀米俱已全完並註銷清
結無需造報合並聲明等情據此該臣查得奏
銷現年地丁錢糧之時例應將歷年未完項下
續完仍欠各數分晰造冊另繕題本隨本年奏
銷一并具

江蘇巡撫林則徐題本　題報蘇松等屬道光十二年以前舊欠地丁各銀完欠數目

道光十三年十二月二十一日

題今據蘇州布政使陳鑾詳稱道光拾貳年地丁
等項錢糧業經造冊詳
題所有蘇松等屬道光拾壹年奏銷案內未完地
丁扛脚屯折雜稅學租等項銀米又道光拾壹
年隨奏案內未完地丁等項統計共該正銀玖
拾肆萬壹千肆百柒拾捌兩零耗羡銀陸萬壹
百貳拾伍兩零自道光拾貳年正月起至年底
止已完正銀柒萬叁千伍百伍拾伍兩零耗羡
銀叁千肆百捌兩零又登銷丹徒縣奉部准豁
運河積土壓廢田地應免道光元年并嘉慶貳
拾叁肆伍等年地丁正銀伍百叁拾叁兩零耗
羡銀叁拾柒兩零又登銷臣分賠前任丹徒縣

王臺虧缺庫項完存河南藩庫蘇省詳咨註銷
原缺道光伍年地丁正銀叁拾捌兩零以上共
完并登銷正銀柒萬肆千壹百貳拾柒兩零耗
羨銀叁千肆百肆拾陸兩零外溢完銀伍錢零
耗羨銀叁錢零仍未完各款正銀捌拾陸萬柒
千叁百伍拾壹兩零耗銀伍萬陸千陸百柒拾
玖兩零所有未完正耗項下因災遞緩并熟田
應徵及丹徒縣前故令王臺虧缺又豁免楊秉
忠應賠失察銀匠侵虧條銀挪缺正款奉部行
令駁歸原挪人員追賠各年款現於隨奏總冊
內分晰造報查考其未完道光拾壹年以前應
行帶徵各年南米肆萬壹千柒百柒拾肆石零

本色豆貳百貳拾玖石零折價豆壹千柒百壹
拾叁石零扣至道光拾貳年年底止已徵完米
伍千柒百叁拾叁石零折價豆壹千貳百玖拾
伍石零又災戶預完折價豆叁石仍未完米叁
萬陸千肆拾石零本色豆貳百貳拾玖石零折
價豆肆百壹拾捌石零分別已未完款動存各
數分晰造冊詳
題
并聲明各屬未完銀兩自道光拾叁年正月初
壹日起至伍月底止續據完解正銀壹千玖百
捌兩零耗羨銀壹百肆兩零所有動存各數統
於下屆隨奏案內造報尚該未完各款正銀捌
拾陸萬伍千肆百肆拾叁兩零耗羨銀伍萬陸

千伍百柒拾肆両零此項未完銀內各年地丁
扛脚學租屯折正耗緣有因災展緩舊欠之項
現於隨奏冊內照案分晰聲明其餘應行催徵
熟田各款現仍飭催完解統於下屆冊內造報
再嘉慶貳拾貳年以前銀米俱已全完並註銷
清結無需造報等情前來臣覆核無異除冊送
部查核外相應具
題伏乞
皇上聖鑒勅部查核施行謹具題
聞

道光[illegible]兵部侍郎兼都察院右副都御史巡撫江蘇等處地方提督軍務總理糧儲臣林則徐

兵部侍郎兼都察院右副都御史巡撫江蘇等處地方提督軍務總理糧儲臣林則徐謹

題爲查報道光拾貳年以前舊欠錢糧完欠事該

臣查得奏銷現年地丁錢糧之時例應將歷年

未完項下續完仍欠各數分晰造册另繕題本

隨本年奏銷一并具

題今據蘇州布政使陳鑾詳稱蘇松等屬道光拾

壹年奏銷又拾壹年隨奏案內未完地丁等項

共該正銀玖拾肆萬壹千肆百柒拾捌兩零耗

羨銀陸萬壹百貳拾伍兩零自道光拾貳年正

月起至年底止已完正銀柒萬叁千伍百伍拾

伍兩零耗羨銀叁千肆百捌兩零又登銷丹徒

縣奉部准豁運河積土壓廢田地應免地丁正

江蘇巡撫林則徐題本　題報蘇松等屬道光十二年以前舊欠地丁各銀完欠數目

道光十三年十二月二十一日

銀伍百叁拾叁兩零耗羨銀叁拾柒兩零又登銷臣分賠并徒縣王臺齡起庫項完存河南藩庫蘇省詳咨註銷原批道光伍年地丁正銀叁拾捌兩零以上共完并登銷正銀柒萬肆千壹百貳拾柒兩零耗羨銀叁千肆百肆拾陸兩零外溢完銀伍錢零耗羨銀叁錢零仍未完正銀捌拾陸萬柒千叁百伍拾壹兩零耗羨銀伍萬陸千陸百柒拾玖兩零其未完道光拾壹年以前應行帶徵各年南米肆萬壹千柒百柒拾肆石零本色豆貳百貳拾玖石零折價豆壹千柒百壹拾叁石零加至道光拾貳年年底止已徵完米伍千柒百叁拾叁石零折價豆壹千貳百玖拾伍石零又災戶領完折價豆叁勺仍未完米叁萬陸千肆拾石零本色豆貳百貳拾玖石零折價豆肆百壹拾捌石零造冊詳

題并聲明各屬未完銀兩自道光拾叁年正月初壹日起至伍月底止續完銀兩動存各數統於下屆隨奏案內造報尚該未完各款正銀捌拾陸萬伍千肆百肆拾叁兩零耗羨銀伍萬陸千伍百柒拾肆兩零緣有因災展緩舊欠之項現於隨奏冊內照案分晰聲明其餘應行催徵熟田各款現仍催解造報等情前來臣覆核無異除冊送部外謹具題

請

江蘇巡撫林則徐題本　查報蘇州等屬壓徵道光十二年以前舊欠蘆課錢糧數目

該部察核具奏

題

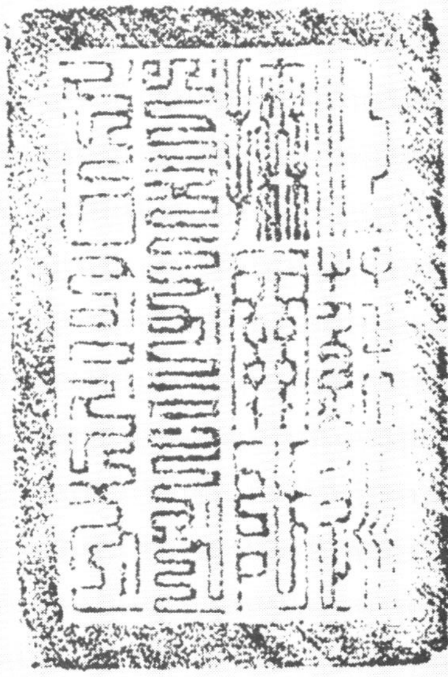

江蘇巡撫林則徐題本　查報蘇州等屬壓徵道光十二年以前舊欠蘆課錢糧數目
道光十三年十二月二十一日

兵部侍郎兼都察院右副都御史巡撫江蘇等處地方提督軍務總理糧儲臣林則徐謹
題爲查報道光拾貳年以前舊欠錢糧隨
奏完欠事據蘇州布政使陳鑾詳稱竊照節年未
完蘆課銀兩奉准部咨照地丁奏銷之例分晰
續完仍欠細數隨同本年奏銷另疏造冊
題報等因今查蘇州等屬道光拾貳年壓徵拾壹
年蘆課錢糧業經造冊詳
題所有道光拾壹年壓徵拾年蘆課
奏銷並道光拾壹年隨
奏案內未完銀兩內有丹徒縣坍江候豁銀貳千
玖百陸拾玖兩叁錢柒分柒釐耗羨銀貳百柒
兩捌錢伍分壹釐現催詳咨請豁欲俟奉部覆

准登銷外統共實未完正銀壹拾柒萬貳千肆
百叁兩捌錢叁分肆釐耗羨銀壹萬壹千捌百
捌拾兩玖錢叁分玖釐自道光拾貳年正月起
至年底止已完正銀壹千玖百柒拾壹兩肆錢
柒分壹釐耗羨銀壹百叁拾兩叁釐仍未完正
銀壹拾柒萬肆百叁拾貳兩叁錢陸分叁釐內
未完災田緩徵銀貳萬壹千伍百伍拾伍兩陸
錢伍分柒釐未完熟田銀壹拾肆萬捌千捌百
柒拾陸兩柒錢陸釐又未完耗羨銀壹萬壹千
柒百伍拾兩玖錢叁分陸釐內未完災田緩徵
銀壹千肆百伍拾玖兩陸錢伍分捌釐未完熟
田銀壹萬貳百玖拾壹兩貳錢柒分捌釐照例

貳至道光拾貳年年底止查明已未完解動存
各數分晰開冊詳送並將道光拾叁年正月起
至伍月底止仍未完銀數一并造冊附呈具
題至各屬未完正銀壹拾柒萬肆百叁拾貳兩叁
錢陸分叁釐又未完耗羨銀壹萬壹千柒百伍
拾兩玖錢叁分陸釐內有前任丹徒縣病故知
縣王臺動缺徵存壓徵道光肆年熟田正銀肆
千肆拾伍兩肆錢玖分伍釐耗羨銀貳百捌拾
叁兩壹錢捌分伍釐又壓徵道光叁年熟田正
銀貳百肆拾貳兩壹錢陸分貳釐耗羨銀壹拾
陸兩玖錢伍分壹釐共計正銀肆千貳百捌拾
柒兩陸錢伍分柒釐耗羨銀叁百兩壹錢叁分

陸釐業經詳請恭
奏在案茲歸本案追解銷結外實未完正銀壹拾
陸萬陸千壹百肆拾肆兩柒錢陸釐內未完災
田緩徵銀貳萬壹千伍百伍拾伍兩陸錢伍分
柒釐未完熟田銀壹拾肆萬肆千伍百捌拾玖
兩肆分陸釐又未完耗羨銀壹萬壹千肆百伍
拾兩捌錢內未完災田緩徵銀壹千肆百伍拾
玖兩陸錢伍分捌釐未完熟田銀玖千玖百玖
拾壹兩壹錢肆分貳釐再查節年未完銀兩內
有道光拾壹年秋被水災并勘不成災應行遞
緩銀數業經專案造冊詳咨在案尚有道光拾
貳年秋被水災并勘不成災應行遞緩細數現

在查造清冊另行詳咨其熟田未完銀兩現在
分别催徵完解另報合並聲明等情據此該臣
查得奏銷現年蘆課錢糧之時例應將節年未
完銀兩分晰續完仍欠細數另疏造冊
題報所有蘇州等屬道光拾貳年壓徵拾壹年蘆
課錢糧奏銷先經照例具
題令據蘇州布政使陳鑾詳稱蘇州等屬道光拾
壹年壓徵拾年蘆課
奏銷並道光拾壹年隨
奏案内未完銀兩除浙江候諮外統計未完正銀
壹拾柒萬貳千肆百叁兩零耗羨銀壹萬壹千
玖百捌拾兩零自道光拾貳年正月起至年底

江蘇巡撫林則徐題本 查報蘇州等屬壓徵道光十二年以前舊欠蘆課錢糧數目

道光十三年十二月二十一日

止已完正銀壹千玖百柒拾壹兩零耗羨銀壹
百叁拾兩零仍未完正銀壹拾柒萬肆百叁拾
貳兩零耗羨銀壹萬壹千肆百伍拾玖兩零查
明已未完解動存各數開冊詳
題並聲明各屬未完銀內有丹徒縣病故知縣王
臺勳缺徵存壓徵道光叁肆兩年蕪田正銀肆
千貳百捌拾柒兩零耗羨銀叁百兩零蕪歸本
案追解銷結外實未完正銀壹拾陸萬陸千壹
百肆拾肆兩零耗羨銀壹萬壹千肆百伍拾兩
零前項未完銀兩內有道光拾壹年秋被水災
并勘不成災應行遞緩銀數業經專案造冊詳
咨在案尚有道光拾貳年秋被水災并勘不成

覈應行造錢細數現在查追清而另行詳咨其
熟田未完銀兩現在分別催徵完解另報等緣
前來臣覆核無異除冊送部查核外合應具
題伏乞
皇上聖鑒勅部核覆施行謹題請
旨

江蘇巡撫林則徐題本　查報蘇州等屬壓徵道光十二年以前舊欠蘆課錢糧數目

道光十三年十二月二十一日

兵部侍郎兼都察院右副都御史巡撫江蘇等處地方提督軍務兼理糧餉臣林則徐謹

題爲查報道光拾貳年以前舊欠錢糧遵

奏完欠事。該臣查得奏銷現年蘆課錢糧之時，例應將節年未完銀兩分晰續完仍欠細數另疏造冊

題報。所有蘇州等屬道光拾貳年壓徵拾壹年蘆課錢糧奏銷先經照例具

題。今據蘇州布政使陳鑾詳稱：道光拾壹年壓徵拾年蘆課

奏銷冊道光拾壹年題

奏案內未完銀兩，除坍江候豁外，統計未完正銀壹拾柒萬貳千肆百叁兩零，耗羨銀壹萬壹千捌百捌拾兩零。自道光拾貳年正月起至年底止，已完正銀壹千玖百柒拾壹兩零，耗羨銀壹百叁拾兩零，仍未完正銀壹拾柒萬肆百叁拾貳兩零，耗羨銀壹萬壹千柒百伍拾兩零。查明已未完解動存各數開冊詳

題。並聲明各屬未完銀內有前任丹徒縣病故知縣三臺動缺徵存壓徵道光叁肆兩年熟田正銀肆千叁百捌拾柒兩零，耗羨銀叁百兩零賠，未完正銀壹拾陸萬陸千壹百肆拾肆兩零，耗羨銀壹萬壹千肆百伍拾兩零。前項未完銀兩內有道光拾壹年秋被水災並勘不成災應行遞緩銀數，業經專案題請咨在案。尚有道光拾貳年秋被水災並勘不成災應行遞緩細數，現在查造清冊，另行詳咨。其熟田未完銀兩，現在分別催徵完解，另報等情前來。臣覆核無異，除冊送部外，謹題請

旨。

題報蘇省蘆洲田地輪屆大丈造冊事宜（首缺）

兵部侍郎兼都察院右副都御史巡撫江蘇等處地方提督軍務兼理糧餉臣林則徐謹

題爲蘇州省蘆洲田地輪屆大丈造冊詳

題事。該臣查得蘇州等屬道光元年應丈蘆洲緣

蘇州布政使陳鑾詳稱：蘇州、松江、常州、鎮江、太

倉伍府州屬原額田灘共壹百壹拾柒萬伍千

陸百柒拾叁畝零，該課銀肆萬捌千貳百貳拾

捌兩零。內廢棄蘆灘遵例免丈外，計濱江坍下

隱省田灘共玖拾叁萬肆千貳拾柒畝零，該課

銀叁萬壹千玖百叁拾叁兩零，新漲田灘肆萬

叁千柒百玖拾玖畝零，該課銀壹千陸百柒拾

玖兩零開涂田灘叁萬陸千柒百肆拾伍畝零
該課銀壹千壹百壹拾肆兩零實在蘆蕩草泥
水灘水影共玖拾肆萬壹千壹百壹拾壹畝零
該課銀叁萬貳千肆百玖拾捌兩零統共應地
清江湖海各廳田灘壹百壹拾捌萬貳千柒百
伍拾柒畝零共該課銀肆萬捌千柒百玖拾叁
兩零統計比舊額增課銀伍百陸拾肆兩零造
冊同圖結詳
題前來臣覆核無異除冊結圖送部外謹題請
旨

江蘇巡撫林則徐題本

題報江淮等屬積欠蘆課並壓徵道光十年以前未完銀兩數目

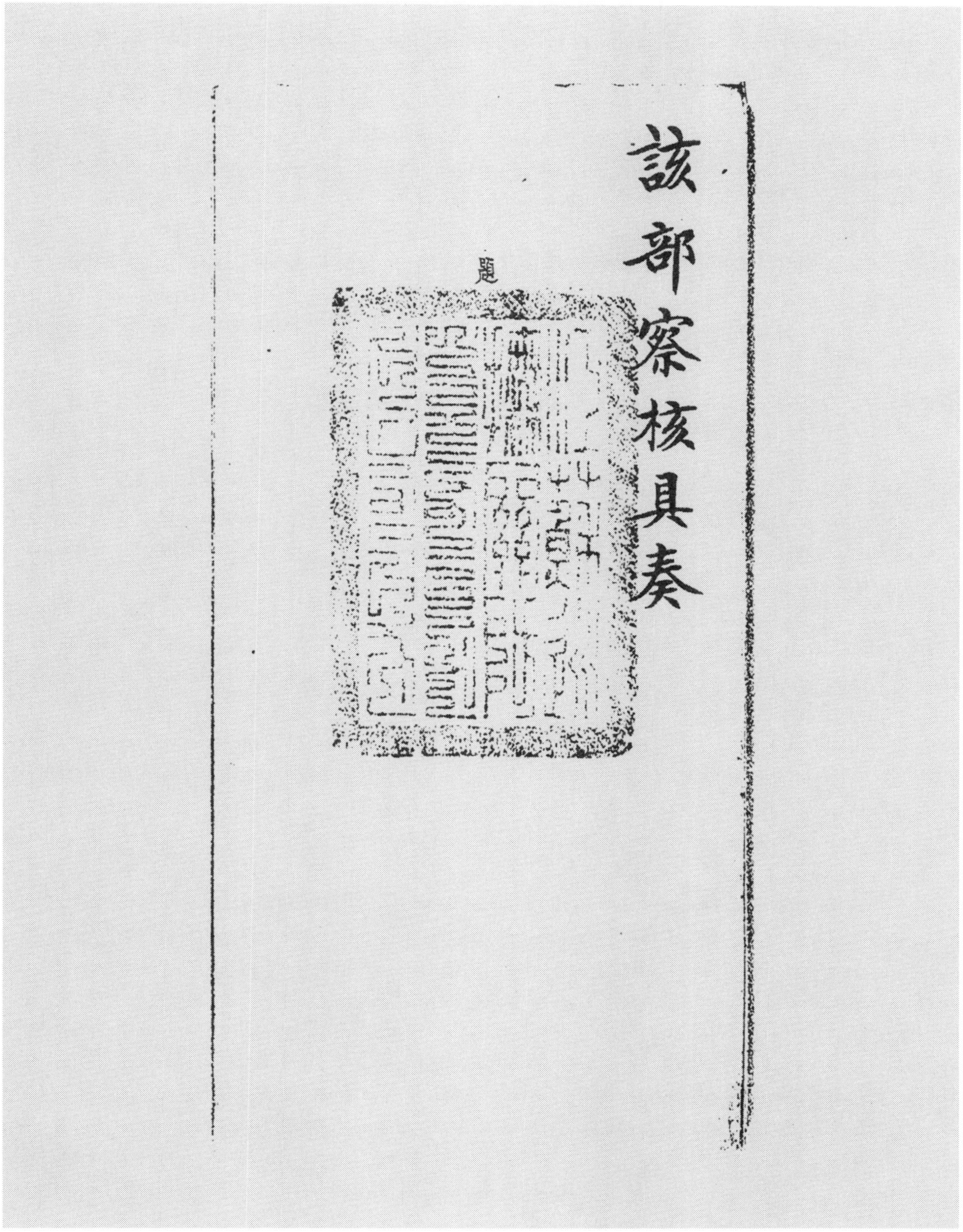
該部察核具奏

題

江蘇巡撫林則徐題本　題報江淮等屬積欠蘆課並壓徵道光十年以前未完銀兩數目

道光十三年十二月二十一日

兵部侍郎兼都察院右副都御史巡撫江蘇等處地方提督軍務總理糧儲臣林則徐謹

題爲歲終蘆課錢糧循例

題報事據江寧布政使趙盛奎詳稱竊照江寧等

屬節年未完蘆課銀兩奉准部咨飭令照地丁

奏銷之例分晰積完仍欠細數隨同本年奏銷

另疏造冊

題報等因今道光拾貳年壓徵拾壹年蘆課錢糧

奏銷業經造冊詳

題所有江淮等屬積欠蘆課上屆隨奏冊報未完

并歸江候豁災緩共正銀柒萬壹千叁百貳拾

叁兩伍錢叁分貳釐耗羨銀柒千肆百貳拾陸

兩玖錢捌分伍釐今應加入壓徵道光拾年

奏銷冊報未完并坍江條豁災緩正銀叁萬捌千貳百玖拾陸兩陸錢貳分叁釐耗羨銀叁千玖百捌拾陸兩柒錢捌分陸釐共計未完正銀拾萬玖千陸百貳拾兩壹錢伍分伍釐耗羨銀壹萬壹千肆百拾叁兩柒錢柒分壹釐又應加入各該年陞除各案以陞抵減外實減正銀伍百伍拾兩陸錢貳分貳釐耗羨銀伍拾伍兩陸分肆釐計自歷徵嘉慶貳拾貳年起至歷徵道光拾年止通共實該未完正銀拾萬玖千陸拾玖兩伍錢叁分叁釐耗羨銀壹萬壹千叁百伍拾捌兩柒錢柒釐外有歷徵拾年江都縣災戶溢完流抵下年新賦正銀捌百柒拾柒兩伍錢柒

釐耗羨銀捌拾柒兩柒錢伍分壹釐、共該正銀、拾萬玖千玖百肆拾柒兩肆分、耗羨銀壹萬壹千肆百肆拾陸兩肆錢伍分捌釐。今催據各屬完解正銀捌千伍百柒拾、伍兩玖錢伍分伍釐、耗羨銀捌百伍拾柒兩肆錢伍分伍釐，內有江都縣溢完流抵下年新賦正銀捌百柒拾柒兩伍錢柒釐、耗羨銀捌拾柒兩柒錢伍分壹釐外，溢完正銀貳釐，仍未完正銀拾萬壹千叁百柒拾壹兩捌分伍釐、耗羨銀壹萬伍百捌拾玖兩叁釐。內除另江侯璐並陳瑛壹案註除正銀玖千肆百捌拾伍兩肆錢陸分陸釐、耗羨銀玖百肆拾捌兩伍錢叁分玖釐，實未完正銀玖萬壹千捌百捌拾伍兩陸錢壹分玖釐耗羨銀玖千陸百肆拾兩肆錢陸分肆釐內壓徵嘉慶貳拾貳叁肆伍年及道光元貳叁肆伍陸柒捌玖等年原報未完正銀伍萬陸千叁百叁拾陸兩捌錢肆分伍釐耗羨銀伍千玖百貳拾捌兩叁錢貳分貳釐又未完壓徵道光拾年蘆課奏銷冊報并災緩及加入新陞正銀叁萬伍千伍百肆拾捌兩柒錢柒分肆釐耗羨銀叁千柒百拾貳兩壹錢肆分貳釐相應查明完欠造冊詳送具

題等情據此該臣查得奏銷現年蘆課錢糧之時例應將歷年未完蘆課銀兩分晰續完仍欠細數另疏造冊

題報今據江寧布政使趙盛奎詳稱道光拾貳年
壓徵拾壹年蘆課錢糧奏銷業經造冊詳
題所有江淮等屬積欠蘆課上屆隨奏冊報未完
并坍江候豁災緩共正銀柒萬壹千叁百貳拾
叁兩零耗羨銀柒千肆百貳拾陸兩零今應加
入道光拾年
奏銷冊報未完并坍江候豁災緩正銀叁萬捌千
貳百玖拾陸兩零耗羨銀叁千玖百捌拾陸兩
零共計未完正銀拾萬玖千陸百貳拾兩零耗
羨銀壹萬壹千肆百拾叁兩零又加入各該年
陞除各案以陞抵減實減正銀伍百伍拾兩零
耗羨銀伍拾伍兩零計自壓徵嘉慶貳拾貳年

起至歷徵道光拾年止通共實該未完正銀拾萬玖千陸拾玖兩零耗羨銀壹萬壹千叁百伍拾捌兩零外有歷徵拾年江都縣災戶溢完流抵下年新賦正銀捌百柒拾柒兩零耗羨銀捌拾柒兩零共該正銀拾萬玖千玖百肆拾柒兩零耗羨銀壹萬壹千肆百肆拾陸兩零今准據各屬完解正銀捌千伍百柒拾伍兩零耗羨銀捌百伍拾柒兩零內有江都縣溢完流抵下年新賦正銀捌百柒拾柒兩零耗羨銀捌拾柒兩零外溢完正銀貳釐仍該未完正銀拾萬壹千叁百柒拾壹兩零耗羨銀壹萬伍百捌拾玖兩零內除毋江候豁並註除正銀玖千肆百捌拾

伍兩零耗羨銀玖百肆拾捌兩零實未完正銀玖萬壹千捌百捌拾伍兩零耗羨銀玖千陸百肆拾兩零內壓徵嘉慶貳拾貳叁肆伍年及道光元貳叁肆伍陸柒捌玖等年原報未完正銀伍萬陸千叁百叁拾陸兩零耗羨銀伍千玖百貳拾捌兩零又未完壓徵道光拾年蘆課奏銷冊報災熟新漲正銀叁萬伍千伍百肆拾捌兩零耗羨銀叁千柒百拾貳兩零查明完欠造冊詳

題前來臣覆核無異除冊送部查核外相應具

題伏乞

皇上聖鑒勅部核覆施行謹具題

江蘇巡撫林則徐題本　題報江淮等屬積欠蘆課並壓徵道光十年以前未完銀兩數目　道光十三年十二月二十一日

兵部侍郎兼都察院右副都御史巡撫江蘇等處地方提督軍務總理糧儲臣林則徐謹
題爲歲叅蘆課錢糧循例
題報事。該臣查得奏銷現年蘆課錢糧之時，例應
將歷年未完蘆課銀兩分晰續完仍欠細數另
疏造冊
題報。今據江寧布政使趙盛奎詳稱，道光拾貳年
壓徵拾壹年蘆課錢糧奏銷業經造冊詳
題。所有江淮等屬積欠蘆課，計自壓徵嘉慶貳拾
貳年起至壓徵道光拾年止，通共實該未完正
銀拾萬玖千玖百肆拾柒兩零，耗羨銀壹萬壹
千肆百肆拾陸兩零。今催據各屬完解正銀捌
千伍百柒拾伍兩零，耗羨銀捌百伍拾柒兩零，
坍江候豁並註除正銀玖千肆百捌拾伍兩零，
耗羨銀玖百肆拾捌兩零，實未完正銀玖萬壹
千捌百捌拾伍兩零，耗羨銀玖千陸百肆拾兩
零。查明完欠造冊詳
題前來。臣覆核無異，除冊送部外，謹具題
鑒

江蘇巡撫林則徐題本

核銷蘇省道光十二年份各標營武職官員支過養廉銀兩數目

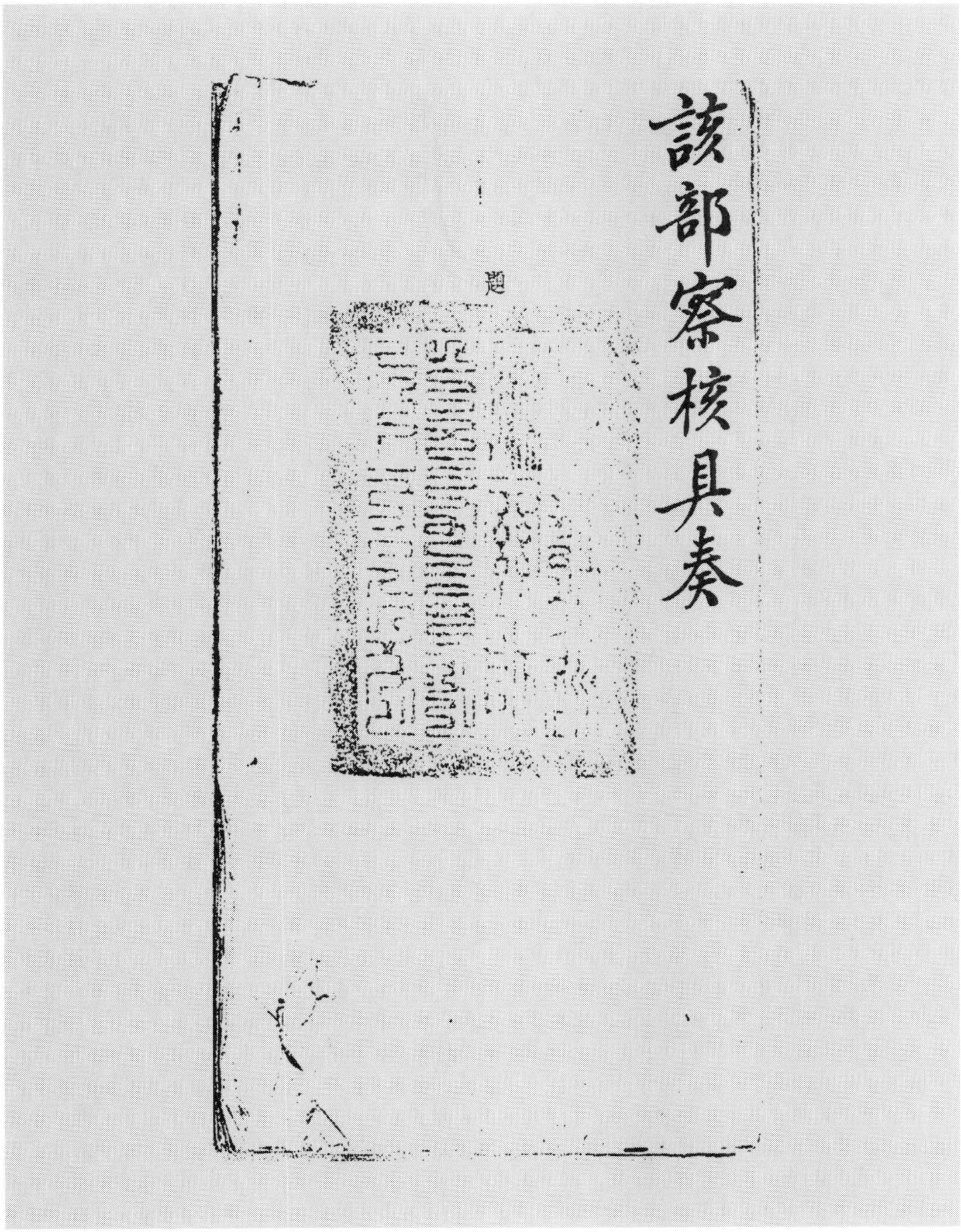

該部察核具奏

題

江蘇巡撫林則徐題本　核銷蘇省道光十二年份各標營武職官員支過養廉銀兩數目

道光十三年十二月二十一日

兵部侍郎兼都察院右副都御史巡撫江蘇等處地方提督軍務總理糧儲臣林則徐謹
題爲報銷武職養廉事據蘇州布政使陳鑾詳稱
竊照蘇省武職各員自乾隆肆拾柒年爲始奉
文議給養廉應動銀款先後奉准部議蘇州等
屬千總以至外委各員應支養廉歲需銀壹萬
玖千肆百伍拾貳兩於存公匣費并文員節省
養廉銀內動支其提督以至守備各員應支養
廉銀貳萬陸千肆百肆拾兩內動支耗羨銀壹
萬貳千肆百肆拾兩尚不敷銀壹萬兩於各屬
解司地丁扛脚銀內動支仍令於每年歲底將
動撥武職養廉另立專案造冊
題銷等因所有道光拾貳年分蘇州等屬經制冊

江蘇巡撫林則徐題本　核銷蘇省道光十二年份各標營武職官員支過養廉銀兩數目

道光十三年十二月二十一日

報武職各官并除裁改實共叁百捌拾柒員額
設養廉銀肆萬壹千肆百陸拾貳兩先經循照
俸餉之例按數在於正項扣御耗羨及存公匣
帑文員節省養廉各項銀內支給各在案今准
各標營移送支扣報銷款冊前來該蘇州布政
使陳鑾查得蘇省督撫提鎮各營自提督以至
經制外委等官共叁百捌拾柒員道光拾貳年
壹歲支過養廉銀肆萬壹千肆拾玖兩捌錢壹
分壹釐計扣節省養廉銀肆百壹拾貳兩壹錢
捌分玖釐共符前數相應查照上屆成式自道
光拾貳年正月起至拾貳月底止分晰起止月
日造具應支應扣細冊并另造扣缺養廉銀兩

完欠冊並由司放給及在營經辦署員應支養
廉冊呈候核
題具節年例案遵奉部行於司總冊首分別臚列
合並聲明等情到臣該臣查得蘇州所屬各標
營自提督至經制外委等官共叁百捌拾柒員
額設養廉銀肆萬壹千肆百陸拾貳兩例於正
項扣脚耗羨及存公匣費文員節省養廉各項
銀內支給今據蘇州布政使陳鑾冊報道光拾
貳年分各標營武職共支給過養廉銀肆萬壹
千肆拾玖兩捌錢零計扣節省銀肆百壹拾貳
兩壹錢零分晰起止月日造具支扣各冊呈送
核

題等情前來臣覆核無異除冊揭送戶兵部查核

外臣謹具

題伏乞

皇上聖鑒勅部核覆施行謹題請

旨

道光十三年十二月二十一日兵部右侍郎兼都察院右副都御史巡撫江蘇等處地方提督軍務總理糧儲臣林則徐

江蘇巡撫林則徐題本　核銷蘇省道光十二年份各標營武職官員支過養廉銀兩數目

道光十三年十二月二十一日

兵部侍郎兼都察院右副都御史巡撫江蘇等處地方提督軍務總理糧儲臣林則徐謹

題爲報銷武職養廉事。該臣查得蘇州所屬各標營自提督至經制外委等官共叁百捌拾柒員，額該養廉銀肆萬壹千肆百陸拾貳兩。今據蘇州布政使陳鑾冊報道光拾貳年分各標營武職共支給過養廉銀肆萬壹千肆拾玖兩零，計扣節省銀肆百壹拾貳兩零，分晰起止月日造具支扣各冊呈送核

題等情。前來，臣覆核無異，除冊揭送戶、兵部查核外，謹題請

旨

江蘇巡撫林則徐題本

勘明丹徒縣業户周竹堂等被淹田畝請豁減應徵銀米

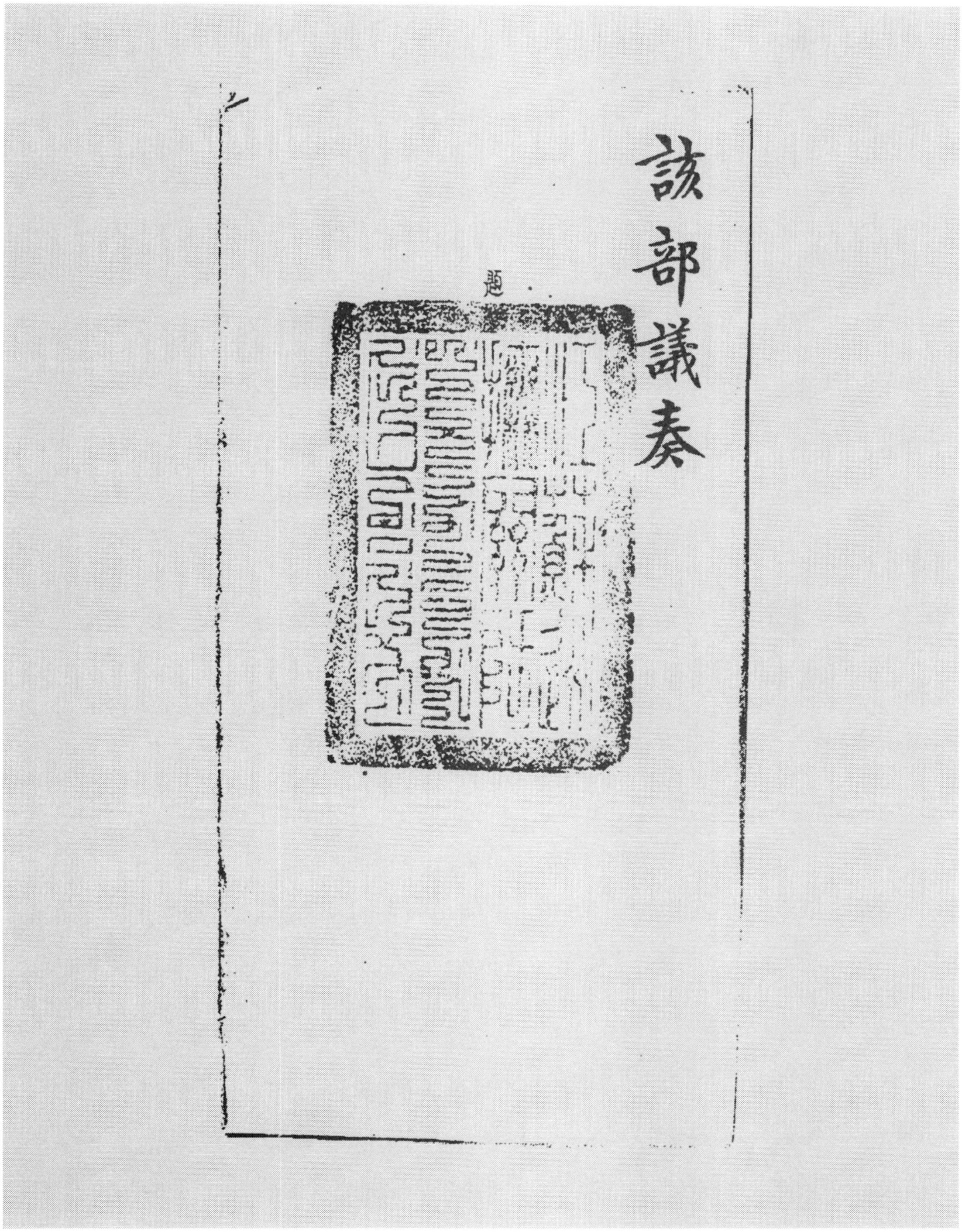
該部議奏
題

江蘇巡撫林則徐題本 勘明丹徒縣業户周竹堂等被淹田畝請豁減應徵銀米

道光十三年十二月二十一日

兵部侍郎兼都察院右副都御史巡撫江蘇等處地方提督軍務總理糧儲臣林則徐謹
題為遵查陞除等事事據蘇州布政使陳鑾詳稱案
據丹徒縣詳稱據順江洲業户周竹堂等呈稱
身等有户屬拾貳拾肆兩區沙潮田畝四面濱
江坐落焦山以下東首圌山海口之西連年潮
汛靡常江水下溜海水上冲兩潮湊漫並有北
江開挖新河水勢直冲各圖田畝淹浸以致春
麥秋禾無收請循例改則佈蘆以免賠賦叩賞
勘詳減賦等情當即帶同文書親詣查丈計淹
廢沙潮田壹拾捌頃玖拾伍畝陸分零該田西
當焦山迴溜急水東受圌山海口潮汛以及北
江開挖新河三面水勢直冲宣洩莫退委難栽

種應請循例減則佈蘆庶小民得免賠糧等情
到司當經批飭鎮江府委員履勘明確取具各
田結圖由府道覆勘加結送司核轉去後茲據
鎮江府移委鎮海防同知富康督同丹徒縣知
縣景壽春親詣逐一履勘實係江水淹廢並無
以少報多捏飾情事加具勘結取造弓口斗則
應減銀米各田結圖由府覆勘加結到司並准
常鎮道覆勘加結移藩核轉前來該蘇州布政
使陳鑾查得江蘇各屬沿江沿海濱臨湖河坍
漲靡常新舊坍荒漕田以及開河築堤等項公
占田地并水中沙積荒廢山田例應地方官確
切勘明造册

江蘇巡撫林則徐題本　勘明丹徒縣業户周竹堂等被淹田畝請豁減應徵銀米

道光十三年十二月二十一日

題豁今丹徒縣勘報業户周竹堂等減則沙灘田壹拾捌頃玖拾伍畝陸分查原科正銀貳百陸拾壹兩柒錢叁釐米貳百捌拾玖石貳斗陸升陸勺遇閏加編銀叁兩柒錢陸分陸釐米壹斗貳升伍勺今改則佈蘆應徵正銀壹百叁拾兩捌錢伍分壹釐米壹百肆拾肆石陸斗叁升叁勺遇閏加編銀壹兩捌錢捌分叁釐米陸升叁勺既據該管道府及印委各員層層勘明確被淹屬實加具切結委無捏冒所有前項應減田畝除照現減科則徵輸外其實減銀米應請即從道光拾叁年爲始照數豁減以蘇民困並請查照原報坍荒之例將所減折色另於地丁

漕項款內分別加徵本色米石於南鳳陽倉行月米款內加徵以省各案撥補之繁其應加地漕各數核計每年應減徵解司地丁銀壹百貳兩陸錢伍釐遇閏加減銀壹兩伍錢肆分叁釐蘇糧道漕項銀貳拾叁兩壹錢壹分伍釐遇閏加減銀叁錢肆分江糧道漕倉等銀伍兩壹錢叁分貳釐本色南糙等米壹拾叁石伍斗柒升壹勺遇閏加減米陸升貳勺漕糧等米壹百叁拾壹石陸升貳勺應請照數加徵並請先行註緩以免賠累至道光拾貳年以前錢糧照例俟准減額糧之日查明除完實欠確數另行取造冊結請豁相應轉造應減銀米并分加地漕細

數款冊同送到司口坵形名冊圖以及道府縣
委員印結加具保結一并詳送具
題豁減等情該臣查得各屬坍荒減則田地例應
飭將確勘詳請委員履勘具結由該管道府覆
勘加結由司詳請
題豁茲據蘇州布政使陳鑾詳稱丹徒縣業戸周
竹堂等呈報戸屬拾貳拾肆兩區沙潮田畝連
年潮汛靡常水勢直冲田畝淹浸以致春麥秋
禾無收請循例改則佈蘆田壹拾捌頃玖拾伍
畝零原科正銀貳百陸拾壹兩零米貳百捌拾
玖石零過閏加編銀叁兩零米壹斗零今改則
佈蘆應徵正銀壹百叁拾兩零米壹百肆拾肆

石零遇閏加編銀壹兩零米陸升零既據該管
道府及印委各員層層覆勘明確委無捏冒所
有前項應減田畝除照現減科則徵輸外其實
減銀米應請飭從道光拾叁年爲始照數豁減
並請查照原報坍荒之例將所減折色銀兩另
於地丁漕項款内加鐲本色米石於南鳳陽倉
行月米款内加鐲以省各案撥補之繁其應加
地丁漕項銀米請照數加鐲並請先行註緩以
免賠累至道光拾貳年以前錢糧照例俟准減
額糧之日查明除完實欠確數另行取造冊結
請豁相應轉造應減銀米并分加地漕細數款
冊加具保結同送到各冊結圖一并詳送具

江蘇巡撫林則徐題本　勘明丹徒縣業户周竹堂等被淹田畝請豁減應徵銀米

道光十三年十二月二十一日

題豁減等情前來臣覆核無異除冊結圖送部查
核外謹會同兩江總督臣陶澍署漕運總督臣
恩銘合詞具
題伏乞
皇上聖鑒勅部核覆施行謹題請
旨

道光[illegible]等處地方提督軍務兼理糧餉臣林則徐

江蘇巡撫林則徐題本　勘明丹徒縣業户周竹堂等被淹田畝請豁減應徵銀米

道光十三年十二月二十一日

兵部侍郎兼都察院右副都御史巡撫江蘇等處地方提督軍務總理糧儲臣林則徐謹

題爲清查淮徐等事。該臣查得各屬坍荒減則田

地例應題特確勘詳請委員覆勘具結由該管

道府覆勘加結由司詳請

題豁。茲據蘇州布政使陳鑾詳稱：丹徒縣業户周

竹堂等呈報户屬拾貳拾肆兩區沙潮田畝連

年潮汛靡常，水勢迴冲，田畝淹浸，以致春麥秋

禾無收，請循例改則佈蘆田壹拾捌項玖拾伍

畝零，原科正銀貳百陸拾壹兩零，米貳百捌拾

玖石零，遇閏加編銀叁兩零，米壹斗零，今改則

佈蘆應徵正銀壹百叁拾兩零，米壹百肆拾肆

石零，遇閏加編銀壹兩零，米陸升零。既據該管

道府及印委各員層層覆勘明確，委無捏冒。所

有前項應減田畝，除照現減科則徵輸外，其實

減銀米應請即從道光拾叁年爲始照數豁減，

並請查照原報坍荒之例，將所減折色銀兩另

於地丁漕項款内扣蠲，本色米石於南鳳陽倉

行月米款内扣蠲，以省各衆撥補之繁。其應加

地丁漕項銀米請照數扣蠲，並請先行註緩，以

免賠累。至道光拾貳年以前錢糧照例俟准減

額糧之日查明除完實欠確數，另行取造冊

請豁。相應轉造應減銀米并分加地漕細數款

冊，加具保結，同送到各冊結圖一并詳送具

題豁減等情前來。臣覆核無異，除冊結圖送部查

核外，謹會題請

旨。

上諭 著林則徐等訪查江浙內河漕船訛詐搶奪滯運累商各弊

軍機大臣 字寄

江蘇巡撫林 浙江巡撫富 道光十三年十二月二十八日奉

上諭給事中金應麟奏漕船訛詐滯運累商一摺據稱江浙內河一帶長亘七百餘里每年漕船歸次之後凡商民船隻經過小則訛詐錢文大則肆行搶奪其訛詐之法或將漕船橫截河中往來船隻非給錢不能放行名曰買渡錢或擇河道淺窄之處兩船直長並泊使南北船隻俱不能行必積至千百號之多阻滯至三四日之久有沿河地棍名曰河快向各船科斂錢文給付漕船令其抽單分泊以便各船行走名曰排幫錢迨至受允開行又

另以捉船駁米為名如遇重載商船該水手用糧
米一斗傾入艙內非給費不能前行否則加以搶
糧名目人船並鎖藉稱送官究治即可得錢設遇
無無貨船隻即留為分載私貨之用直須送至清
江交卸始得放回並有豫結數人故與商船尋衅
不法水手從旁搶奪船户稍為理論即擲棄水中
毫無顧忌商民以州縣不肯查拏未敢上控州縣
以兑米畏其挑斥置若罔聞其訛詐之處如嘉興
府東門外之宣公橋蘇州府胥門外之虎衙滸墅
關之市河常州府之東西兩埠鎮江府丹陽縣之
市河丹徒縣之月河閘豬婆灘都天廟大閘口等
處最為受累地方其所訛錢文每幫均有總頭收

掌除彙總分派各船之外領運旗弁之家丁差役人等多有分肥等語江浙兩省漕船較他省為多水手之強悍亦較別幫為甚若如該給事中所奏漕船水手沿途訛詐擾累商民種種不法情弊必至遲誤重運為害地方不可不嚴行懲辦著林則徐富呢揚阿嚴飭所屬於内河地方凡漕船停泊經行之處訪查各弊嚴行申禁如仍有前項弊端即責成地方官隨時懲辦其徇縱之運弁立予糸革以肅漕政而除民累將此各諭令知之欽此遵

旨寄信前来

上諭　林則徐奏駐劄歉收地方之江蘇撫標等營著准循例借支銀米

道光十三年十二月二十九日內閣

上諭林則徐奏駐劄歉收地方營兵循例借支銀米一摺江蘇撫標左右兩營並蘇州城守及高資南滙鹽河江陰等營駐劄歉收地方據該撫查明米糧昂貴兵丁買食維艱請循例借支一季糧餉銀米著照所請撫標左右兩營蘇州城守及高資南滙鹽河江陰等營准其借給一季糧餉銀米共借兵餉銀一萬一千四百六十四兩零兵糧米二千七百三十四石二斗著于道光十四年春季為始同上屆未扣一半舊欠統計勻分八季扣還歸款餉銀著在司庫地丁正項銀內動給兵糧米石著于各屬南米內動撥該部知道欽此

江蘇巡撫林則徐清單

道光十三年份江蘇省司道府各員居官考語清單

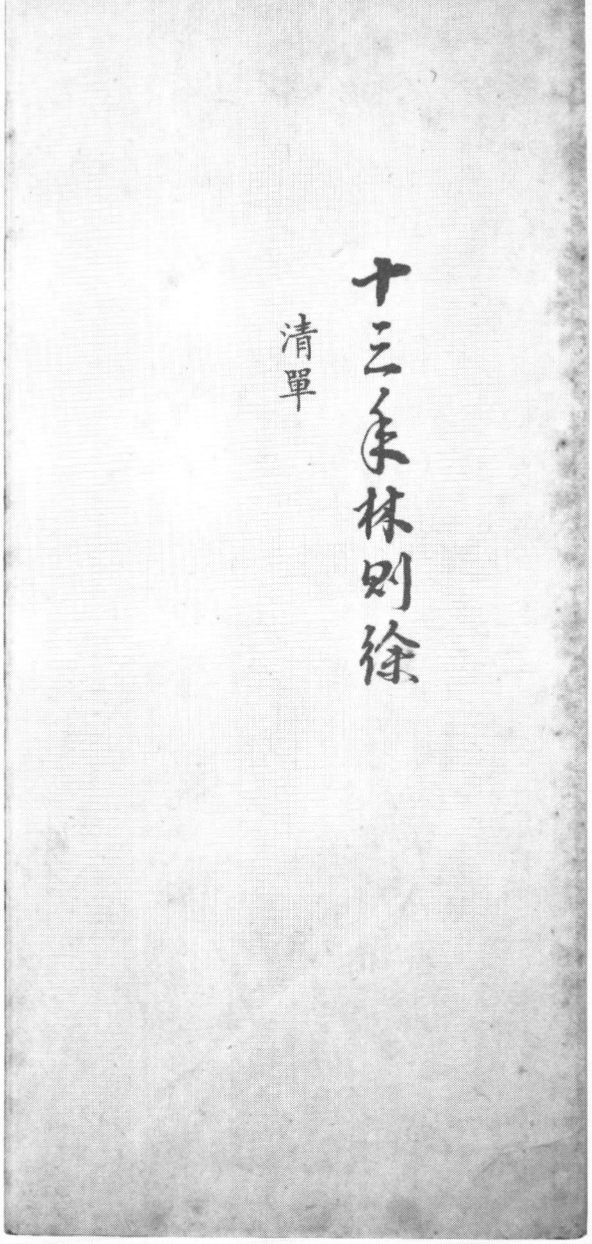
十三年林則徐
清單

謹將江蘇省司道府各員居官考語開列清單

恭呈

御覽

計開

蘇州布政使陳鑾現年四十八歲湖北進士

器局開展才識敏練地方積欵之後設法撫

綏頗殫心力

江安督糧道周繼炘現年六十四歲順天舉人祖籍浙江

年越六旬現在察看

蘇松督糧道陶廷杰現年四十五歲貴州進士

質直安詳辦事不動聲色

江寧鹽巡道積拉明阿現年四十四歲正白旗滿洲官學生

明敏爽直現署江寧藩司辦理已能周到
蘇松太道吳其泰現年四十四歲河南進士
認真公事不肯詭隨海防頗有整頓
常鎮通海道李彦章現年三十八歲福建進士
敏練精勤辦事不遺餘力現署臬篆案無留
滯督緝尤見嚴明
淮海道文麟現年四十四歲正藍旗滿洲舉人
精明瀏亮勤幹有為
徐州道李國瑞現年五十二歲河南舉人
爽直勤明胸有主見
江寧府知府善慶現年五十七歲内務府正黄旗蒙古進士
安詳靜細辦事秉公足資表率

蘇州府知府沈兆澐　現年四十五歲直隸進士

品地端方老成明練堪資領袖

常州府知府汪　河　現年四十九歲江西進士

民隱周知吏胥畏憚可謂寬猛得宜

淮安府知府周　燾　現年四十八歲貴州貢生

才情明幹熟悉地方

揚州府知府豫　益　現年四十一歲鑲黃旗漢軍進士

心跡光明辦事勤懇

徐州府知府武凌漢　現年五十九歲陝西舉人

樸直老成辦事穩練

上諭 林則徐奏常州各縣被雨歉收新漕新賦著緩徵以紓民力

道光十四年正月初八日內閣奉
上諭前據林則徐奏查明常州府屬各縣被雨歉收
請予緩徵並免造送圖冊當降旨令陶澍切實查
勘迅速具奏茲據該督由驛奏明常州府屬因秋
深陰寒冬令雨雪稻穀已收者蒸變發芽未收者
漂落泥淖其轉稔爲歉分數微有不同而就一縣
中被雨歉收情形均係一律若令完納全漕民力
實屬拮据加恩著照所請武進陽湖二縣上年新漕
於通縣普緩十分之二無錫縣普緩十分中之二
分六厘金匱縣普緩十分中之二分四釐江陰宜
興荆溪三縣各普緩十分中之二分五釐其所緩
之米仍照例於本年秋成後分作兩年帶徵緩剩

之米仍於十三年新漕催征交兑各該縣本年上忙新賦著查照漕糧普緩分數一律緩至本年秋後同下忙錢糧一併啓徵陽湖金匱兩縣另有上年秋後應行帶徵十一年二限災緩銀米亦著一併遞緩至本年秋後帶徵上年挑濬孟瀆得勝澡港三河原借帑項亦著從道光十五年起分年攤徵歸款以紓民力仍飭該府縣造具區圖頃畝斗則圖冊送部以昭覈實至上年地漕銀兩已逾下忙全完之限著照舊徵收以杜將完作欠徵多解少之弊該督撫即刊刻謄黃遍行曉諭務令實惠及民無任吏胥舞弊用副朕軫念災區至意該部知道欽此

兩江總督陶澍江蘇巡撫林則徐奏摺 **江都縣運河東岸堤埂被水沖缺請借項修築分年攤還**

兩江總督陶澍江蘇巡撫林則徐奏摺　江都縣運河東岸堤埂被水沖缺請借項修築分年攤還

道光十四年正月初九日

兩江總督臣陶澍
江蘇巡撫臣林則徐　跪

奏為江都縣運河東岸河堤江埂被水沖缺循案借項修築分年攤還以資保衛仰祈

聖鑒事竊照揚州府江都縣境内洋子橋至瓜洲運河東西兩岸河堤江埂攸關保衛田疇並空重漕船挽縴及驛遞要道前據該縣詳據各業戶以道光十一年夏雨連綿河湖並漲前項堤埂沖缺不堪必應大加修築庶足以資保衛惟民情困苦無力興修請循照上屆嘉慶十一年借修之案借項辦理當經飭據陞任江寧藩司趙盛奎飭委揚州府親詣確勘旋據詳覆該處西岸工段較少其中居民半尚有力勸令各業戶

自行捐修至東岸河堤係與江埂毘連均係被水沖塌一處失修通圩受患圩田富户甚少且府縣三學公田併育嬰堂田共有三千餘畝民力難以捐辦請將東岸洋子橋支河南岸四百一丈為數無多責令業户自行修築其餘堤埂計應修工長六千五百四丈共需繞越土八千六百八十一方八分四釐每方例價銀三錢四分共銀二千九百五十一兩八錢三分又田土八萬三千八百七十一方三分每方例價銀二錢五分共銀二萬九百六十七兩八錢二分五釐又估碍草房四十九間半每間給拆讓銀一兩五錢共銀七十四兩二錢五分通共實需銀

二萬三千九百九十三兩九錢五釐請援案借
修分年攤徵還款以甦民困至穵廢田畝俱屬
有價民產非官地可比應行按田給價統俟工
竣量明穵廢壓廢畝數分別給價豁糧所估價
銀歸入民田一併攤徵歸款等情由司核詳請
奏其時已經春仲春水已生趕辦不及是以擬俟
秋後水落辦理上年秋冬水勢未能大落無從
動手興工又據該縣詳據士民劉俊等具呈八
月內因江潮漲漫該處河堤又被沖缺口門六
十餘丈業經諭令董事墊項堵合現已攤捐歸
還惟該堤大工毘連江埂為七省漕糧縴挽咽
喉及南北通行驛遞要路在在均關緊要連年

江潮异涨高出堤埂若仍照原估丈尺修筑断难保卫请照潮长水痕加高一二尺等情复经饬据该府督同委员江防同知王养度覆加勘估实系万不可缓之工亦必须照潮长水痕加高修筑方资抵御逐段确勘共增估银七千余两若一并请借又恐筹款维艰请仍照原估银二万三千九百余两之数借项修筑自道光十五年起分作五年按田摊征还款至增估银两业经饬县责成田多业户捐补凑办等情由署江宁藩司积拉明阿核详请奏一面发项趁此春融赶办兼可以工代赈等情前来臣等伏查此项河堤江埂乃保卫田畴及

驛遞漕船往來縴道關係緊要邇年江潮異漲疊被淹浸必應趕修以資保護内除西岸工段及東岸之洋子橋南岸四百一丈並現在查勘應須加高修築增估銀七千餘兩已據該府縣分别勸諭各業户自行捐修應飭妥辦外所有東岸堤埂各工原估銀二萬三千九百九十三兩九錢五釐因連年災歉以來民力實在拮据萬難捐辦委屬實在情形合無仰懇

聖恩俯准循照借修成案在於司庫蘆課正項銀内照數借給發交該府轉發董事承領乘此春融農隙上緊妥爲修築以資捍禦而代賑需仍俟工竣委員核實驗收不准草率偷減所借銀兩

從道光十五年起分作五年按田攤徵還款除

飭將估計攤徵冊結及空廢田畝分別另行詳

辦外臣等謹會同南河督臣麟慶合詞恭摺具

奏伏乞

皇上聖鑒訓示謹

奏

另有旨

道光十四年正月初九日

江蘇巡撫林則徐題本

題明現任四川南溪縣知縣徐愻親父在籍病故例應丁憂

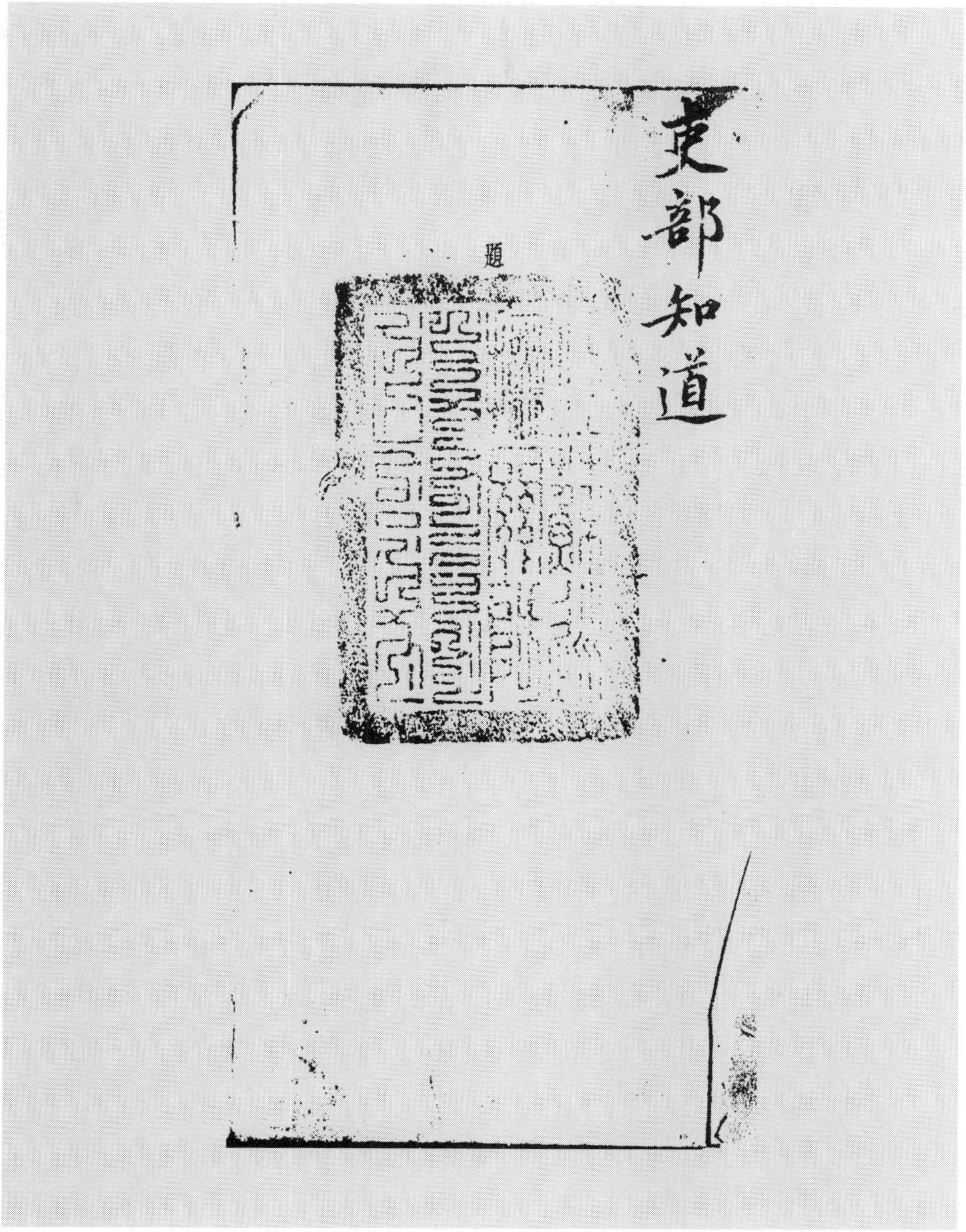
吏部知道

題

江蘇巡撫林則徐題本　題明現任四川南溪縣知縣徐愻親父在籍病故例應丁憂

道光十四年正月二十日

兵部侍郎兼都察院右副都御史巡撫江蘇等處地方提督軍務總理糧儲臣林則徐謹
題爲報明丁憂事據蘇州布政使陳鑾詳稱據蘇
州府申據元和縣申據家屬徐忠稟稱家長同
知銜現任四川南溪縣知縣徐愻現年伍拾歲
係元和縣民籍由監貢生遵工賑例捐納太常
寺典簿復遵豫東例改捐知縣呈請給咨赴部
投供候選道光貳年選授四川南溪縣知縣嗣
奉
欽加同知銜竊家長親父原任山西解州直隸知州
徐承慶於道光拾叁年拾壹月拾陸日在籍病
故家長係屬親子並無過繼例應丁憂回籍守
制爲邀里鄰親族具結稟報到縣將結鈐印送

江蘇巡撫林則徐題本　題明現任四川南溪縣知縣徐愻親父在籍病故例應丁憂　道光十四年正月二十日

府申司相應轉詳伏候具
題等情到臣據此該臣查得同知銜現任四川南
溪縣知縣徐愻係元和縣人伊父原任山西解
州直隸知州徐承慶於道光拾叁年拾壹月拾
陸日在籍病故該員係屬親子並無過繼例應
丁憂據該家屬出具族鄰甘結呈縣鈐印由蘇
州布政使陳鑾轉詳具
題前來除結褙移吏部科暨四川督臣外臣謹具
題伏乞
皇上聖鑒勅部查照施行謹具題
聞

江蘇巡撫林則徐題本　題明現任四川南溪縣知縣徐愻親父在籍病故例應丁憂

道光十四年正月二十日

道光

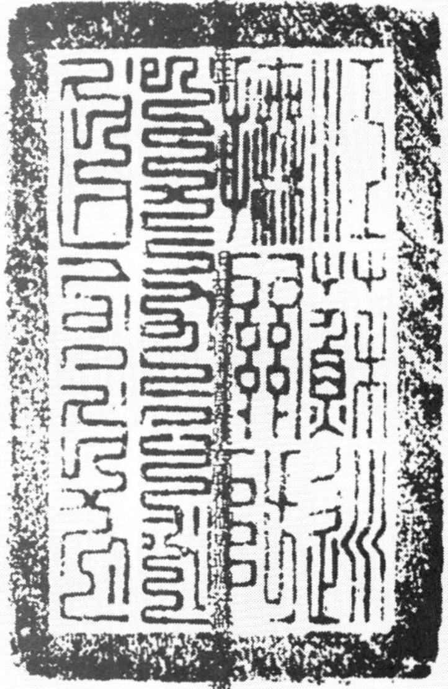

地方提督軍務總理糧儲臣林則徐

兵部侍郎兼都察院右副都御史巡撫江蘇等處地方提督軍務總理糧儲臣林則徐謹

題爲報明丁憂事。該臣查得同知銜現任四川南溪縣知縣徐愻，係元和縣人，伊父原任山西解州直隸州知州徐承[illegible]，於道光拾叁年拾壹月拾陸日在籍病故，該員係屬親子，並無過繼，例應丁憂。據該家屬出具族鄰甘結，呈縣鈐印，由蘇州布政使陳鑾覈詳具

題前來。除諮揭移吏部科暨四川督臣外，謹具題

聞。

江蘇巡撫林則徐題本

題報道光十三年秋季蘇州等屬委署丞倅及試用州縣員缺

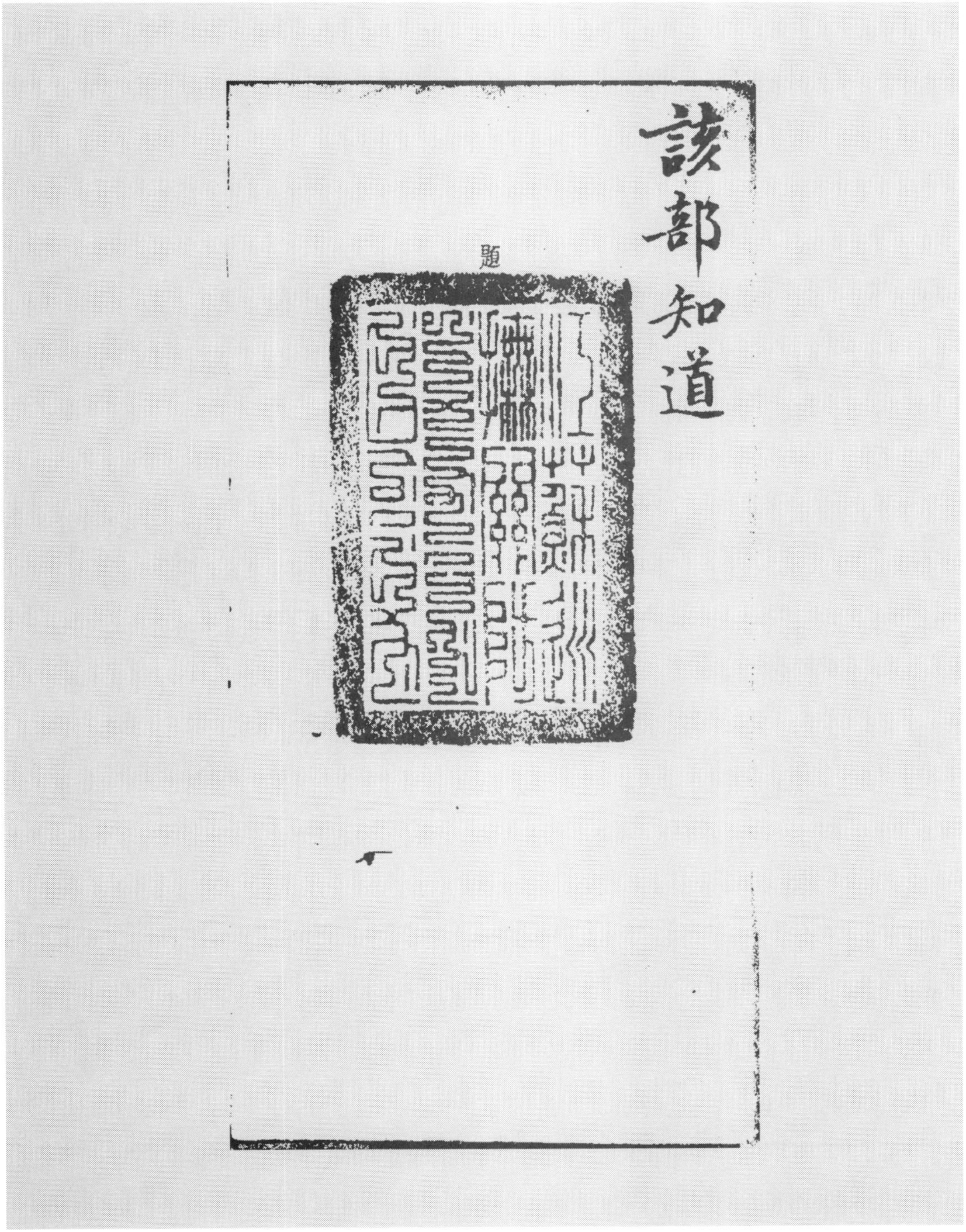
該部知道

題

兵部侍郎兼都察院右副都御史巡撫江寧等處地方提督軍務總理糧儲臣林則徐謹
題爲詳請具
題事據蘇州布政使陳鑾詳稱案奉行准吏部咨
各省委署丞倅等官及試用州縣委署員缺係
暫時署理與實缺調署不同均無庸附摺具
奏令各該督撫按季恭疏具
題等因遵照在案今查道光拾叁年秋季分蘇州
等屬內有署松江府柘林通判事候補知州張
心淵委署吳江縣知縣遺缺詳委試用同知劉
錫恩署理又署松江府管糧通判事試用通判
姚元浩押運漕糧遺缺詳委試用通判陳延恩
署理又署吳江縣知縣事請坐補該縣知縣之

時功梅委署松江府柘林通判遺缺，詳委候補
知州張心淵署理，又金匱縣知縣江之紀調補
常熟縣知縣，旋卽終養，遺缺詳委試用知縣彭
玉綸署理，又宜興縣知縣涑廷璜調署丹陽縣
知縣，遺缺詳委候補知縣顧毓奇署理，各在案，
相應查明詳候會
題等情到臣。據此，該臣查得委署丞倅等官及試
用州縣委署員缺，例應按季恭疏具
題，所有道光拾叁年秋季分蘇州等屬內有署松
江府柘林通判事候補知州張心淵委署吳江
縣知縣遺缺，委試用同知劉錫恩署理，又署松
江府管糧通判事試用通判姚元浩押運漕糧

遺缺委試用通判陳廷恩署理又署吳江縣知
縣事請坐補該縣知縣之時功梅委署松江府
柘林通判遺缺委候補知州張心淵署理又金
匱縣知縣江之紀調補常熟縣知縣旋卽終養
遺缺委試用知縣彭玉綸署理又宜興縣知縣
陳廷璜調署丹陽縣知縣遺缺委候補知縣顧
毓奇署理各在案茲據蘇州布政使陳鑾查明
詳請會
題前來謹會同兩江總督臣陶澍合詞具
題伏乞
皇上聖鑒勅部查照施行謹題請
旨

江蘇巡撫林則徐題本　題報道光十三年秋季蘇州等屬委署丞倅及試用州縣員缺
道光十四年正月二十日

道光……處地方提督軍務總理糧儲臣林則徐

兵部侍郎兼都察院右副都御史巡撫江蘇等處地方提督軍務總理糧儲臣林則徐謹
題為詳請具
題事該臣查得委署丞倅等官及試用州縣委署
員缺例應按季恭疏具
題所有道光拾叁年秋季分蘇州等屬內有署松
江府柘林通判事候補知州張心淵委署吳江
縣知縣遺缺委試用同知劉錫恩署理又署松
江府督糧通判事試用通判姚元浩押運漕糧
遺缺委試用通判陳延恩署理又署吳江縣知

江蘇巡撫林則徐題本 題報道光十三年秋季蘇州等屬委署丞倅及試用州縣員缺

道光十四年正月二十日

縣事請坐補該縣知縣之時功楠委署松江府柘林通判遺缺委候補知州張心淵署理又金匱縣知縣江之紀調補常熟縣知縣旋即終養遺缺委試用知縣彭玉綸署理又宜興縣知縣練廷璜調署丹陽縣知縣遺缺委候補知縣顧毓奇署理各在案茲據蘇州布政使陳鑾查明

詳請會

題前來謹會題請

旨

江蘇巡撫林則徐題本

前署溧陽縣知縣丁在卯續完道光十一年雜税錢糧題請開復

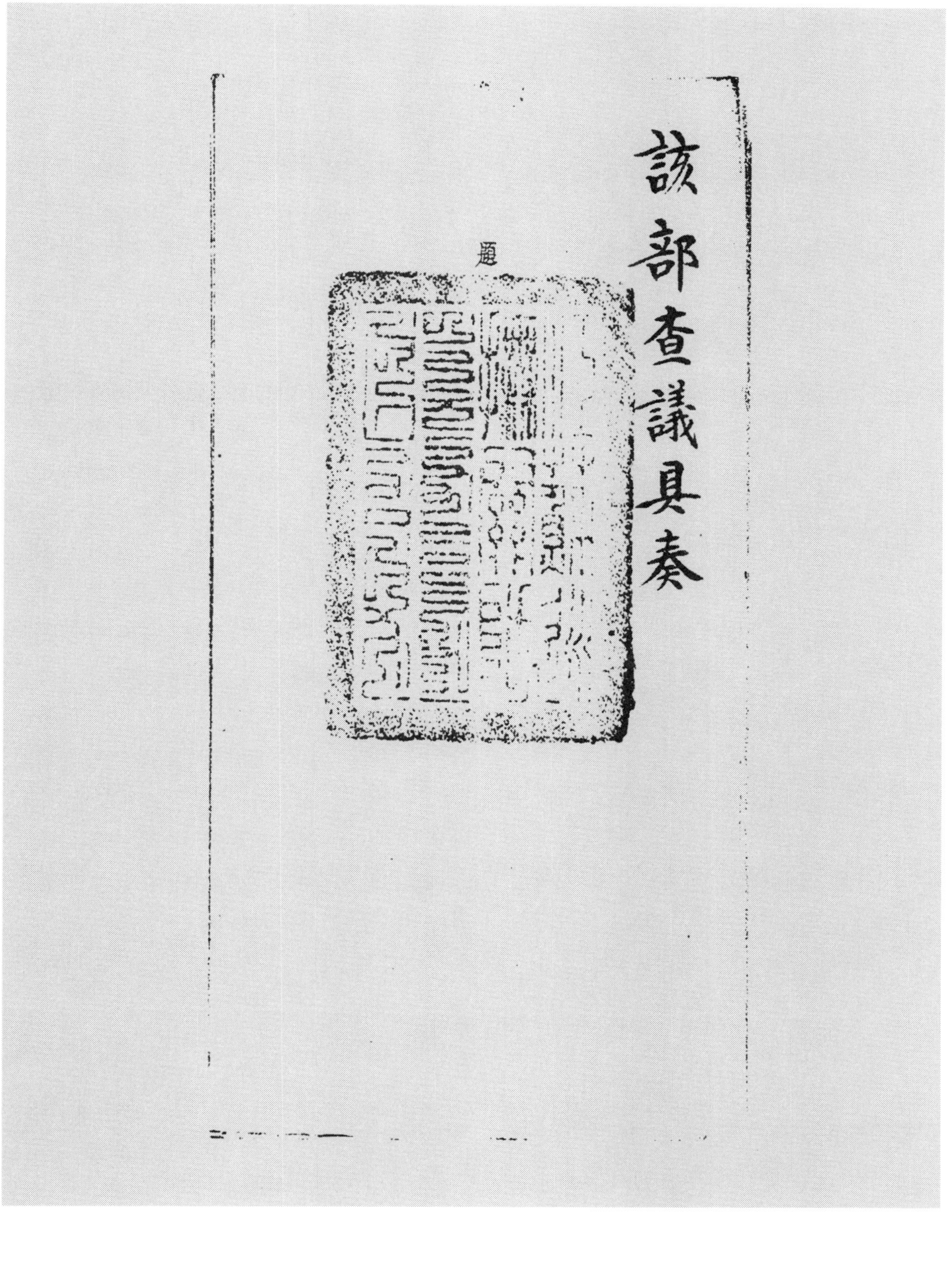
該部查議具奏
題

江蘇巡撫林則徐題本　前署溧陽縣知縣丁在卯續完道光十一年雜稅錢糧題請開復

道光十四年正月二十日

兵部侍郎兼都察院右副都御史巡撫江蘇等處地方提督軍務總理糧儲臣林則徐謹
題為溧陽縣續完雜稅錢糧
題請開復事據蘇州布政使陳鑾詳稱竊照蘇州
省道光拾壹年雜稅錢糧項下溧陽縣經徵署
試用知州丁在卯原報未完雜稅正銀壹千貳
百肆拾陸兩伍錢捌釐耗羨銀捌拾柒兩貳錢
伍分伍釐先於該年奏銷案內照例開參奉准
部議署溧陽縣事試用知州丁在卯照例降俸
貳級戴罪催追完日開復丁在卯係署事官其
應照例議結之處俟復參案內聲明卸事日期
再行核議等因轉行遵照在案該蘇州布政使
陳鑾查得溧陽縣經徵署事試用知州丁在卯

未完道光拾壹年分雜稅正耗銀兩已據續完
解司外溢完銀玖錢伍分捌釐除將正銀壹千
貳百肆拾陸兩伍錢捌釐又溢完銀捌分入於
道光拾貳年秋撥并拾叁年春撥秋撥及存俟
造入拾肆年春撥各冊內分別報部又耗羨銀
捌拾柒兩貳錢伍分伍釐又溢完銀捌錢柒分
捌釐造入道光拾貳年并拾叁年耗羨報銷冊
內分別造報外所有原報溧陽縣經徵署事試
用知州丁在卯奉議降俸貳級戴罪催追之案
應請照例開復查丁在卯已於道光拾貳年拾
月拾叁日卸事相應造具續完清冊詳候具
題開復等情據此該臣查得道光拾壹年雜稅錢

糧項下溧陽縣經徵署事試用知州丁在卯原
報未完雜稅正銀壹千貳百肆拾陸兩零耗羨
銀捌拾柒兩零先於該年
奏銷案內開參接准部議署溧陽縣事試用知州
丁在卯照例降俸貳級戴罪催追完日開復等
因轉行遵照在案今據蘇州布政使陳鑾詳稱
溧陽縣經徵署事試用知州丁在卯續完道光
拾壹年雜稅正耗銀兩並溢完銀玖錢零除入
於道光拾貳年秋撥并拾叁年春秋撥拾肆年
春撥及拾貳拾叁年耗羨報銷冊內分別報部
所有原報溧陽縣經徵署事試用知州丁在卯
奉議降俸貳級戴罪催追之案造冊詳

題開復等情前來臣覆核無異除冊送部查核外

相應具

題伏乞

皇上聖鑒勅部核覆施行謹題請

旨

道光 [illegible] 方提督軍務總兵糧儲臣林則徐

江蘇巡撫林則徐題本　前署溧陽縣知縣丁在卯續完道光十一年雜稅錢糧題請開復
道光十四年正月二十日

兵部侍郎兼都察院右副都御史巡撫江蘇等處地方提督軍務總理糧儲臣林則徐謹
題爲溧陽縣續完雜稅錢糧
題請開復事該臣查得道光拾壹年雜稅錢糧項
下溧陽縣經徵署事試用知州丁在卯未完正
銀壹千貳百肆拾陸兩零耗羨銀捌拾柒兩零
先於該年
奏銷案內開參接准部議署溧陽縣事試用知州
丁在卯照例降俸貳級戴罪催追完日開復等
因行據蘇州布政使陳鑾詳稱溧陽縣續完道
光拾壹年雜稅正耗銀兩並溢完銀玖錢零除
入於道光拾貳年秋撥并拾叁年春秋撥拾肆
年春撥及拾貳拾叁年耗羨報銷冊內分別報
部所有原報溧陽縣經徵署事試用知州丁在
卯奉議降俸貳級戴罪催追之案造冊詳
題開復前來臣覆核無異除冊送部外謹題請
旨

江蘇巡撫林則徐題本

核銷蘇州府屬道光十一年十二月至十二年正月煮賑銀米

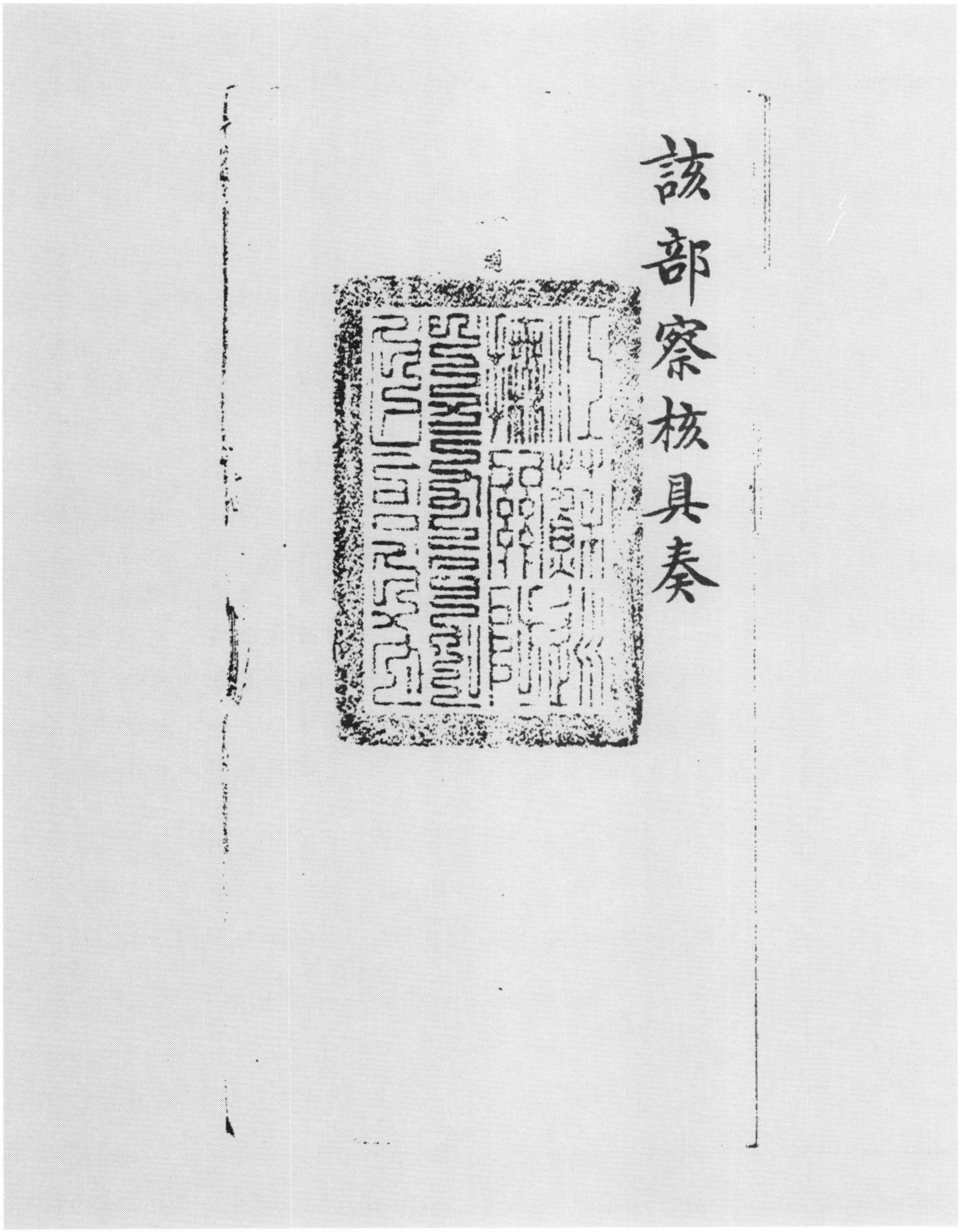
該部察核具奏

江蘇巡撫林則徐題本　核銷蘇州府屬道光十一年十二月至十二年正月煮賑銀米
道光十四年正月二十日

兵部侍郎兼都察院右副都御史巡撫江蘇等處地方提督軍務兼理糧餉臣林則徐謹
題為報銷隆冬煑賑銀米事據蘇州布政使陳鑾
詳稱竊照蘇郡為水陸衝衢五方雜處百物昂
貴一至隆冬臘盡貧民更難資生是以每於歲
底視年歲之豐歉或煑賑半月或煑賑壹月以
濟窮黎歷屆遵辦在案查蘇州省城前於道光
拾壹年據長元吳叁縣詳請舉行煑賑是年蘇
省被歉城廂居民為例賑所不及展賑半月共
計煑賑壹月當經飭令自拾貳月拾陸日起至
拾貳年正月拾伍日止所需米石照例撥行丹
徒縣將額徵漕贈五米壹千石運交濟用其搭
廠物需以及柴薪油菜等項在於司庫存公鹽

規款內動支銀壹百伍拾兩給發該叁縣領回
妥辦據長洲縣詳報設廠齊門內北禪寺元和
縣詳報設廠葑門內青松寺吳縣詳報設廠盤
門內瑞光寺各資賑壹月將賑過貧民口數及
用過銀米造具報銷冊結由府核明加結詳轉
到司覆查道光拾壹年蘇城隆冬資賑壹月長
洲元和吳縣共賑過男婦大口壹百玖拾肆萬
伍千壹拾捌口每口給粥米貳合小口陸拾玖
萬伍千壹百陸拾捌口每口給粥米壹合共給
粥米肆千伍百捌拾伍石肆斗肆合又在廠書
役夫飯食米叁拾陸石肆斗伍升通共資賑并
書役夫飯食米肆千陸百貳拾壹石捌斗伍升

肆合內長洲縣用米壹千伍百壹拾石伍斗捌升捌合元和縣用米壹千叁百貳拾壹石陸斗捌升陸合吳縣用米壹千柒百捌拾玖石伍斗捌升所有丹徒縣留漕贈米壹千石內長洲縣撥米叁百石已儘數動用計不敷米壹千貳百壹拾石伍斗捌升捌合元和縣動撥米叁百石并上屆前任元和縣楊承湛交存餘剩米叁拾玖石肆斗貳升叁合儘數動用外計不敷米玖百捌拾貳石貳斗陸升叁合吳縣動撥米肆百石并上屆餘剩米壹百伍拾肆石柒斗玖升陸合儘數動用外計不敷米壹千貳百叁拾肆石柒斗捌升肆合以上額撥丹徒縣漕贈米壹千

石及元和吳縣貳縣動支餘剩米壹百玖拾肆
石貳斗壹升玖合應請核銷其不敷米石均係
該叁縣自行籌補所有長洲縣嘉慶拾肆年分
不敷米肆石伍斗壹升應於下屆餘剩米內撥
補至買備柴薪油菜搭廠砌竈添補家伙什物
等項共用銀捌百貳拾陸兩陸錢柒釐貳毫捌
絲貳忽內動支司庫存公鹽規銀壹百伍拾兩
應請開銷計不敷銀陸百柒拾陸兩陸錢柒釐
貳毫捌絲貳忽均係該叁縣自行捐補無庸撥
還相應造具報銷司冊同屬冊結一并詳送
題銷等情據此該臣查得蘇州省城爲水陸衝衢
每屆隆冬循例煮賑以濟窮黎前於道光拾壹

江蘇巡撫林則徐題本　核銷蘇州府屬道光十一年十二月至十二年正月煮賑銀米　道光十四年正月二十日

年間照例由司詳請舉行煑賑因是年蘇省被歉城廂居民爲例賑所不及展賑半月共計煑賑壹月經前撫臣批飭准辦去後今據蘇州布政使陳鑾詳稱據長洲元和吳縣叁縣詳報在於胥葑盤叁門分設叁廠煑賑自道光拾壹年拾貳月拾陸日起至拾貳年正月拾伍日止各煑賑壹月共賑過男婦大口壹百玖拾肆萬伍千壹拾捌口小口陸拾玖萬伍千壹百陸拾捌口所需煑賑并書役夫飯食共用米肆千陸百貳拾壹石零所有額徵丹徒縣留漕贈米壹千石內長洲縣發米叁百石儘數動用計不敷米壹千貳百壹拾石零元和縣發米叁百石并上

江蘇巡撫林則徐題本　核銷蘇州府屬道光十一年十二月至十二年正月煮賑銀米　道光十四年正月二十日

屆前任元和縣楊承湛交存餘剩米叁拾玖石零儘數動用計不敷米玖百捌拾貳石零吳縣撥米肆百石并上屆餘剩米壹百伍拾肆石零儘數動用計不敷米壹千貳百叁拾肆石零以上額撥丹徒縣留漕贈米及上屆餘剩米石應請核銷其不敷米石均係該叁縣自行籌補所有長洲縣嘉慶拾肆年分不敷米肆石零應於下屆餘剩米內撥補至買備柴薪油菜搭蓋廠砌竈添補家伙什物等項共用銀捌百貳拾陸兩零內動支司庫存公鹽規銀壹百伍拾兩計不敷銀陸百柒拾陸兩零均係該叁縣自行捐補無庸撥還造具報銷司冊同屬冊結詳請

江蘇巡撫林則徐題本　核銷蘇州府屬道光十一年十二月至十二年正月煮賑銀米

道光十四年正月二十日

題銷等情前來臣覆核無異除冊結送部查核外

謹會同兩江總督臣陶澍合詞具

題伏乞

皇上聖鑒敕部核銷施行謹題請

旨

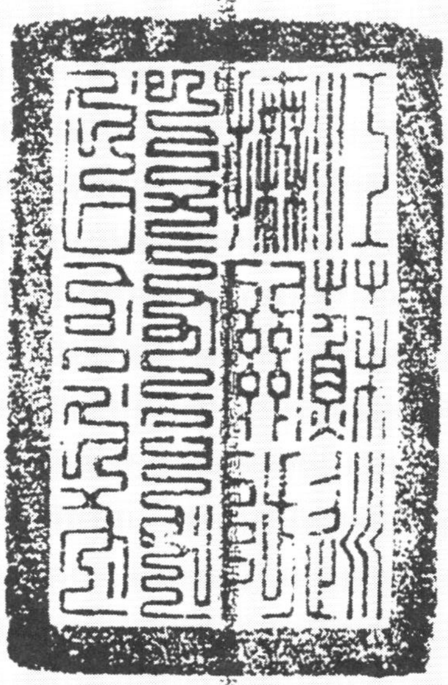

道光[illegible]方提督軍務兼理糧餉臣林則徐

兵部侍郎兼都察院右副都御史巡撫江蘇等處地方提督軍務兼理糧餉臣林則徐謹
題爲報銷隆冬煮賑米事竊臣查得蘇州省城
爲水陸衝衢每屆隆冬循例煮賑以濟窮黎前
於道光拾壹年間照例由司詳請舉行煮賑因
是年蘇省被歉城廂居民爲例賑所不及展賑
半月共計煮賑壹月經前撫臣批飭准辦去後
今據蘇州布政使陳鑾詳稱長洲元和吳縣叁
縣分設叁廠自道光拾壹年拾貳月拾陸日起
至拾貳年正月拾伍日止各煮賑壹月共賑過
男婦大口壹百玖拾肆萬伍千壹拾捌口小口
陸拾玖萬伍千壹百陸拾捌口所需煮賑并書
役夫飯食共用米肆千陸百貳拾壹石零所有
額撥丹徒縣留漕贈米壹千石內長洲縣撥米
叁百石儘數動用計不敷米壹千貳百壹拾石
零元和縣撥米叁百石并上屆前任元和縣楊
承湛交存餘剩米叁拾玖石零儘數動用計不
敷米玖百捌拾貳石零吳縣撥米肆百石并上
屆餘剩米壹百伍拾肆石零儘數動用計不敷
米壹千貳百叁拾肆石零以上不敷米石均係
該叁縣自行籌補所有長洲縣嘉慶拾肆年不
敷米肆石零應於下屆餘剩米內撥補至買補
柴燭油菜搭廠竈添備家伙什物等項動支
司庫存公鹽規銀壹百伍拾兩不敷銀陸百柒
拾陸兩零係該叁縣自行捐補造具冊結詳請
題銷等情前來臣覆核無異除冊結送部外謹會
題請
旨

江蘇巡撫林則徐題本　**題明銅山縣革生陳泳清傷斃伏萬選案擬絞監候**

三法司核擬具奏

題

江蘇巡撫林則徐題本 題明銅山縣革生陳泳清傷斃伏萬選案擬絞監候
道光十四年正月二十日

兵部侍郎兼都察院右副都御史巡撫江蘇等處地方提督軍務總理糧儲臣林則徐謹

題爲報明事據兼署江蘇按察司事蘇州布政使
陳鑾詳據徐州府知府武凌漢詳據署銅山縣
知縣王文炳詳稱道光拾叁年伍月初壹日據
地保劉玉報據民婦伏李氏投稱伊夫伏萬選
原籍江都寄居銅山於肆月貳拾柒日因向武
生陳泳清索欠爭毆被陳泳清用刀戳傷倒地
經地主李志成問知情由不料伊夫傷重旋即
身死等語往查屬實報候驗究等情並據屍妻
伏李氏及李志成同報到縣據即飭差拘傳犯
證正在詣驗間即准徐州府儒學季恩沛移開
肆月貳拾陸日飭令門斗下鄉傳諭貳拾柒日

據該門斗回稟查得武生陳泳清因被客民伏
萬選索欠爭鬧將伏萬選戳傷身死等情查該
生陳泳清現年叁拾歲係道光肆年蒙前學院
考取第陸名武生除詳府轉詳學院斥革外移
明究辦等因隨帶吏仵親詣屍所如法相驗據
仵作崔亮喝報已死伏萬選問年肆拾壹歲驗
得仰面致命肚腹刃傷壹處長捌分寬叁分深
透膜血汚餘無故委係受傷身死報畢親驗無
異飭起兇器無獲填格取結屍飭棺殮訊據地
保劉玉供與報詞同據鄰佑謝太名鹿朝幹鹿
合軒同供道光拾叁年肆月貳拾柒日伏萬選
怎樣向陳泳清索欠爭鬧被陳泳清戳死在李

志成地內小的們都因在外工作先沒曉得是
事後知道的今蒙驗訊並沒別故是實據地主
李志成供道光拾叁年肆月貳拾柒日小的見
伏萬選在小的屋後地內受傷倒臥問說因向
武生陳泳清索欠爭鬧他拔刀向砍被陳泳清
把刀踢落拾獲戳傷的話不料伏萬選傷重隔
不一會就死了小的就通知他妻子伏李氏投
保報驗的並沒別故是實據屍妻伏李氏供伏
萬選是丈夫原籍江都寄居銅山縣與武生陳
泳清素識無嫌道光拾叁年叁月裏陳泳清向
丈夫借錢壹千文沒還肆月貳拾柒日丈夫怎
樣去向陳泳清索欠爭打被陳泳清戳傷身死

江蘇巡撫林則徐題本 題明銅山縣革生陳泳清傷斃伏萬選案擬絞監候

道光十四年正月二十日

婦人先沒曉得是李志成通知婦人走來看明
投保報驗的並沒別故求究抵據兇犯陳泳清
供銅山縣人年叁拾歲祖母陳李氏年捌拾捌
歲父親已故貳年母親李氏年伍拾肆歲有叔
陳明亮年伍拾貳歲革生並沒弟兄娶妻邵氏
生有壹女道光肆年蒙學院考取第陸名武生
入學與伏萬選素識無嫌拾叁年叁月間革生
向伏萬選借錢壹千文未還肆月貳拾柒日革
生路過李志成地內與伏萬選會遇伏萬選索
討前欠革生沒錢懇緩伏萬選不依斥罵革生
回罵伏萬選拔出身佩小刀向革生砍戳革生
舉脚把刀踢落拾取在手伏萬選又向革生撲

毆革生用刀嚇戳適傷他肚腹倒地革生畏懼
逃跑不料伏萬選傷重隔不一會就死了委非
有心致死也沒起釁別故并在場幫毆的人小
刀已經撩棄是實各等供據此將犯帶回收禁
餘俱省釋錄供通詳蒙批飭審耒月貳拾伍日
據禁卒稟報陳泳清在監患病醫治詳咨於捌
月貳拾捌日報痊隨傳提犯證覆訊各供均與
前審無異不敘外該署銅山縣知縣王文炳審
看得革生陳泳清戳傷伏萬選身死壹案緣陳
泳清籍隸銅山縣於道光肆年蒙前學院考取
武生入學與伏萬選素識無嫌道光拾叁年叁
月間陳泳清向伏萬選借錢壹千文未還肆月

貳拾柒日陳泳清路經李志成地内與伏萬選
會遇伏萬選向索前欠陳泳清無錢懇緩伏萬
選不依斥罵陳泳清回詈伏萬選拔取身佩小
刀向砍陳泳清舉脚將刀踢落拾取在手伏萬
選向其撲毆陳泳清用刀嚇戳適傷伏萬選肚
腹倒地陳泳清畏懼逃避旋經李志成看見向
伏萬選詢知情由詎伏萬選傷重移時殞命李
志成通知屍妻伏李氏投保報縣並准徐州府
儒學先行查知詳革移縣驗訊通詳蒙批飭審
遵復提犯研鞫據供前情不諱詰非有心致死
亦無起釁別故及在場幫毆之人案無遁飾查
律載鬬毆殺人者不問手足他物金刃並絞監

江蘇巡撫林則徐題本　題明銅山縣革生陳泳清傷斃伏萬選案擬絞監候
道光十四年正月二十日

候等語此案陳泳清用刀戳傷伏萬選身死應
按律問擬陳泳清合依鬬毆殺人者不問手足
他物金刃並絞律擬絞監候秋後處決該犯所
欠伏萬選錢文照追給與屍妻伏李氏具領無
干省釋屍棺飭屬領埋兇刀供棄免追等情由
府審解到司該兼署江蘇按察司事蘇州布政
使陳鑾提犯親訊核擬無異解候勘
題等情招解到臣提犯親審無異該臣看得銅山
縣革生陳泳清戳傷伏萬選身死壹案緣陳泳
清籍隸銅山縣於道光肆年考取武生入學與
伏萬選素識無嫌道光拾叁年叁月間陳泳清
向伏萬選借錢壹千文未還肆月貳拾柒日陳

泳清路經李志成地內與伏萬選會遇伏萬選
向索前欠陳泳清無錢懇緩伏萬選不依斥罵
陳泳清回詈伏萬選拔取身佩小刀向砍陳泳
清舉脚將刀踢落拾取在手伏萬選向其撲毆
陳泳清用刀嚇戳適傷伏萬選肚腹倒地陳泳
清畏懼逃避旋經李志成看見向伏萬選詢知
情由詎伏萬選傷重移時殞命李志成通知屍
妻伏李氏投保報縣並經徐州府儒學李恩沛
先行查知詳革移縣驗訊通詳審供不諱詰非
有心致死亦無起釁別故及在場幫毆之人案
無遁飾查律載鬭毆殺人者不問手足他物金
刃並絞監候等語此案陳泳清用刀戳傷伏萬

選身死應按律問擬陳泳清合依鬪毆殺人者
不問手足他物金刃並絞律擬絞監候秋後處
決該犯所欠伏萬選錢文照追給與屍妻伏李
氏具領無干省釋屍棺飭埋兇刀供棄免追臣
謹具
題伏乞
皇上聖鑒勅下三法司核覆施行再此案審限陸箇
月應以道光拾叁年伍月初壹日報驗之日起除
犯病封印各壹月又自縣由府解司程限貳拾
陸日統應扣至拾肆年正月貳拾柒日全限屆
滿合並陳明謹題請
旨

江蘇巡撫林則徐題本　題明銅山縣革生陳泳清傷斃伏萬選案擬絞監候

道光十四年正月二十日

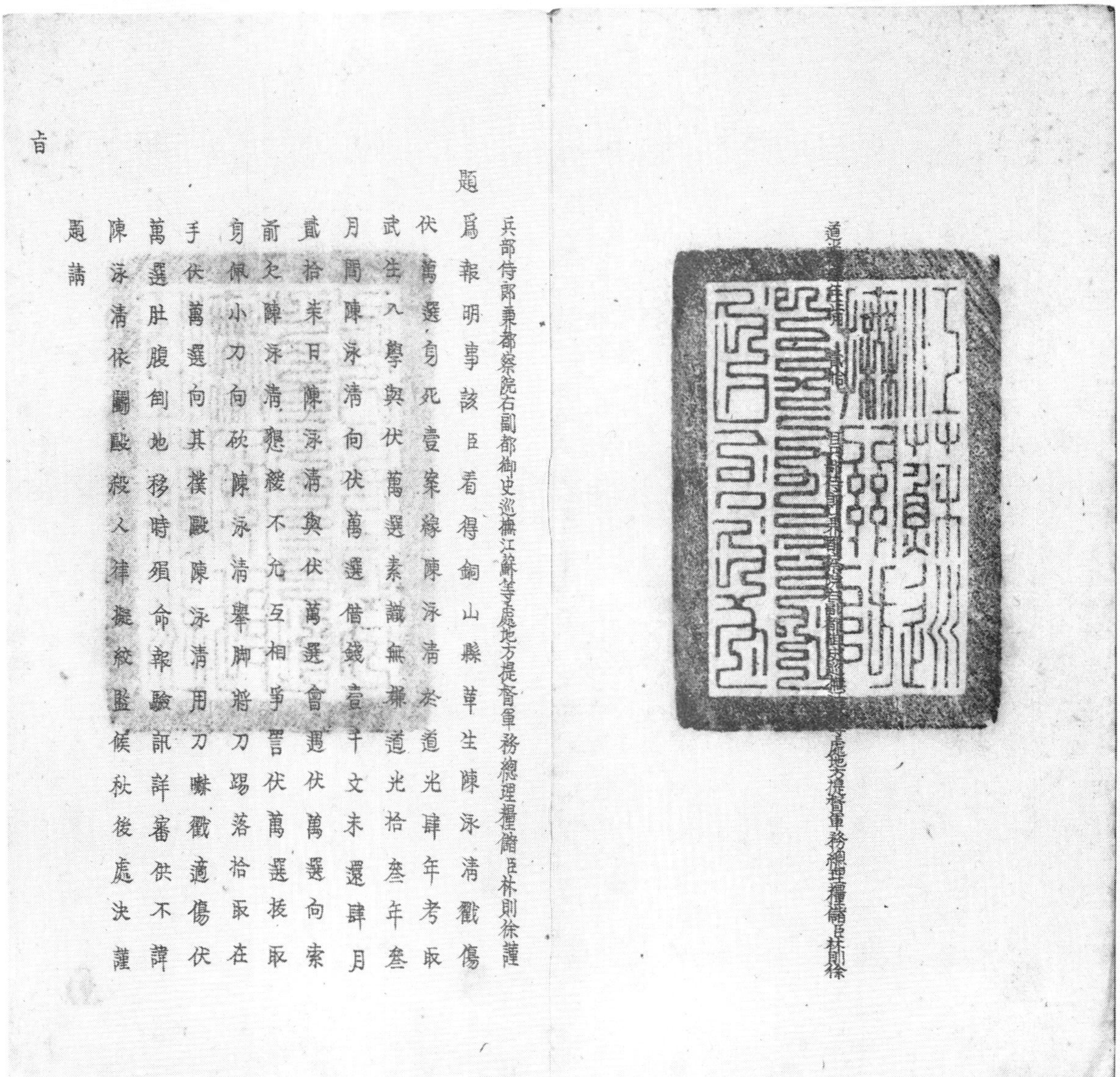

道光拾肆年正月貳拾日兵部侍郎兼都察院右副都御史巡撫江蘇等處地方提督軍務總理糧儲臣林則徐

兵部侍郎兼都察院右副都御史巡撫江蘇等處地方提督軍務總理糧儲臣林則徐謹

題爲報明事。該臣看得銅山縣革生陳泳清戳傷伏萬選身死壹案，緣陳泳清於道光肆年考取武生入學，與伏萬選素識無嫌。道光拾叁年叁月間，陳泳清向伏萬選借錢壹千文，未還。肆月貳拾柒日，陳泳清與伏萬選會遇，伏萬選向索前欠，陳泳清懇緩不允，互相爭詈。伏萬選拔取身佩小刀向砍，陳泳清舉脚將刀踢落，拾取在手。伏萬選向其撲毆，陳泳清用刀嚇戳，適傷伏萬選肚腹，倒地移時殞命。報驗訊詳，審供不諱。陳泳清依鬬毆殺人律擬絞監候，秋後處決。謹

題請

旨

兩江總督陶澍江蘇巡撫林則徐奏摺

請從優獎勵吳朝觀等捐輸義賑較多之紳士

兩江總督陶澍江蘇巡撫林則徐奏摺 請從優獎勵吳朝觀等捐輸義賑較多之紳士

道光十四年正月二十五日

兩江總督臣陶澍
江蘇巡撫臣林則徐 跪

奏為捐輸義賑銀數較多之紳士恭懇

天恩從優獎勵仰祈

聖鑒事竊查江蘇清河縣地方道光十二年秋間被

水成災十三年春間青黃不接貧民口食無資

經該縣隨時勸捐協濟據紳士吳朝觀督令其

孫及姪等各出己資在於漁溝鎮大興莊兩處

分廠救濟因一時米麥雜糧購買甚難改用豆

餅磨細散放全活不計其數復另設粥廠散放

老幼殘疾男婦並搭棚以給災民栖止捐地以

埋暴露屍骸迨麥熟廠竣復捐給棚户盤川資

其各回故土洵屬好義不倦未易多得之人計

該兩廠共放出荳餅一萬五千七百五十五石
九十五觔每觔錢十八文共用錢二萬八千三
百六十千七百十文照市價合銀二萬四千四
百四十八兩八錢七分七釐又另設粥廠共用
麥秫煤炭以及搭棚埋瘞資助回籍川資共用
銀四千五十七兩一錢五分四釐零其時災黎
雲集經清河縣委令現任清河縣澗橋司巡檢
孫文瀛前署澗橋司巡檢咨補溧水縣典史李
應麟分廠彈壓均各安靜妥貼所用銀數由縣
細加察訪均係實用實銷茲據江寧陞任布政
使趙盛奎詳稱該紳士吳朝觀屢次倡捐重資
力行善舉今春督令其孫廩貢生吳大田設廠

散放荳餅用銀至二萬四千餘兩之多又督令
出繼弟昌基之子優廩生議敘主簿吳以誠次
孫童生吳我田另設粥廠等項各用銀二千二
十八兩零洵屬好善樂施自應破格獎勵查吳
朝觀已議敘同知職銜毋庸再請議敘應請將
其孫吳大田姪吳以誠次孫吳我田一併從優
獎敘以彰善舉等情詳請核
奏前來臣等查該紳士吳朝觀念切桑梓督令其
孫吳大田捐放荳餅捐銀二萬四千四百四十
餘兩又令其姪吳以誠次孫吳我田等另設粥
廠並搭棚掩埋等項各捐銀二千二十八兩零
實屬慷慨樂施情敦任恤若不破格獎勵無以

訓俗型方惟吳大田係廩貢生出身今遵祖命
不惜重資救濟饑民全活甚衆且核其捐輸銀
數已在二萬兩以上可否仰懇
皇上天恩俯准將廩貢生吳大田賞給中書評博京
職俾得供職京曹遂其就近觀光之志或交部
從優議敘恭候
聖裁其捐銀二千兩以上之優廩生議敘主簿吳以
誠童生吳我田併懇
勅部查照所捐銀數從優給予議敘俾閭閻咸知觀
感以期急公慕義任恤成風地方自蒸蒸日上
矣至委員孫文濂李應麟分廠彈壓三月之久
經理認真不辭勞瘁亦請

勅部量予獎勵除將冊結分別咨部查核外謹合詞
恭摺具
奏伏乞
皇上聖鑒訓示謹
奏
另有旨
道光十四年正月二十五日

兩江總督陶澍江蘇巡撫林則徐奏片　江寧省城設廠賑粥情形

再江蘇省各屬上年冬間雨雪連綿糧價增昂
小民謀生無計竟不免有路殍之患臣等督屬
勸捐或施粥或散米或給綿衣現在蘇鎮等府
均已次第辦理江寧省垣前經
奏明提用義賑息銀及年例匣費併捐項自十二
月初一日開廠後就食之民日聚日多前項銀
款未能敷用據署江寧藩司積拉明阿詳據府
縣等轉據各董事稟請將義賑生息銀兩預提
十四十五兩年銀九千二百兩湊作賑粥之需
其本銀仍存典不動典首等已如議樂從此項
足敷正月下旬之用惟察看情形城內外現開
四廠每廠各萬數千人鳩形鵠面扶老挈幼一

時尚難撤散幸同城紳商士庶慕義好施者尚
多雖頻年歉收未免有難於自顧之處仍然樂
善不倦勉力加捐臣復面為獎慰許以竣事之
後定當籲懇
聖恩逾格優施俾資勸勵現在春日晴和災民就食
雖衆均極安靜之至足慰
宸廑謹
奏
知道了

江蘇巡撫林則徐題本　循例保薦俸滿邳州吏目崔森（殘缺）

江蘇巡撫林則徐題本　循例保薦俸滿邳州吏目崔森

道光十四年二月初三日

兵部侍郎兼都察院右副都御史巡撫江蘇等處地方提督軍務總理糧儲臣林則徐謹
題爲俸滿人員循例保
題事該臣查得邳州吏目崔森自道光叁年捌月
拾柒日到任之日起前後兩任接算連閏扣至
道光拾叁年玖月貳拾叁日初次陸年俸滿例
應驗看甄別茲據署江寧布政使事江寧鹽巡
道積拉明阿等會詳該員人甚明白辦務充勤
堪以保薦詳請會
題前來臣查驗得崔森年壯才明勤於緝捕堪以
保爲除將事實供冊送部查核外謹會題請
旨

試用從九品劉光照解銀漂没身故循例請恤（首缺）

知府汪河詳稱查得試用從玖品劉光照係江
西奉新縣人由監生遵工賑例捐從玖品分發
江蘇於嘉慶捌年玖月初捌日到省委署江陰
縣典史交卸後留於常州差委茲於道光拾叁
年伍月委赴靖江縣守提交代案內存庫銀兩
差旋渡江行至江陰縣所轄鵝鼻嘴大江忽遇
狂風將船擊翻落水撈救業已淹斃當同伊子
劉長慶妥爲棺殮實屬因公差委遭風淹斃情
實可憫取造宗圖冊結加具印結詳請議恤等
情到司該蘇州布政使陳鑾會同署江蘇按察
使事常鎮通海道李彥章會查得例載官員因
公差委在大洋大江黃河洞庭洪澤等河遭風

江蘇巡撫林則徐題本　試用從九品劉光照解銀漂没身故循例請恤
道光十四年二月初三日

漂没身故者照本官應陞品級加贈加廕壹子
入監讀書陸月期滿候銓其應得恤賞祭葬銀
兩移咨禮兵工部議給等語今試用從玖品劉
光照因常州府知府汪河委赴靖江縣提解交
代案内存庫銀兩係
奏明飭提要款差旋渡江在大江猝遇狂風被淹
斃命實屬因公身故情堪憫惻核與贈恤之例
相符應請照例議恤相應同送到冊結詳請會
題等情到臣據此該臣查得試用從玖品劉光照
經常州府知府汪河委赴靖江縣守提交代案
内存庫銀兩差旋於道光拾叁年伍月拾陸日
渡江行至江陰縣所轄鵝鼻嘴大江遭風淹斃

江蘇巡撫林則徐題本 試用從九品劉光照解銀漂沒身故循例請卹

道光十四年二月初三日

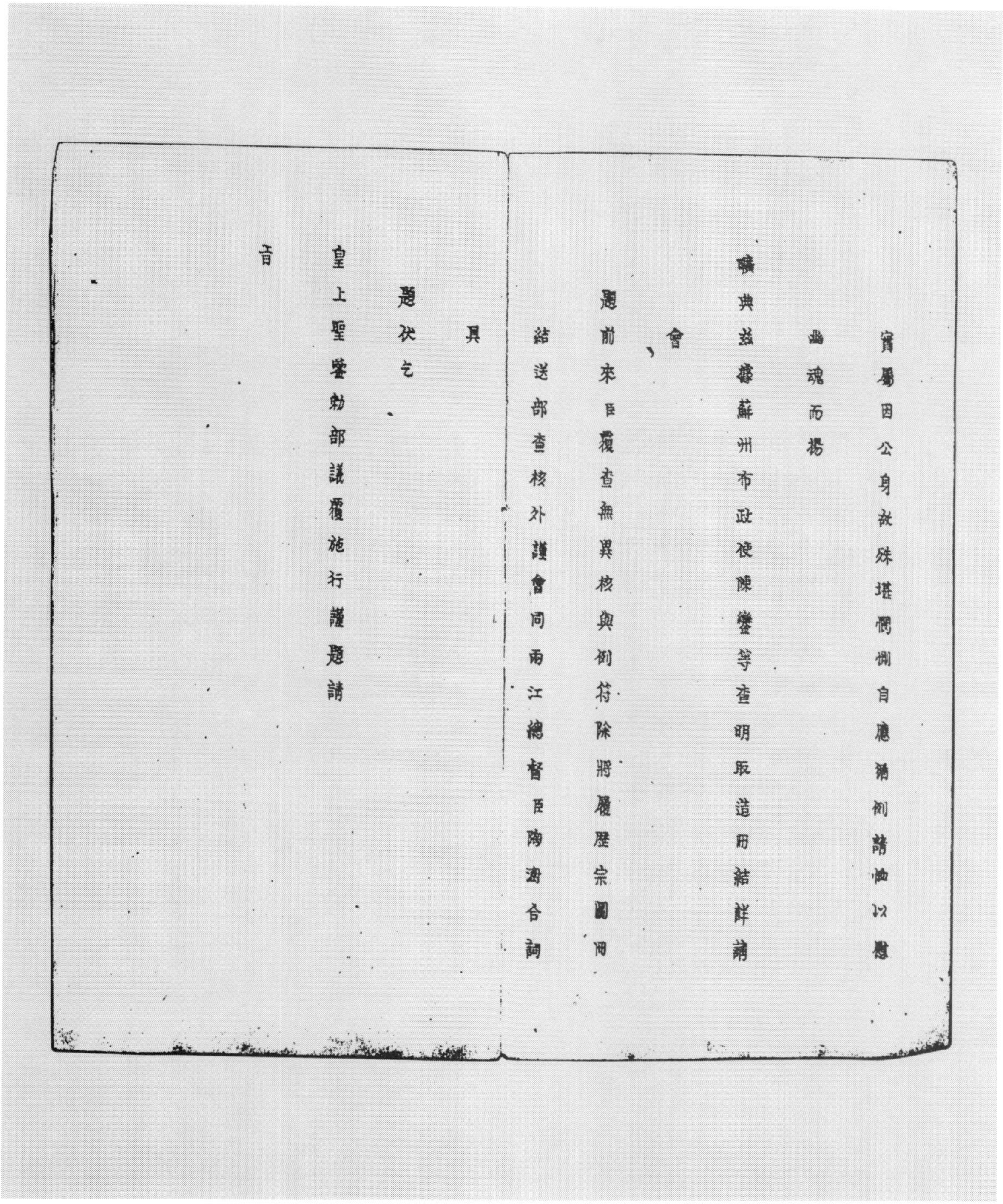

實屬因公身故殊堪憫惻自應循例請卹以慰

幽魂而揚

曠典茲據蘇州布政使陳鑾等查明取造册結詳請

會

題前來臣覆查無異核與例符除將履歷宗圖冊

結送部查核外謹會同兩江總督臣陶澍合詞

具

題伏乞

皇上聖鑒勅部議覆施行謹題請

旨

江蘇巡撫林則徐題本 試用從九品劉光照解銀漂沒身故循例請恤

道光十四年二月初三日

兵部侍郎兼都察院右副都御史巡撫江蘇等處地方提督軍務總理糧餉臣林則徐謹
題爲詳請
題恤事該臣查得試用從九品劉光照經常州府
知府汪河委赴靖江縣守提交代案內存庫銀
兩差旋於道光拾叁年伍月拾陸日渡江行至
江陰縣所轄鵝鼻嘴大江遭風淹斃實屬因公
身故殊堪憫惻自應循例請恤以慰幽魂而勵
職典茲據蘇州布政使陳鑾等查明取造冊結詳請
會
題前來臣覆查無異核與例符除將履歷宗圖冊
結送部外謹會題請
旨

道光[illegible]提督軍務總理糧餉臣林則徐

江蘇巡撫林則徐題本

驗明如皋縣民朱高成等毆斃許周宏案分別定擬

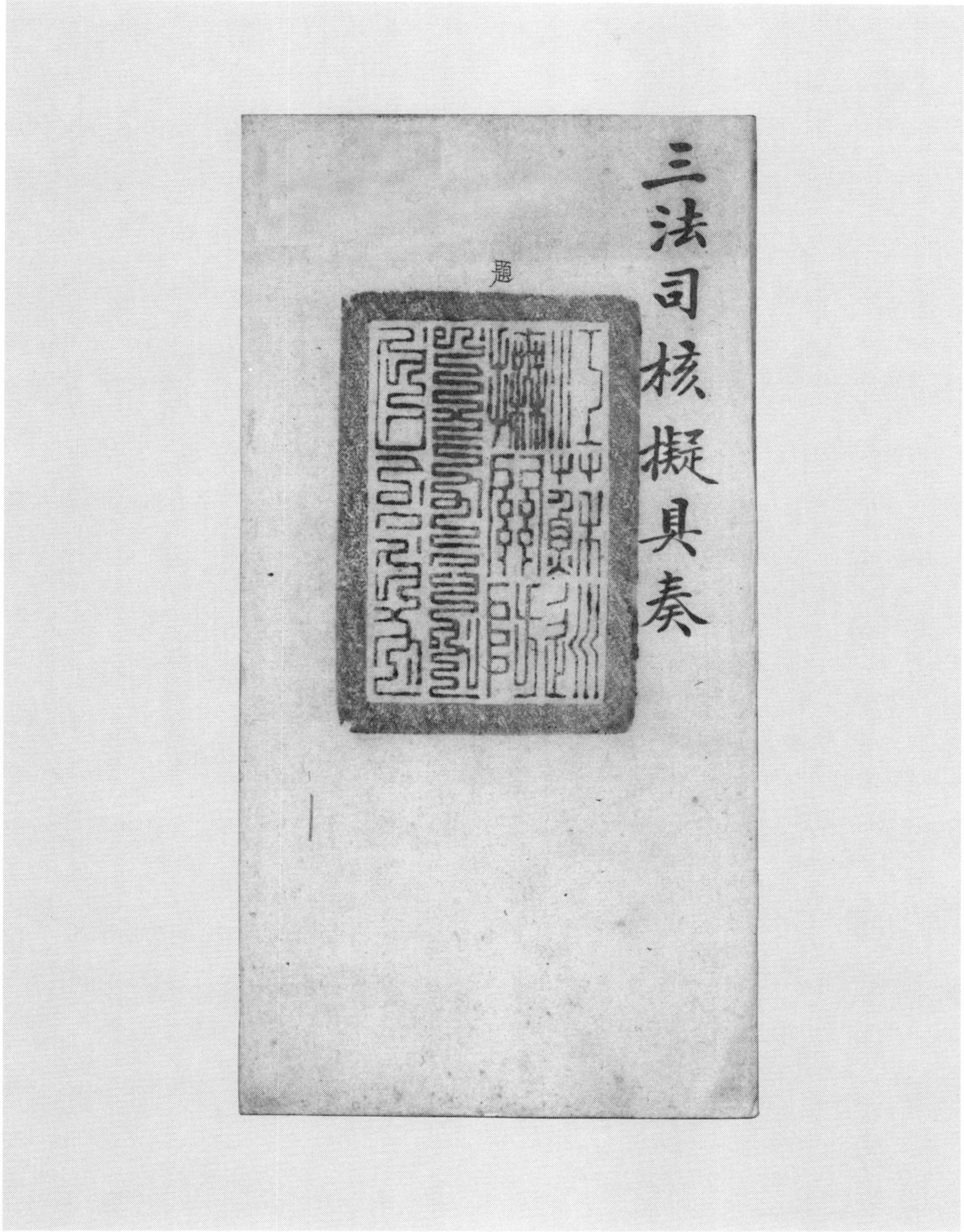
三法司核擬具奏

題

兵部侍郎兼都察院右副都御史巡撫江蘇等處地方提督軍務總理糧儲臣林則徐謹
題為稟報事據兼署江蘇按察司事蘇州布政使
陳鑾詳據署通州知州保先烈詳據如皋縣知
縣范仕義詳稱道光拾叁年正月初貳日據地
保吳開文稟據民人許方選投稱伊父許周宏
代黃登仁擔保欠少朱高成豬價錢拾陸千文
未還拾貳年拾貳月貳拾玖日朱高成路遇伊
父索討爭鬧同兄朱高興將伊父毆戳受傷身
死有王茂富見證等語往查屬實理合報驗等
情並據屍子許方選呈同前由各到縣隨帶吏
仵前詣屍所勘得柴家圩有通行走路壹條兩
邊俱係水溝許周宏屍身倘臥路旁勘畢如法

相驗據仵作紀春喝報已死許周宏問年伍拾
肆歲驗得仰面致命偏右刃傷壹處斜長壹寸
寬叁分深抵骨血污不致命右耳刃劃傷壹處
斜長伍分皮破血污左膝刃傷貳處上壹處斜
長叁分下壹處橫長肆分俱寬壹分深壹分右
膝刃傷壹處斜長捌分寬貳分深肆分左臁肕
刃傷貳處俱斜長壹分寬不及分右臁肕刃傷
壹處斜長壹分寬不及分合面不致命左肐肘
刃傷壹處斜長壹分寬不及分俱血污左手背
重疊鐵器傷壹處斜長貳寸貳分寬陸分右手
背重疊鐵器傷壹處斜長壹寸捌分寬捌分俱
青紫色左手貳指叁指肆指各有刃劃傷壹條

均斜長柒分右手貳指刃劃傷壹條斜長肆分
右曲脉刃傷壹處橫長貳寸捌分寬陸分深壹
寸壹分右脚踝刃傷壹處橫長壹寸伍分寬伍
分深抵骨俱血汚餘無故委係受傷身死報畢
親驗無異飭取兇刀鐵尺比對各傷相符塡格
取結屍飭棺殮訊據地保吳開文供與報詞同
據見證王茂富供道光拾貳年拾貳月貳拾玖
日小的望見朱高成們與許周宏爭毆趕來喝
勸許周宏已受傷倒地朱高成手內有尖刀壹
把小的上前奪下至許周宏被何人致傷何處
小的沒有看見是實據勸證高志廣李學進高
志進同供道光拾貳年拾貳月貳拾玖日小的

們起集買物走到柴家圩地方見朱高成用刀
砍戳許周宏倒地他哥子朱高興跌在溝裏小
的們連忙勸阻當有王茂富趕至把朱高成小
刀奪下小的們把朱高興攙起查看許周宏已
受多傷問據朱高成說因向許周宏索討擔認
豬價錢文起釁爭毆朱高興是被許周宏踢落
溝內的話不料許周宏傷重就即身死小的們
實是勸阻不及是實據屍子許方選供許周宏
是父親與朱高成素識無嫌道光拾壹年正月
間有黃登仁憑父親向朱高成買豬貳隻說定
價錢貳拾千肆百文當付錢肆千肆百文欠少
錢拾陸千文是父親擔保後來黃登仁總沒歸

還小的曉得的拾貳年拾貳月貳拾玖日聞說
朱高成路遇父親索討擔認豬錢爭毆還有他
哥子朱高興在場相幫小的連忙趕來父親已
受傷倒地不能言語不多時就死了小的投保
報驗的求究抵至黃登仁外出生理沒有在家
是實據屍兄許周舉供許周宏是胞弟餘與許
方選供同據朱高興供如皋縣人年貳拾柒歲
父親高添沅招贅朱家爲壻改從朱姓已於道
光伍年病故母親朱氏年陸拾玖歲胞弟朱高
成是庶母馮氏生的妻子已故拾壹年正月間
有黃登仁憑許周宏向兄弟朱高成買豬貳隻
說定價錢貳拾千肆百文當收錢肆千肆百文

尚欠錢拾陸千文是許周宏擔保後來屢討未
還小的知道的拾貳年拾貳月貳拾玖日小的
赴集買物因歲歉路僻攜帶鐵尺防身走到柴
家圩地方見兄弟被許周宏揪住髮辮毆打小
的喝勸不開恐兄弟受虧順用鐵尺連打許周
宏兩手背幾下許周宏舉腳踢來小的往後閃
避仰跌路旁溝内兄弟用刀把許周宏砍傷是
高志廣們勸散把小的攙起不料許周宏傷重
旋即身死小的委止毆傷許周宏兩手背並沒
起釁别故也沒預謀糾毆的事是實據此犯朱
高成供如皋縣人年拾捌歲父親高忝沅招贅
朱家為壻改從朱姓已於道光伍年病故嫡母

朱氏年陸拾玖歲生母馮氏年伍拾叁歲哥子
朱高興是嫡母朱氏所生小的娶妻陳氏沒生
子女與許周宏素識無嫌道光拾壹年正月間
有黃登仁憑許周宏向小的買豬兩隻說定價
錢貳拾千肆百文當付肆千肆百文欠少拾陸
千文是許周宏擔保屢討無還拾貳年拾貳月
貳拾玖日下午小的帶著小刀在柴家圩路旁
乞取野菜遇見許周宏走來小的又向索討許
周宏說要等黃登仁歸還小的不依致相爭吵
許周宏辱罵小的回罵許周宏揪住小的髮辮
捺按欲毆適哥子朱高興路過看見喝勸不開
順用鐵尺打了許周宏兩手背幾下許周宏舉

脚向踢哥子跌在路旁溝内許周宏仍揪住小
的不放小的情急用空菜小刀戳傷他兩膝兩
臁肕左肐肘許周宏鬆放用手奪刀致劃傷左
右手指小的順勢砍傷他偏右帶傷右耳許周
宏跌地滾罵小的又砍傷他右曲脷右脚踝經
高志廣們勸散並把哥子撈起不料許周宏傷、
重旋即身死並非預謀糾毆有心欲殺也沒起
釁別故及另有在場幫毆的人是實各等供據
此將犯收禁餘俱省釋兇刀鐵尺貯庫錄供通
詳奉批飭審叁月初陸日據禁卒稟報朱高成
在監患病醫治詳咨於肆月初捌日報痊隨提
集犯證覆訊各供均與前審無異不敘外該如

皋縣知縣范仕義審看得縣民朱高成等共毆
許周宏身死壹案緣朱高成籍隸如皋與許周
宏素識無嫌道光拾壹年正月間有黃登仁憑
許周宏向朱高成買豬貳隻言定價錢貳拾千
肆百文先付肆千肆百文欠少拾陸千文係許
周宏擔保屢討未還拾貳年拾貳月貳拾玖日
朱高成攜帶小刀在柴家圩路旁挖取野菜撞
遇許周宏復向索討許周宏答須黃登仁歸還
朱高成不依致相爭吵許周宏辱罵朱高成回
詈許周宏揪住朱高成髮辮摔按欲毆適朱高
成之兄朱高興路過經見喝勸不開恐弟受虧
順用防身鐵尺毆傷許周宏兩手背許周宏舉

脚向踢朱高興閃跌路旁水溝許周宏仍揪住
朱高成不放朱高成情急用空菜小刀戳傷其
兩膝兩臁肕左肐肘許周宏鬆放用手奪刀致
劃傷左右手指朱高成順勢砍傷其偏右帶傷
右耳許周宏跌地滾罵朱高成又砍傷其右曲
脷右脚踝經高志廣等勸散將朱高興撈起詎
許周宏傷重移時殞命投保報縣驗訊通詳奉
批飭審遵復提犯研鞫據供前情不諱究非預
謀糾毆有心欲殺亦無起釁別情案無遁飾查
律載共毆人致死下手致命傷重者絞監候餘
人杖壹百又例載共毆之人審係執持兇器傷
人者發近邊充軍各等語此案許周宏被毆各

傷惟朱高成用刀所砍致命偏右等處爲重應
以該犯擬抵朱高成合依共毆人致死下手致
命傷重者絞律擬絞監候秋後處決朱高興先
用鐵尺將許周宏毆傷係侵損於人應以凡人
首從論鐵尺非民間常用之物朱高興合依共
毆之人審係執持兇器傷人者發近邊充軍例
發近邊充軍到配杖壹百折責安置高志廣等
救阻不及均無庸議黃登仁外出未到請免提
質以省拖累所欠朱高成豬錢照追給領無干
省釋屍棺飭屬領埋兇刀鐵尺解驗等情由州
審解到司經前司提訊犯供翻異駁回覆訊審
係畏罪狡展仍照原擬由州解司該兼署江蘇

按察司事蘇州布政使陳鑾提犯親審核擬無
異解候勘
題等情招解到臣提犯親審無異該臣看得如皋
縣民朱高成等共毆許周宏身死壹案緣朱高
成籍隸如皋與許周宏素識無嫌道光拾壹年
正月間有黃登仁憑許周宏向朱高成買豬貳
隻言定價錢貳拾千肆百文先付肆千肆百文
欠少拾陸千文係許周宏擔保屢討未還拾貳
年拾貳月貳拾玖日朱高成攜帶小刀在柴家
圩路旁空取野菜撞遇許周宏復向索討許周
宏答須黃登仁歸還朱高成不依致相爭吵許
周宏辱罵朱高成回詈許周宏揪住朱高成髮

辮捦按欲毆適朱高成之兄朱高興路過經見
喝勸不開恐弟受虧順用防身鐵尺毆傷許周
宏兩手背許周宏舉脚向踢朱高興閃跌路旁
水溝許周宏仍揪住朱高成不放朱高成情急
用空菜小刀戳傷其兩膝兩臁肕左肐肘許周
宏鬆放用手奪刀致劃傷左右手指朱高成順
勢砍傷其偏右帶傷右耳許周宏跌地滚駡朱
高成又砍傷其右曲脷右脚踝經高志廣等勸
散將朱高興撈起詎許周宏傷重移時殞命報
縣驗訊通詳審供不諱究非預謀糾毆有心欲
殺亦無起釁别情案無遁飾查律載共毆人致
死下手致命傷重者絞監候又例載共毆之人

江蘇巡撫林則徐題本　驗明如皋縣民朱高成等毆斃許周宏案分別定擬

道光十四年二月初三日

審係執持兇器傷人者發近邊充軍各等語此
案許周宏被毆各傷惟朱高成用刀所砍致命
偏右等處爲重應以該犯擬抵朱高成合依共
毆人致死下手致命傷重者絞律擬絞監候秋
後處決朱高興先用鐵尺將許周宏毆傷係侵
損於人應以凡人首從論鐵尺非民間常用之
物朱高興合依共毆之人審係執持兇器傷人
者發近邊充軍例發近邊充軍到配杖壹百折
責安置高志廣等救阻不及爲無庸議黃登仁
外出未到免其提質所欠朱高成豬錢飭縣照
追給領無干省釋屍棺飭埋兇刀鐵尺發回貯
庫臣謹具

皇上聖鑒，勅下三法司核覆施行。再，此案報官係在
封印期内，應以道光拾叁年正月貳拾開印之
日起限，縣審分限叁箇月，又犯病壹月，應扣至
伍月貳拾日滿，據於捌月拾壹日審解，除解州
程限叁日，計遲延兩箇月零拾捌日，所有承審
遲延壹月以上職名係如皋縣知縣范仕義，閧
報附參。州司院分限各壹月，應以捌月拾壹該
縣解州之日起，除自州解司程限拾伍日，駁回
覆審往返程限壹箇月零陸日，封印壹箇月，統
應扣至拾肆年貳月初貳日全限届滿，合並陳
明。謹題請

題。伏乞

江蘇巡撫林則徐題本　驗明如臯縣民朱高成等毆斃許周宏案分別定擬　道光十四年二月初三日

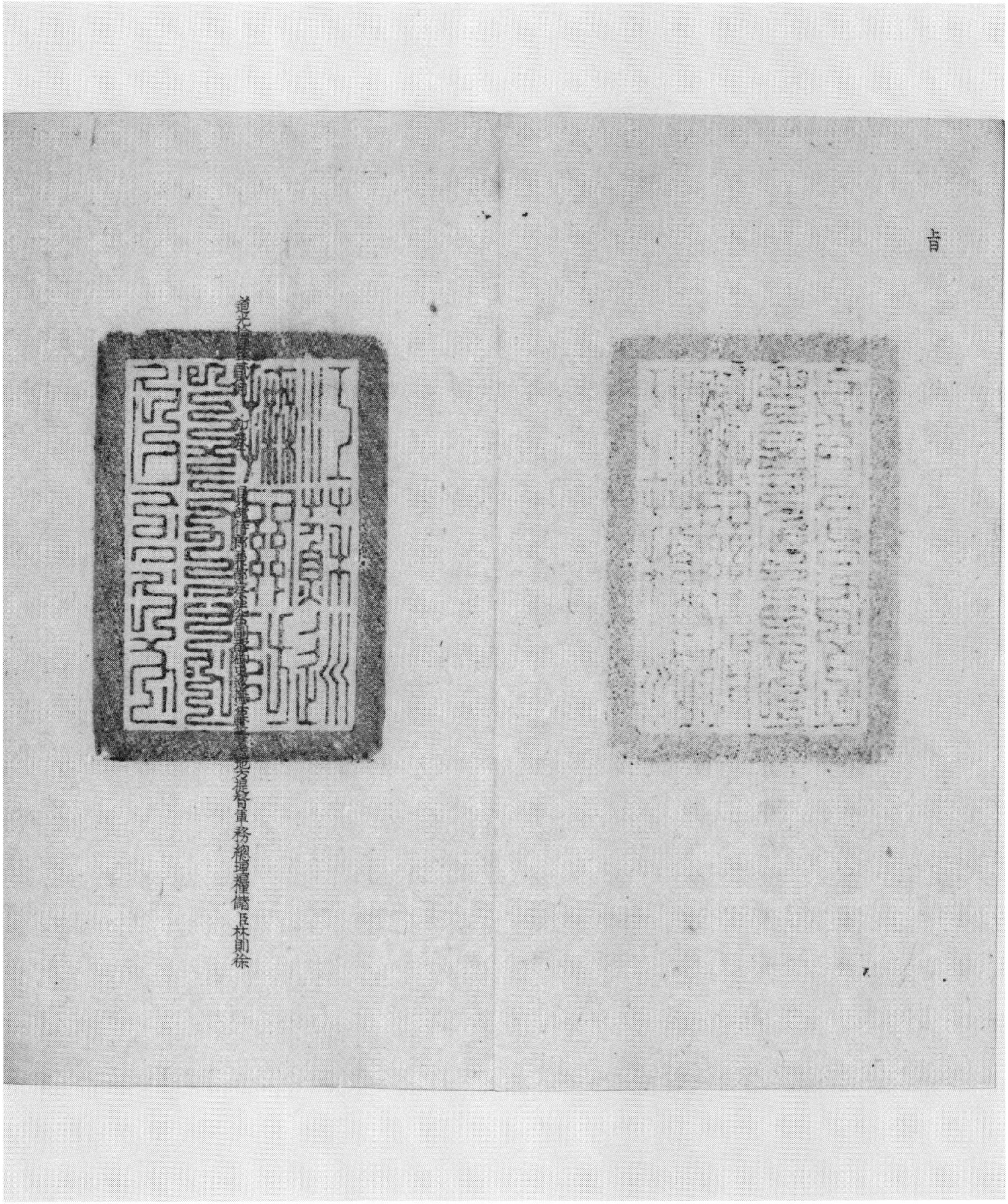
旨

道光拾肆年貳月初三日兵部侍郎兼都察院右副都御史巡撫江蘇等處地方提督軍務總理糧儲臣林則徐

江蘇巡撫林則徐題本　驗明如皋縣民朱高成等毆斃許周宏案分別定擬

道光十四年二月初三日

兵部侍郎兼都察院右副都御史巡撫江蘇等處地方提督軍務總理糧儲臣林則徐謹

題爲稟報事。該臣看得如臯縣民朱高成等共毆

許周宏身死壹案，緣朱高成與許周宏素識無

嫌。道光拾壹年正月，有黃登仁憑許周宏向朱

高成買豬欠少價錢拾陸千文，係許周宏擔保，

屢討未還。拾貳年拾貳月貳拾玖日，朱高成攜

帶小刀在柴家圩路旁空菜擡遇許周宏，復向

索討，致相爭罵。許周宏揪住朱高成髮辮揿按

欲毆，適朱高成之兄朱高與路過經見喝勸不

開，恐弟受虧，順用防身鐵尺毆傷許周宏兩手

背。許周宏舉脚向踢，朱高與閃跌落溝。許周宏

仍揪住朱高成不放，朱高成情急，用空菜小刀

戳傷其兩膝兩臁肕、左肐肘。許周宏鬆放，用手

奪刀，致劃傷左右手指。朱高成順勢砍傷其偏

右、帶傷右耳。許周宏跌地滾罵，朱高成又砍傷

其右曲䐐、右脚踝。移時殞命。報驗訊詳審供不

諱。朱高成依共毆人致死下手致命傷重者絞

律，擬絞監候，秋後處決。朱高與依共毆之人執

持兇器傷人例，發近邊充軍。謹題請

旨。

江蘇巡撫林則徐題本

驗明如皋縣民張五謀殺陳受保圖詐案擬斬監候

江蘇巡撫林則徐題本　驗明如皋縣民張五謀殺陳受保圖詐案擬斬監候

道光十四年二月初三日

兵部侍郎兼都察院右副都御史巡撫江蘇等處地方提督軍務總理糧儲臣林則徐謹
題爲稟報事。據署江蘇按察使李彥章詳據署通
州知州傅璋詳據如皋縣知縣范仕義詳稱：道
光拾貳年拾月拾玖日據地保葛春庭報據民
人韓大彝投稱，拾月拾伍日更餘時分，有張五
攜帶蒲包，內貯人頭壹箇、廚刀壹把，丟入伊家
門內，經伊瞥見，扭住喊同鄰人陸開忠盤問，張
五承認殺死陳沈氏之子陳受保，攜頭圖詐囑
身稟究等語。往查屬實，解候驗訊等情。並據韓
大彝呈同前由，到縣。據即提訊張五，供認將陳
沈氏幼子陳受保誘至朱方來田邊殺死，砍下
頭顱，攜至韓大彝門首丟入圖詐，屍身丟棄田

邊溝內不諱隨帶吏仵押犯親詣屍所勘得朱
方來田邊有水溝壹道該屍浮於溝內衣褲俱
全田邊地上驗有血跡勘畢飭令將屍身撈放
平地與屍頭湊合相符如法相驗據仵作紀春
喝報已死陳受保問年拾壹歲驗得仰面致命
左太陽相連左腮頰有搽傷壹處斜圓伍寸貳
分紅色咽喉連食氣顙合面項頸俱已砍斷皮
翻筋縮骨凸兩肩聳並餘無故委係被殺身死
報畢親驗無異飭取兇刀比對傷痕相符塡格
取結屍飭棺殮訊據地保葛春庭供與報詞同
據鄰佑陸開忠供道光拾貳年拾月拾伍日夜
壹更多時小的聽得韓大彝喊說張五拏了人

頭丟在他家詭詐忙去查看見韓大彜家門內
地上有蒲包壹箇內裝人頭張五已被韓大彜
揪住小的上前幫同拏獲盤問張五說因向韓
大彜索錢被罵懷恨把陳沈氏的兒子陳受保
殺死砍取頭顱詭詐的話小的就幫同把張五
扭交地保稟解的別的事不知道是實據屍母
陳沈氏供與張五鄰居認識陳受保是婦人兒
子現年拾壹歲丈夫陳名達在日做木匠手藝
因與張五不睦常說張五漆店貨低價昂阻撓
他的主顧婦人知道的道光拾貳年拾月拾伍
日兒子在外頑耍到夜不回各處找尋無蹤第
貳日地保葛春庭通知婦人說兒子被張五騙

到朱方來田邊殺死砍下頭顱向韓大鼻訛詐
現已獲住報官驗究的話婦人趕來看明僞驗
的婦人細細訪查並沒別故求究被據應訊韓
大鼻供與張五鄰村居住素來認識張五漆匠
生理小的先曾叫他做過匾對記不得年月少
錢數百文當時說明情讓道光拾貳年拾月間
張五來向小的索討前讓錢文小的不依斥罵
張五當即走去拾伍日夜壹更多時張五拏了
蒲包壹箇丟入小的家門內正值小的走出看
見把他扭住查問據說包內是箇人頭叫小的
給他洋錢拾圓情願拏去小的不依喊同鄰人
陸開忠幫同拏獲盤問張五說出因向小的索

錢彼罵懷恨並放陳名達阻撓主顧嫌隙把他
兒子陳受保殺死砍取頭顱訛詐的話小的就
把張五扭交地保稟解的是實寔兇犯張五即
張萬安供如皋縣人年貳拾玖歲父母俱故弟
兄陸人分居各度小的還沒娶妻向做漆匠生
理陳受保的父親陳名達在日做木匠手藝向
與小的不睦常說小的漆店貨低價昂阻撓主
顧小的懷恨在心韓大彝與小的鄰村居住小
的曾替他做過匾對記不得年月少錢數百文
當時原說讓掉不要算還道光拾貳年拾月初
間小的因窮苦難度往向韓大彝討要前讓錢
文韓大彝不依斥罵小的當即走回拾伍日午

後小的因韓大鼻不肯還錢反被斥罵心裏忿
恨持刀往圖嚇詐走到半路適見陳名達的幼
子陳受保一人在外玩耍小的觸起他父親阻
撓主顧嫌隙起意把他殺死割取屍頭擲入韓
大鼻家圖賴詐錢就哄令陳受保同去玩耍一
同走到朱方來田邊時已昏黑四顧無人小的
就把陳受保推倒地上用左手撳住他左太陽
連左腮頰右手掣出身帶廚刀往陳受保項頸
狠砍壹下把他頭顱砍落回家拏取蒲包壹箇
復到田邊把屍身推入田溝屍頭同刀裝入蒲
包拏到韓大鼻門首丟入門內不料被韓大鼻
走出撞見扭住查問小的說蒲包內裝有人頭

江蘇巡撫林則徐題本 驗明如皋縣民張五謀殺陳受保圖詐案擬斬監候 道光十四年二月初三日

如肯給洋錢拾圓情願拏去韓大彝不依喊同
鄰人陸閏忠把小的拏獲投保稟究的小的實
因向韓大彝討錢被罵懷恨起意把陳受保致
死攜頭圖詐並沒另有起釁別故也沒同謀加
功的人是實各等供據此將犯收禁餘人保釋
兇刀貯庫錄供通詳奉批飭審道光拾叁年貳
月拾陸日據禁卒稟報張五在監患病醫治詳
咨於叁月拾陸日報痊隨提集犯證覆訊各供
均與前審無異不敘外該如皐縣知縣范仕義
審看得民人張五謀殺陳受保攜取屍頭圖詐
韓大彝壹案緣張五即張萬安籍隸如皐漆匠
營生與陳受保鄰居素識陳受保之父陳名達

在日與張五不睦常幫張五漆店貨低價昂阻
撓主顧挾有夙嫌韓大彝與張五鄰村居住曾
令張五做過匾對少錢數百文當時言明情讓
道光拾貳年拾月初間張五因貧難度往向韓
大彝索討前讓錢文韓大彝不允斥罵張五當
即走回至拾伍日張五因韓大彝不肯還錢反
行斥罵心懷忿恨持刀往圖嚇詐走至半路適
見陳受保獨自在外玩耍張五觸起其父陳名
達阻撓主顧之嫌起意將陳受保殺死割取屍
頭擬往韓大彝家圖賴詐錢隨誘令陳受保出
外玩耍一同走至朱方來田邊時已昏黑四顧
無人張五將陳受保推倒地上用左手按住其

江蘇巡撫林則徐題本　驗明如皋縣民張五謀殺陳受保圖詐案擬斬監候
道光十四年二月初三日

左太陽連左腮頰右手取出身帶廚刀在陳受
保項頸狠砍將頭顱砍下即回家攜取蒲包壹
箇轉至田邊將屍身推入田溝屍頭同刀裝入
蒲包攜至韓大彝家門首丟入門內經韓大彝
瞥見拉住查問張五以蒲包內裝有人頭如肯
給洋錢拾圓情願攜去之言向詐韓大彝不依
喊同鄰人陸開忠將張五拏獲投保解縣驗訊
通詳奉批飭審遵提犯研鞫據供前情不諱
究無另有起釁別故及知情同謀之人嚴詰不
移案無遁飾查律載謀殺人造意者斬監候等
語此案張五因向韓大彝索錢被罵挾嫌圖詐
輒敢起意將陳受保殺死砍取頭顱攜向韓大

江蘇巡撫林則徐題本　驗明如皋縣民張五謀殺陳受保圖詐案擬斬監候

道光十四年二月初三日

彝圖賴索詐實屬兇殘應按律問擬張五郎張
萬安合依謀殺人造意者斬律擬斬監候秋後
處決照例先行刺字無干省釋屍棺飭屬領埋
兇刀解驗等情由州審解到司前司因恐案情
未確駁委元和縣知縣平翰覆審無異詳解到
司提訊犯供翻異復委蘇州府知府沈兆澐確
審實係畏罪狡展仍照原擬詳解前來該署江
蘇按察使李彥章提犯親審核擬無異解候勘
題等情招解到臣提犯親審無異該臣看得如皋
縣民張五謀殺陳受保攜取屍頭圖詐韓大彝
壹案緣張五郎張萬安籍隸如皋漆匠營生與
陳受保鄰居素識陳受保之父陳名達在日與

江蘇巡撫林則徐題本 驗明如皋縣民張五謀殺陳受保圖詐案擬斬監候

道光十四年二月初三日

張五不睦常稱張五漆店貨低價昂阻撓主顧
挾有夙嫌韓大彝與張五鄰村居住曾令張五
做過匾對少錢數百文當時言明讓道光拾
貳年拾月初間張五因貧難度往向韓大彝索
討前讓錢文韓大彝不允斥罵張五當即走回
至拾伍日張五因韓大彝不肯還錢反行斥罵
心懷忿恨持刀往圖嚇詐走至半路適見陳受
保獨自在外玩耍張五觸起其父陳名達阻撓
主顧之嫌起意將陳受保殺死割取屍頭撩在
韓大彝家圖賴詐錢隨誘令陳受保出外玩耍
一同走至朱方來田邊時已昏黑四顧無人張
五將陳受保推倒地上用左手揿住其左太陽

連左腮頰右手取出身帶廚刀在陳受保項頸
很砍將頭顱砍下卽回家攜取蒲包壹箇轉至
田邊將屍身推入田溝屍頭同刀裝入蒲包攜
至韓大彝家門首丟入門內經韓大彝瞥見扭
往查問張五以蒲包內裝有人頭如肯給洋錢
拾圓情願攜去之言向詐韓大彝不依喊同鄰
人陸開忠將張五拏獲投保解縣驗訊通詳審
供不諱究無另有起釁別故及知情同謀之人
嚴詰不移案無遁飾查律載謀殺人造意者斬
監候等語此案張五因向韓大彝索錢被罵懷
恨圖詐輒敢起意將陳受保殺死砍取頭顱攜
向韓大彝圖賴詐錢實屬兇殘應按律問擬張

五即張萬安合依謀殺人造意者斬律擬斬監
候秋後處決照例先行刺字無干省釋屍棺飭
埋兇刀發回貯庫臣謹具
題伏乞
皇上聖鑒勅下三法司核覆施行再此案縣審分限
叁箇月應以道光拾貳年拾月拾玖報官之日
起除犯病封印各壹月扣至拾叁年叁月拾玖
日滿據於陸月貳拾日解州除自縣解州程限
叁日計遲延兩箇月零貳拾捌日州審分限壹
月扣至柒月貳拾日滿據於捌月貳拾貳日審
解除自州解司程限拾伍日計遲延拾柒日所
有承審遲延壹月以上職名係如皋縣知縣范

仕義審轉遲延不及壹月職名係署通州知州
傅璋開報附參司院分限各壹月應以捌月貳
拾貳該州解司之日起前司恐案情未確駁委
元和縣覆審復因犯供翻異飭委蘇州府確審
應扣委審限兩箇月又封印壹月統應扣至拾
肆年正月貳拾貳日全限屆滿合並陳明謹題
請
旨

江蘇巡撫林則徐題本 驗明如皋縣民張五謀殺陳受保圖詐案擬斬監候

道光十四年二月初三日

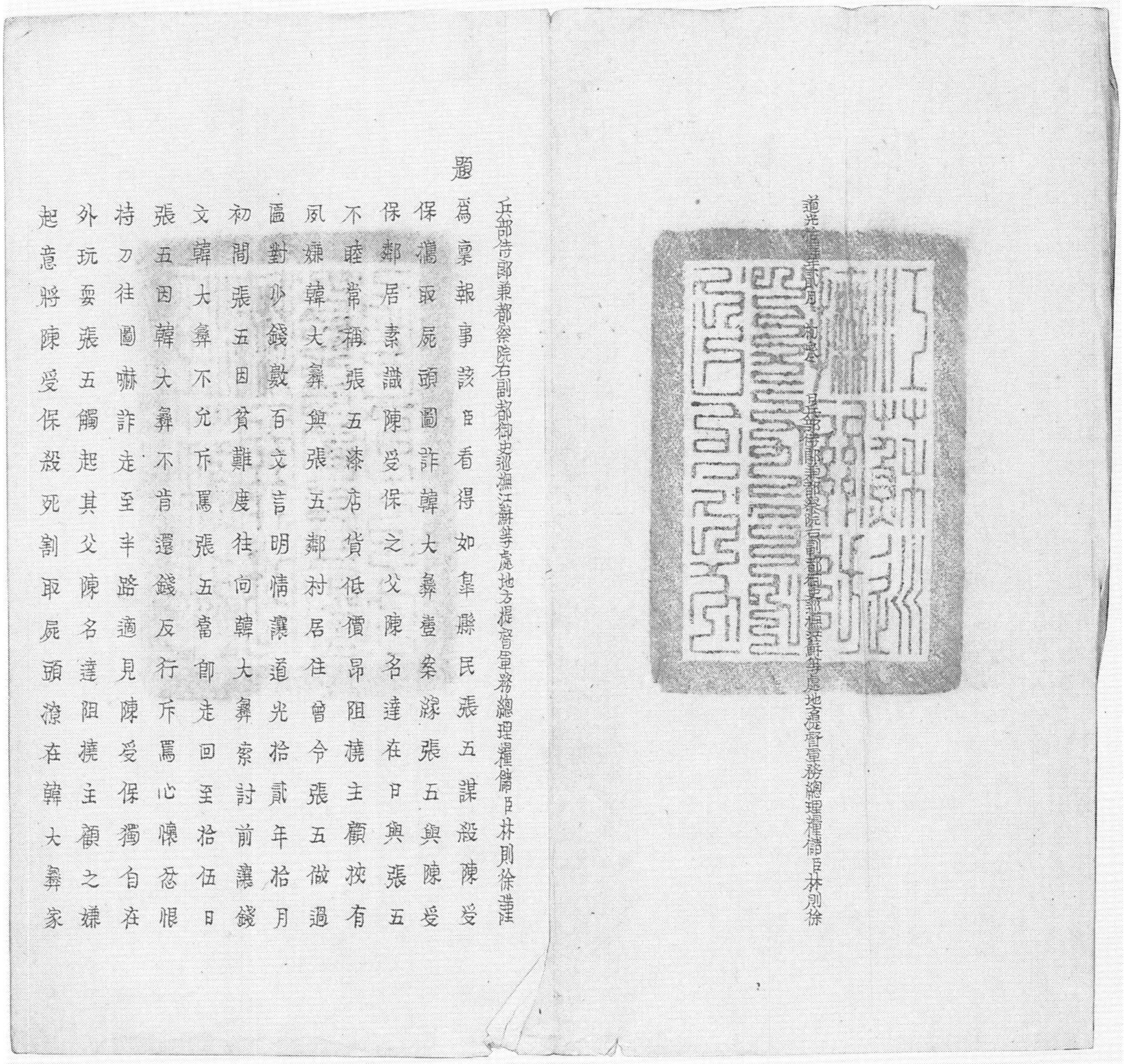

道光拾肆年貳月初叁日兵部侍郎兼都察院右副都御史巡撫江蘇等處地方提督軍務總理糧儲臣林則徐

兵部侍郎兼都察院右副都御史巡撫江蘇等處地方提督軍務總理糧儲臣林則徐謹

題為稟報事。該臣看得如皋縣民張五謀殺陳受保犢取屍頭圖詐韓大彝壹案。緣張五與陳受保鄰居素識，陳受保之父陳名達在日與張五不睦，常稱張五漆店貨低價昂，阻撓主顧，挾有夙嫌。韓大彝與張五鄰村居住，曾令張五做過匾對，少錢數百文，言明情讓。道光拾貳年拾月初間，張五因貧難度，往向韓大彝索討前讓錢文，韓大彝不允斥罵，張五當即走回。至拾伍日，張五因韓大彝不肯還錢，反行斥罵，心懷忿恨，持刀往圖嚇詐，走至半路，適見陳受保獨自在外玩耍，張五觸起其父陳名達阻撓主顧之嫌，起意將陳受保殺死，割取屍頭潦在韓大彝家

圖賴詐錢隨誘令陳受保出外玩耍一同走至
朱方來田邊時已昏黑四顧無人張五將陳受
保推倒地上用左手揿住其左太陽連左腮頰
右手取出身帶廚刀在陳受保項頸很砍將頭
顱砍下即回家攜取蒲包壹箇轉至田邊將屍
身推入田溝屍頭同刀裝入蒲包攜至韓大彝
家門首丟入門內經韓大彝瞥見扭住查問張
五以蒲包內裝有人頭如肯給洋錢拾圓情願
攜去之言向詐韓大彝不依喊同鄰人陸開忠
將張五拏獲投保解縣驗訊通詳審供不諱張
五依謀殺人造意者斬律擬斬監候秋後處決
謹題請
旨

江蘇巡撫林則徐題本　題明海州斬犯耿惠沅在監病故
道光十四年二月初三日

江蘇巡撫林則徐題本　**題明海州斬犯耿惠沅在監病故**

三法司知道

題

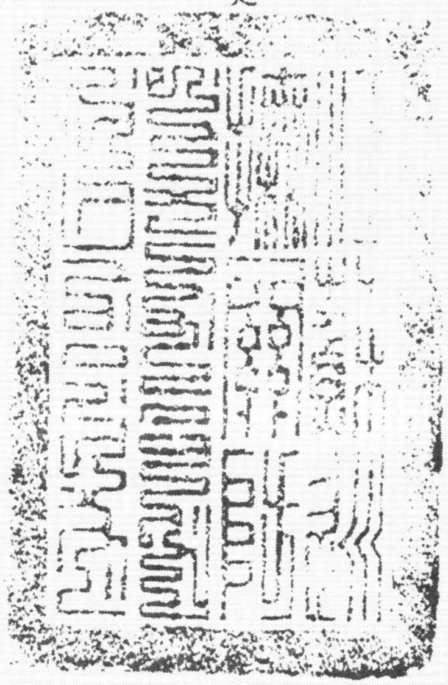

兵部侍郎兼都察院右副都御史巡撫江蘇等處地方提督軍務總理糧儲臣林則徐謹

題為監犯病故事據署江蘇按察使李彥章詳據

吳縣知縣湯譽先詳稱道光拾叁年拾貳月貳

拾叁日蒙按察司札開據司獄官申稱晋禁司

監海州斬犯耿惠沅前因在監患病報蒙驗明

調治詎該犯服藥無效於拾貳月貳拾叁日病

故等情合亟札委驗訊詳辦等因隨帶吏仵親

詣司監驗明該犯耿惠沅實係患病身死提訊

刑禁人等供無凌虐情事除飭將屍棺殮浮厝

義塚聽屬領埋外填格通報等情查海州斬犯

耿惠沅係聽從朱廣道圖財謀殺潘徐氏燒屍

滅跡並謀害曹小未死案內審依圖財害命得

財而殺死人命首犯與從而加功者俱擬斬決
例擬斬立決解審勘
題留禁司監聽候部覆據詳前情除飭傳屬領埋
外相應詳候核
題再監斃斬犯壹名管獄官職名係署按察司司
獄郭陞開報附參等情到臣據此該臣查得海
州斬犯耿惠沅係聽從朱廣道圖財謀殺潘徐
氏燒屍滅跡並謀害曹小未死案內審依圖財
害命得財而殺死人命首犯與從而加功者俱
擬斬決例擬斬立決經臣勘
題留禁司監聽候部覆茲據署按察使李彥章詳
稱該犯耿惠沅於道光拾叁年拾貳月貳拾叁

日在司監病故飭委吳縣知縣湯聲光驗訊明
確委係病死刑禁人等並無凌虐情事詳請核
題前來臣覆核無異除飭傳屬領埋外所有監斃
斬犯耆名管獄官職名係署按察司司獄郭陞
相應開報附參臣謹具
題伏乞
皇上聖鑒勅部查照施行謹題請
旨

江蘇巡撫林則徐題本　題明海州斬犯耿惠沅在監病故

道光十四年二月初三日

兵部侍郎兼都察院右副都御史巡撫江蘇等處地方提督軍務總理糧儲臣林則徐謹

題為監犯病故事。該臣查得海州斬犯耿惠沅係

聽從朱廣道圖財謀殺潘徐氏燒屍滅跡並謀

害[illegible]亦未死案內，審依圖財害命得財而殺死

人命者，首犯與從而加功者俱擬斬決例擬斬立

決，經臣題

題，留司監聽候部覆。茲據署按察使李彥章詳

稱該犯耿惠沅於道光拾叁年拾貳月貳拾叁

日在司監病故，飭委吳縣知縣湯譽光驗訊明

確，委係病死，刑禁人等並無凌虐情事，詳請核

題前來。臣覆核無異，謹題請

旨

道光[illegible]處地方提督軍務總理糧儲臣林則徐

驗明陽湖縣民周受南李莊氏和姦致李茂淋身死案分別定擬（首缺）

兵部侍郎兼都察院右副都御史巡撫江蘇等處地方提督軍務總理糧儲臣林則徐謹

題爲報驗事。據臬署江蘇按察司事蘇州布政使陳鑾詳據常州府知府汪河、詳據署陽湖縣知縣史成詳稱：道光拾叁年正月貳拾捌日據地保虞名德報據民婦李周氏投稱，伊同居夫嫂李莊氏與周受南有姦，正月貳拾陸夜伊夫李茂淋聽聞周受南在李莊氏房內談笑喊叫捉拏，周受南上閣逃走，伊夫追捕一同跌地，被周受南膝蓋壓傷胸膛，伊同鄰人李俊淋等聞聲往視，將周受南獲住，詎伊夫傷重延至次早身死等語，往查屬實，理合報驗等情。到縣據即帶領吏仵前詣屍所，如法相驗，據仵作朱銘喝報已死李茂淋問年叁拾捌歲驗得仰面致命腎囊有膝蓋壓傷壹處圍長叁寸叁分紅紫色右腎子腫脹合面不致命左臂膊擦傷壹處皮碎細小難量分寸餘無故委係受傷身死報畢親驗無異填格取結屍飭棺殮隨訊據地保虞名德供與報詞同據族鄰李俊淋顧灃二同供小的們與李茂淋貼鄰居住周受南何時與李茂淋的孀嫂李莊氏通姦小的們都不知道道光拾叁年正月貳拾陸日夜小的們聽聞李茂淋喊叫趕出查看見李茂淋仰臥小的李俊淋家院内據說因周受南在李莊氏房内談笑前往喊捕周受南上閣逃走他起上揪住周受南髮

辮從閣上檔洞一同跳下站立不穩同跌倒地
致周受南壓傷腎囊的話小的們把周受南攙
住將李茂淋扶回調治不料李茂淋傷重就於
次早身死並沒起釁別故小的們救阻不及是
實據屍妻李周氏供已死李茂淋是丈夫李莊
氏是夫嫂同居各爨丈夫與周受南素識無嫌
李莊氏如何與周受南通姦婦人同丈夫先不
知情道光拾叁年正月貳拾陸日夜婦人已經
睡宿聽聞丈夫喊叫捉姦起身出看見周受南
由李莊氏房內閣上逃走被丈夫趕上揪住髮
辮從閣上檔洞一同跳下貼鄰李俊淋家院內
婦人過去查看丈夫已受傷臥地痛說因聞周

受南在李莊氏房內談笑前往喊捕周受南上間逃走被他揪住跳下站立不穩同跌倒地被周受南壓傷腎囊的話鄰人李俊淋們把周受南獲住婦人將丈夫扶回調治不料丈夫傷重就於次早身死投保報驗的並沒起釁別故是實據姦婦李莊氏供陽湖縣人年叁拾伍歲丈夫李秀淋早故沒生兒女已死李茂淋是丈夫胞弟同居各爨與周受南同村居住見面不避道光拾壹年伍月拾肆日周受南到婦人家買豬適李茂淋夫婦外出周受南就與婦人調戲成姦以後遇便續姦不記次數李茂淋們並不知情拾叁年正月貳拾陸日夜周受南來與婦

人續舊在房說笑被李茂淋聽聞推門進來喊
捉周受南情急從房內扶梯上閣逃走被李茂
淋起上揪住從閣上牆洞一同跌下李俊淋院
内不料李茂淋被周受南壓傷到次早就死了
是實據兇犯周受南供陽湖縣人年貳拾柒歲
父親周敍凡年伍拾柒歲母親朱氏年伍拾伍
歲並沒弟兄妻子與李茂淋同村居住素識無
嫌李莊氏是李茂淋禍袍見面不避道光拾壹
年伍月拾肆日小的到李茂淋家買豬適李茂
淋夫婦外出小的與李莊氏調戲成姦以後乘
便續姦不記次數李茂淋們並不知情拾叁年
正月貳拾陸日夜小的潛往李莊氏房内續舊

正與李莊氏談笑被李茂淋聽聞推門進內喊
捉小的著急從房內扶梯上閣逃走李茂淋趕
上揪住小的髮辮小的忙從閣上牆洞鑽出跳
下鄰人李俊淋院內李茂淋也隨同跳下站立
不穩往後仰跌小的被揪帶跌倒地急忙掙扎
要想爬起那時右膝跪地左膝提空又被李茂
淋抓住腰帶往下一扯小的撲跌在他身上致
左膝蓋誤壓李茂淋腎囊喊痛鬆手李俊淋趕
到把小的獲住不料李茂淋傷重到次早身死
並非有心欲殺也沒起釁別故及在場幫毆的
人李茂淋左臂膊傷痕想是跌下時擦傷的是
實各等供據此將犯收禁錄供通詳奉批飭審

道光拾叁年叁月初拾日據禁卒稟報周受南
在監患病等情醫治詳咨於肆月拾貳日報痊
隨提覆訊除各供均與前審無異不敘外該署
陽湖縣知縣金咸審看得周受南與李莊氏通
姦被獲誤傷李茂淋身死壹案緣周受南籍隸
陽湖與李茂淋同村居住素識無嫌李莊氏係
李茂淋同居嬸媳與周受南見面不避道光拾
壹年伍月拾肆日周受南往李茂淋家買豬適
李茂淋夫婦外出即與李莊氏調戲成姦後非
一次李茂淋並不知情拾叁年正月貳拾陸日
夜周受南潛至李莊氏房內續舊談笑經李茂
淋聽聞推門進內喊捕周受南急從房內扶梯

上閣逃走被李茂淋趕上揪住髮辮周受南從
閣上牆洞鑽出跳至鄰人李俊淋院內李茂淋
一同跳下站立不穩往後仰跌擦傷左臂膊周
受南被揪帶跌倒地急忙掙扎欲圖爬起其時
右膝跪地左膝提空又被李茂淋抓住腰帶往
下一拉周受南撲跌李茂淋身上致左膝蓋誤

行壓傷李茂淋腎囊李茂淋喊痛鬆手經李俊
淋等趕至問明扶回調治詎李茂淋傷重延至
次早殞命投保報縣驗訊通詳奉批飭審遵復
提犯研鞫據供前情不諱詰非有心欲殺亦無
起釁別故及在場幫毆之人案無遁飾查例載
本夫本婦之兄弟皆許捉姦如姦夫逞兇拒捕

雖非登時俱依罪人拒捕科斷又律載犯罪拒
捕殺人者斬監候又例載軍民相姦者姦夫姦
婦各枷號壹箇月杖壹百各等語此案周受南
與李莊氏通姦被李茂淋捉捕揪住跌地該犯
掙扎圖脱歷傷李茂淋腎囊身死情同拒捕李
茂淋係李莊氏夫弟例許捉姦自應按例問擬
周受南除和姦輕罪不議外合依姦夫逞兇拒
捕依罪人拒捕科斷例犯罪拒捕殺人者斬監
候律擬斬監候秋後處決李莊氏與周受南通
姦合依軍民相姦例枷號壹箇月杖壹百係犯
姦之婦杖決枷贖李俊淋等救阻不及均免置
議屍棺飭屬領埋等情由府審解到司該藩署

江蘇巡撫林則徐題本 驗明陽湖縣民周受南李莊氏和姦致李茂淋身死案分別定擬

道光十四年二月初三日

江蘇按察司事蘇州布政使陳鑾提犯親審核擬無異解候勘題等情招解到臣提犯親審無異該臣看得陽湖縣民周受南與李莊氏通姦被獲誤傷李茂淋身死壹案緣周受南籍隸陽湖與李茂淋同村居住素識無嫌李莊氏係李茂淋同居堂嫂與周受南見面不避道光拾壹年伍月拾肆日周受南往李茂淋家買豬適李茂淋夫婦外出即與李莊氏調戲成姦後非一次李茂淋並不知情拾叁年正月貳拾陸日夜周受南潛至李莊氏房內續舊談笑經李茂淋聽聞推門進內喊捕周受南急從房內扶梯上閣逃走被李茂淋

壁上揪住髮辮周受南從閣上牆洞鑽出跳至
鄰人李俊淋院内李茂淋一同跳下站立不穩
往後仰跌擦傷左臂膊周受南被揪帶跌倒地
急忙掙扎欲圖爬起其時右膝跪地左膝提空
又被李茂淋抓住腰帶往下一拉周受南撲跌
李茂淋身上致左膝蓋誤行壓傷李茂淋腎囊
李茂淋喊痛鬆手經李俊淋等趕至周明扶回
調治詎李茂淋傷重延至次早殞命報驗訊詳
審供不諱詰非有心欲殺亦無起釁别故及在
場幫毆之人案無遁飾查例載本夫本婦之兄
弟皆許捉姦如姦夫逞兇拒捕雖非登時俱依
罪人拒捕科斷又律載犯罪拒捕殺人者斬監

條又例載軍民相姦者姦夫姦婦各枷號壹箇
月杖壹百各等語此案周受南與李莊氏通姦
被李茂淋捉捕掀住跌地該犯掙扎圖脫壓傷
李茂淋腎囊身死情同拒捕李茂淋係李莊氏
夫弟例許捉姦自應按例問擬周受南除和姦
輕罪不議外合依姦夫逞兇拒捕依罪人拒捕
科斷例犯罪拒捕殺人者斬監候律擬斬監候
秋後處決李莊氏與周受南通姦合依軍民相
姦例枷號壹箇月杖壹百係犯姦之婦杖決枷
贖李俊淋等救阻不及均免置議屍棺飭屬領
埋臣謹具
題伏乞

皇上聖鑒勅下三法司核覆施行再此案審限應以
道光拾叁年正月貳拾捌日報驗之日起縣審分
限應扣至肆月貳拾捌日滿據於捌月貳拾陸
日審解除犯病壹月計遲延兩箇月零貳拾捌
日府審分限壹月應扣至玖月貳拾陸日滿於
拾月貳拾玖日審轉到司除自縣由府至司程
限伍日計遲延貳拾捌日所有承審遲延壹月
以上職名係署陽湖縣知縣金咸審轉遲延不
及壹月職名係常州府知府汪河開報附參至
司院分限應以拾月貳拾玖日該府解司之日起
除封印壹月統應扣至拾肆年正月貳拾玖日
全限屆滿合並陳明謹題請

江蘇巡撫林則徐題本　驗明陽湖縣民周受南李莊氏和姦致李茂淋身死案分別定擬　道光十四年二月初三日

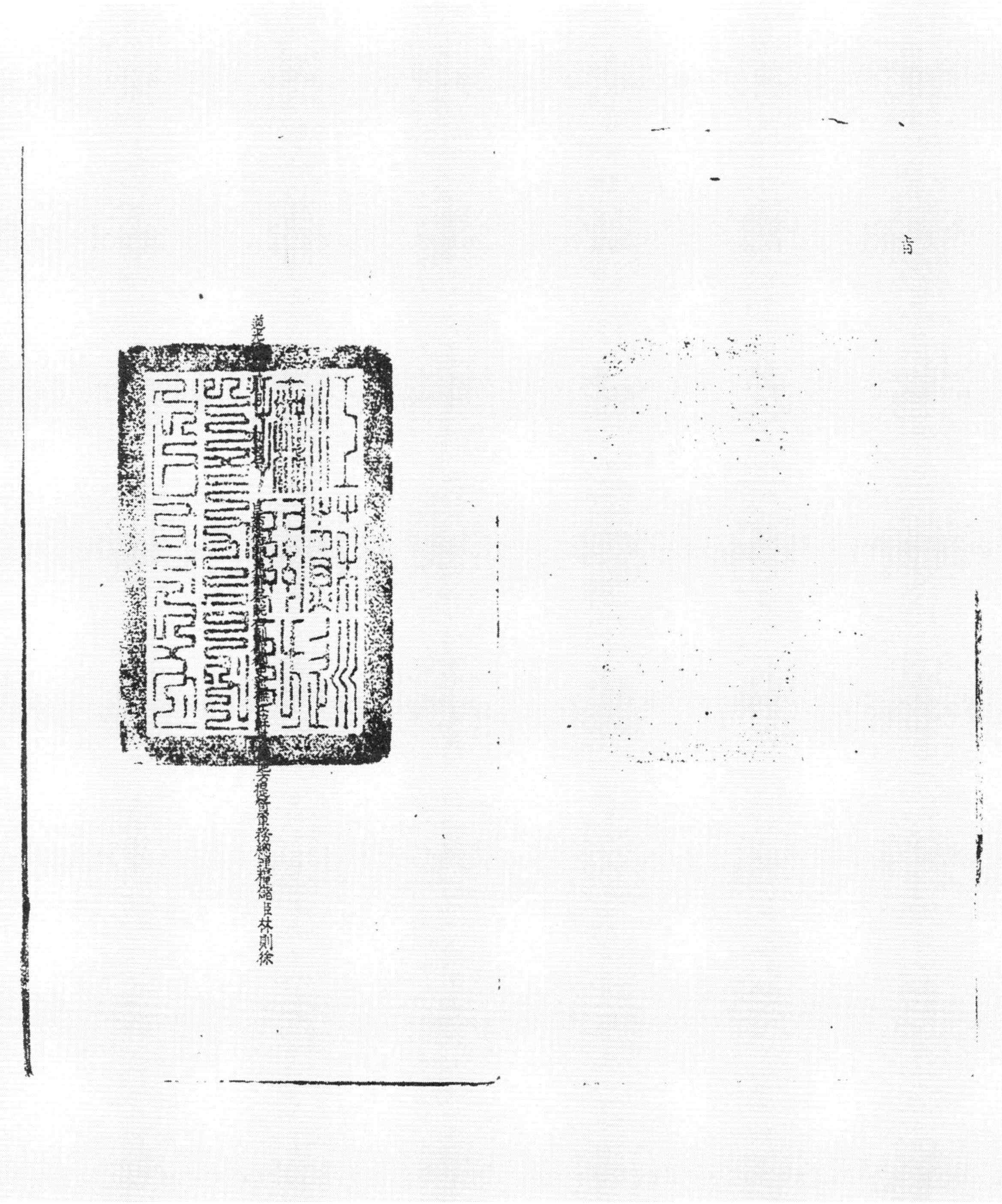
旨

道光……地方提督軍務兼理糧餉臣林則徐

兵部侍郎兼都察院右副都御史巡撫江蘇等處地方提督軍務總理糧儲臣林則徐謹
題爲報驗事該臣看得陽湖縣民周受南與李莊
氏通姦從獲誤傷李茂淋身死壹案緣周受南
與李茂淋同村居住素識無嫌李莊氏係李茂
淋同居嬸娘與周受南見面不避道光拾壹年
伍月拾肆日周受南往李茂淋家買豬適李茂
淋夫婦外出即與李莊氏調戲成姦後非一次
李茂淋並不知情拾叁年正月貳拾陸日夜周
受南潛至李莊氏房内續舊談笑經李茂淋聽
聞推門進内喊捕周受南急從房内扶梯上閣
逃走被李茂淋趕上揪住髮辮周受南從閣上
牆洞鑽出跳至鄰人李俊淋院内李茂淋一同
跳下站立不穩往後仰跌擦傷左臂膊周受南
被揪帶跌倒地急忙掙扎欲圖爬起其時右膝
跪地左膝提空又被李茂淋抓住腰帶往下一
扯周受南撲跌李茂淋身上致左膝蓋誤壓傷
李茂淋腎囊詎李茂淋傷重延至次早殞命報
驗審供不諱周受南依姦夫拒捕依罪人拒捕
科斷例犯罪拒捕殺人者斬監候律擬斬監候
秋後處決謹題請
旨

上諭　著林則徐嚴飭催兑蘇松各屬漕糧毋誤抵壩渡黄定限

道光十四年二月十一日内閣奉

上諭上年節經降旨令有漕各省督撫早兑早開務於四月初十日以前抵壩渡黄不准稍有遲誤兹據林則徐奏江蘇漕糧除江北各幫已經兑竣開行其蘇松等屬因冬間雨雪連綿收米寥寥現在嚴飭各州縣加緊設法催徵等語漕糧爲天庾正供豈容少有延誤現距渡黄定限爲期較近該撫務當嚴飭催兑趁早開行不得藉詞晴少陰多濕穀難以上廒少有遲延亦不得以幫船搭運部撥銅斤㬰水稍重任聽幫丁沿途逗留致逾期限總須隨兑隨開嚴行催趲以速補遲毋誤抵壩渡黄定限倘仍前鬆懈以致逾期必將該撫嚴行懲處

决不寬貸欽此

兩江總督陶澍江蘇巡撫林則徐奏摺　**吏部尚書朱士彥親父在籍病故例應丁憂**

奏

兩江總督陶澍江蘇巡撫林則徐奏摺 吏部尚書朱士彥親父在籍病故例應丁憂 道光十四年二月十二日

兩江總督臣陶澍
江蘇巡撫臣林則徐 跪

奏為現任尚書丁憂恭摺具
奏仰祈
聖鑒事竊據寶應縣知縣盧元良詳報現任吏部尚
書朱士彥籍隸寶應有親父朱彬係乾隆乙卯
恩科舉人國子監學録銜
誥封内閣學士兼禮部侍郎今於道光十四年正月二
十八日在籍病故該尚書係屬親子例應丁憂
等情詳報前來臣等查尚書朱士彥現在京供
職今其親父朱彬在籍病故例應丁憂開缺回
籍守制謹繕摺具
奏伏乞

皇上聖鑒謹

奏

覧

道光十四年二月　十二　日

兩江總督陶澍江蘇巡撫林則徐奏片
委令李昭美接護江南鹽巡道篆務

臣陶澍
臣林則徐 跪

奏再江南鹽巡道委署江寧藩司所遺道篆先經
委令江寧府知府善慶兼護在案惟江寧為省
會首府現當辦理春賑事務較繁恐難兼顧查
有新補松江府知府李昭美自江西查案回省
堪以委令接護除檄飭遵照外理合附片陳明
伏乞
聖鑒謹
奏

覽

圖書在版編目（CIP）數據

清宮林則徐檔案匯編.8/ 中國第一歷史檔案館　福建省林則徐研究會　編.－福州：海峽文藝出版社，2016.12

ISBN 978－7－5550－0600－8

Ⅰ.①清…　Ⅱ.①中…②福…　Ⅲ.①林則徐（1785~1850）—檔案資料—匯編　Ⅳ.①K827＝52

中國版本圖書館 CIP 數據核字（2015）第 197676 號

清宮林則徐檔案匯編　8

中國第一歷史檔案館　福建省林則徐研究會　編

責任編輯　茅林立　陳　婧
美術編輯　劉小岳
出版發行　海峽出版發行集團
海峽文藝出版社
經　　銷　福建新華發行(集團)有限責任公司
社　　址　福州市東水路 76 號 14 層　　**郵編**　350001
發 行 部　0591-87536797
印　　刷　福建新華印刷有限責任公司　　**郵編**　350011
廠　　址　福州市福新中路 42 號
開　　本　889 毫米 × 1194 毫米　1/16
字　　數　679 千字
印　　張　31.25
版　　次　2016 年 12 月第 1 版
印　　次　2016 年 12 月第 1 次印刷
書　　號　ISBN 978－7－5550－0600－8
定　　價　300.00 元